中國最虛偽的男人

梅朝榮 品 諸葛亮

前言

《紅樓夢》第一回寫賈寶玉夢遊太虛幻境時，看到門上有一副對聯寫道：「假作真時真亦假，無為有處有還無。」王希廉《紅樓夢總評》云：「讀者須知，真即是假，假即是真；真中有假，假中有真；真不是真，假不是假……。」曹雪芹寫這《紅樓夢》就是在敘述真事時用假象加以遮掩，講述假事時又有真事作鋪墊。歷史長河中真真假假，假假真真，太多的史實，後人不能一一弄清楚；太多疑問，後人不能一一去解決。

與《紅樓夢》同為四大名著之一的《三國演義》也為世人所推崇，人們為曹操的奸、劉備的仁、關羽的義、張飛的猛，以及諸葛的智所傾倒，人們往往也用曹操來比喻猥瑣者之奸詐；用劉、關、張比喻兄弟手足之情深；用諸葛亮的謀略比喻聰明者之智慧。可以說一部《三國演義》裡面，有波瀾壯闊的戰爭場景，有感人至深的手足之情，有陰險狡詐的權謀之術。一本書裡留給後人太多的故事，吸引後來者不斷去鑽研、去領會。

諸葛亮是整個《三國演義》中濃墨重彩的描述對象。隆中躬耕數十載，埋沒鄉間無人問，等到皇叔三顧請，一鳴驚人天下知。自從諸葛亮出山後，一直左右三國發展形勢。諸葛亮一生，得到許多人盼望得到而始終不能得到的東西，留下許多人應該得到而沒有成為現實的東西。

諸葛亮的一生是帶有傳奇性的一生，太多的褒獎紛紛落入他的頭上。他上知天文，下曉地理；他運籌帷幄，決勝千里；他輔佐後主鞠躬盡瘁，死而後已。他是一個謀士，一個儒生，一個道士，一個忠臣，也是一個賢相。同一人演示了不同的角色，但是中國有句古話：「物極必反。」諸葛亮的一生也是充滿疑問的一生。

諸葛亮雖自比管仲、樂毅，但他有沒有這兩個人的才能，卻是有疑問的。在《三國演義》中，他確實有著無人能比的才華。但是，《三國演義》畢竟是演義，它裡面有許多東西經過了作者再加工，骨子裡有作者自己個人觀點取捨，無法避免羅貫中演義了諸葛亮，美化了諸葛亮。崔浩曾在他的《典論》中這樣評價諸葛亮：「夫亮之相劉備，當九州鼎沸之會，英雄奮發之時，君臣相得，魚水為喻，而不能與曹氏爭天下，委棄荊州，退入巴蜀，誘奪劉璋，偽連孫氏，守窮崎嶇之地，僭號邊夷之間。此策之下者。可與趙佗為偶，而以為管蕭之亞匹，不亦過乎？」

管仲是一個治世之能臣，西元前六八一年，周莊王姬佗去世，其子胡齊即位，是為釐王。按說天子去世，諸侯應去弔唁奔喪，新君繼位，更應前去朝賀，可當時沒有一個異姓封爵前往，就是同姓一宗的也都沒一個拿此事當回事。這時已登上齊國國君的齊桓公，採用管仲的計策，認為此時是樹立「良好形象」的最好時機。管仲首先讓桓公派人去朝見新王，在君臣道義上占得先機。

其次宋國為爭君位內亂，就請釐王為其立君平亂。周釐王自是求之不得，急忙頒發了為宋國立君的詔書，順勢就請齊桓公代為召集為宋立君的儀典。遺憾的是，諸侯對齊國召集立君大會結盟的反應極為冷淡，約會的八家諸侯也才到了一半，弄得齊桓公冷屋冷灶的挺沒意思，就想還是拉倒吧。可管仲正色說：「三人成眾，何況五國，盟則有信，廢則失信，請君如期會盟！」在這之前，齊桓公曾想帶兵車如會，管仲制止說：「盟會是為了尊王安民，消除戰亂，怎可耀武揚威呢？」雖然這次盟會參與國極少，但卻為齊桓公日後的九合諸侯，一匡天下打下了成功的基礎。

楚國一向目無周室，自稱夷狄，數世稱王，恃強凌弱，眾怒所向，但管仲在諸侯大軍兵逼楚境，誓死一戰之際，以靜制動，僅用譴責楚國久不向王室進貢濾酒及祭祀用的包茅為由，便使驕橫的楚成王氣焰跌落，理屈詞窮，乖乖地重新貢茅復禮，並加入諸侯盟會，消除了一個最大的戰爭隱患，使自周平王東遷以來日趨混亂的天下穩定了數十年。

樂毅，戰國時魏人。西元前三一四年，燕國內亂，齊國趁火打劫，攻毀燕國都城。後燕昭王即位，刻意雪恥，勵精圖治，禮賢下士，這時在魏國任職的樂毅，正好也出使燕國，昭王知道這是個難得的軍事人才，優禮有加，真心挽留，遂感動了樂毅，居燕整頓訓練軍隊。

二十八年後，齊君湣王暴失民心，燕趁機聯絡秦、韓、魏、趙四國，由樂毅為將伐齊，一戰擊潰齊師。後四國退出，樂毅指揮燕軍半年左右便奪取城池七十二座，僅餘莒和即墨二城，但這兩座城，樂毅卻圍了三年。

諸葛亮一心嚮往有管仲、樂毅的豐功偉績，可是看看他後半生的軌跡，他付出百倍的努力卻沒有收到令人滿意的答卷。也許有人懷疑是跟他輔佐的劉備、劉禪父子有關係。那麼另外一個問題是，他為什麼選擇的是劉備，而不是曹操或孫權。就當時的情況來看，曹操實力最強，劉備三顧茅廬時，曹操已經統一北方，諸葛亮投奔曹操應該是每個人首選的對象。孫權的實力雖然不如曹操，但畢竟還是比劉備強多了，若跟隨孫權，諸葛亮也會有不小的發展空間，再說孫權手下還有個諸葛瑾，作為諸葛亮的哥哥，對他無論如何也是有好處的。可是諸葛亮都沒有選擇他們，而是選擇實力最弱的劉備。

劉備當時要兵無兵，要將只不過是關、張。諸葛亮選擇他，難道真是看重劉備的皇叔身分？在當時社會環境中，一個虛名並不能吸引多少人眼光，諸葛亮之所以選擇劉備，就是因為劉備當時的弱勢，也正因為劉備處於弱勢，才能對人才有極度渴望，才能對人才有頂級禮遇。三顧茅廬是禮賢下士的典範，一次求賢經歷，鑄造了仁愛之主和一位忠心之臣。但令人萬萬想不到，所謂的「三顧茅廬」只不過是民間傳言，以及歷史演義小說的創造。諸葛亮被劉備請出之前，是他親自向劉備舉薦了一次自己，透過那次的表現，劉備才對諸葛亮這個人有所瞭解。

諸葛亮有過備受後人推崇的文章大作，一是〈隆中對〉，一是〈出師表〉。〈隆中對〉是諸葛亮在隆中為劉備謀劃江山，分析時局，三分天下對劉備所說，是蜀漢之路基本上是按照隆中對的路線行走，只不過，令人推崇的戰略思想也是一個假象。諸葛亮拋出的隆中對策基本上是劉邦及劉秀打天下所走的老路。另一篇〈出師表〉是蜀漢後期寫給劉禪的，文章看似言語懇切，忠心耿耿，殊不知字裡行間卻大有文章，一篇〈出師表〉把諸葛亮的政治野心暴露無遺。

諸葛亮自從跟了劉備，火燒博望坡、火燒新野初露鋒芒，在三個集團之間闖出一點小名堂。曹操一生中最引人注目的軍事表現，莫過於官渡之戰和赤壁之戰，這兩場戰爭，一勝一負，而《三國演義》把赤壁之戰的功勞分給了諸葛亮，說是因為諸葛亮借得東風，周瑜才能採用火攻戰術。隆冬季節，諸葛亮竟然能夠借得東風，這可不是一般人。七星臺上，一身道袍的諸葛亮不知是人還是神。不管是人也好，是神也罷，總之諸葛亮在赤壁之戰中贏足了豐厚利益，賺足了面子。以至於有人懷疑，周瑜是因為懷恨諸葛亮比自己有能力而氣死的。

劉備活著的時候，諸葛亮已經鋒芒畢露，劉備死後，諸葛亮跟李嚴同為託孤大臣，但是歷史上，人們對李嚴這個人恐怕非常陌生，因為他在整個《三國演義》中沒怎麼出場。《三國演義》或者其他演義小說也不過多記載，但並不表示李嚴這個人不重要，他之所以被人們遺忘，是因為自從他被劉備確認為託孤大臣後，就被諸葛亮排擠在外面了。諸葛亮作為統領一切事務的「相父」，權力已經大到無人能比的地步。

諸葛亮的權力集中在自己手中，並不是劉備和劉禪一開始形成的情況，而是經過諸葛亮一步步「爭取」得來的。諸葛亮後期在用人、掌權、出征等重大問題上都有發人深省之舉。他七擒七縱孟獲，並沒有使少數民族地區的軍民澈底安定；他不知疲倦地連年北伐，最後無功而返；他「違眾拔謖」的做法，擠壓魏延的舉動，無不為諸葛亮在忠臣賢相行列裡抹了黑黑的一筆。

諸葛亮已經成了智慧的代名詞，他是五行八門中，智的代表、慧的楷模，可是他的智慧究竟摻雜了多少權術？揉進了多少虛偽？拼湊了多少狡詐？埋藏了多少陰謀？

他的智不是大智，他的慧更不是聰慧，正如晉代史學家習鑿齒在〈揮淚斬馬謖〉一節中這樣評諸葛亮：「為天下宰匠，欲大收物之力，而不量才節任，隨器付業；知之大過，則違明主之誡，裁之失中，即殺有益之人，難乎其可與言智者也。」他的智慧是一種偽智慧，他的忠心是一種假忠心，他的輔佐是一種假輔佐，他完完整整地演示了一生的虛偽。

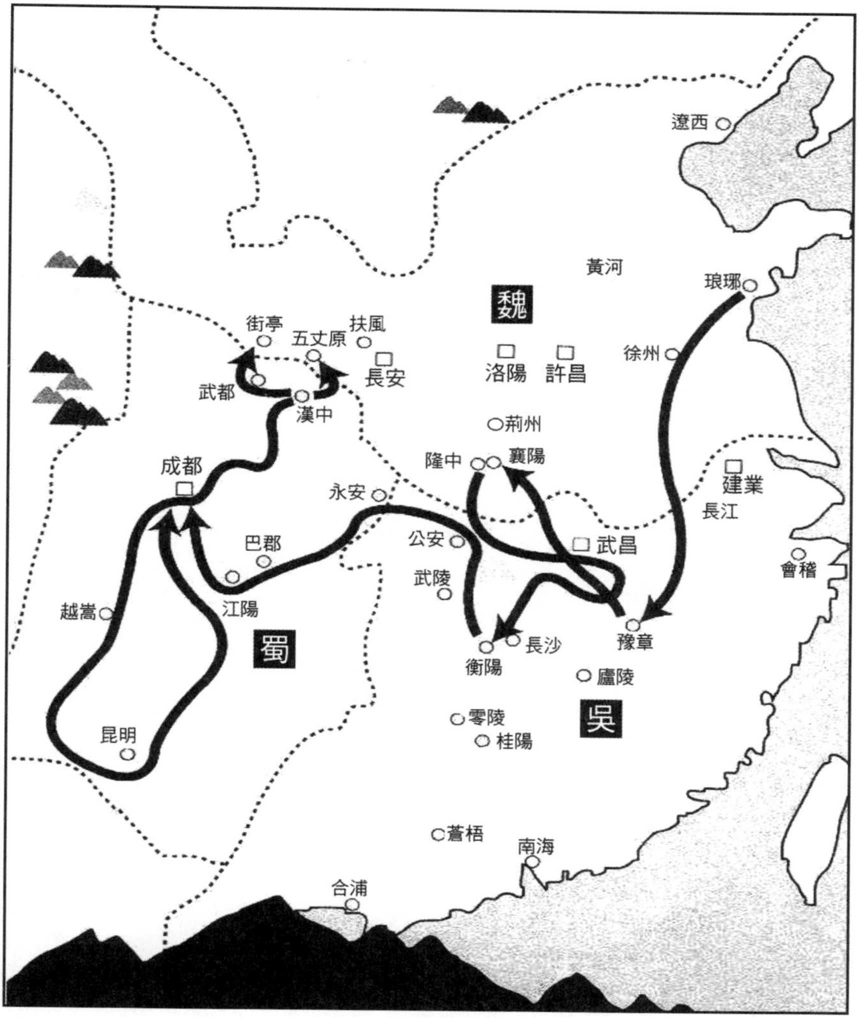
遼西
黃河
魏
琅琊
徐州
街亭
五丈原
扶風
長安
洛陽
許昌
武都
漢中
荊州
隆中
襄陽
成都
建業
長江
永安
公安
武昌
巴郡
會稽
武陵
越嶲
江陽
豫章
蜀
長沙
衡陽
盧陵
零陵
吳
桂陽
昆明
蒼梧
南海
合浦

諸葛亮所到之處圖

目錄

第五章

第六章

第七章

第一章

子罕曰：「有美玉於斯，韞櫝而藏諸？求善賈而沽諸？」子曰：「沽之哉！沽之哉！我待賈者也！」

——《論語．子罕》

諸葛亮的神化，早在諸葛亮走出正史的框範而進入非正史系統之時就已經開始了，後經歷史文化的長期積澱，形成了一種蘊含豐富文化內容的諸葛亮文化現象，這種文化現象不僅凝聚著中國人的人生態度、人格精神和道德思想，而且對人們認識和評價諸葛亮具有一種頑強的潛在制約力。

——胡世厚、衛紹生《文化的積澱與再生》

大家都認為袁紹是績優股時，郭嘉卻看出那是垃圾股；而在大家都以為劉備是垃圾股時，諸葛亮卻把他看作績優股。

——易中天《品三國》

是時曹公方定河北，亮知荊州次當受敵，而劉表性緩，不曉軍事。亮乃北行見備，備與亮非舊，又以其年少，以諸生意待之。

——《魏略》

以諸葛亮之鑒識，豈不能自審其分乎？夫其高吟俟時，情見乎言，志氣所存，既已定於其始矣。若使游步中華，騁其龍光，豈夫多士所能沈翳哉！委質魏氏，展其器能，誠非陳長文、司馬仲達所能頡頏，而況於餘哉！苟不患功業不就，道之不行，雖志恢宇宙而終不北向者，蓋以權御已移，漢祚將傾，方將翊贊宗傑，以興微繼絕克復為己任故也。豈其區區利在邊鄙而已乎！

——裴松之《三國志》注

前期作秀

諸葛亮是中國古代最受讚譽，也最具傳奇色彩的政治家、軍事家，從三國時期至今，雖歷經一千七百多年，他仍為世人稱頌，幾乎是中國人理想中「修身、齊家、治國、平天下」的完美偶像。諸葛亮躬耕南陽（襄陽）數十載，從一個名不見經傳的社會底層小人物，到他成為一國丞相，這期間諸葛亮有著怎樣不平凡的仕途之路呢？他是如何走出南陽（襄陽）的？

諸葛亮一生可以分為三個階段，第一個階段是他出山前在隆中躬耕作隱士時期；第二個階段是出山輔佐蜀漢一直到劉備死；第三個階段是他輔佐幼主劉禪直到他死。他這三個階段既是他人生的軌跡，也是三國時期社會動盪變革時期。

處於亂世之中的諸葛亮是一個不甘寂寞之人，他有自己的一個人生宏偉目標，儘管隱於田間，可他始終盼望著走向仕途。

裴松之在《三國志》注疏裡面就寫道：「以諸葛亮之鑒識，豈不能自審其分乎？夫其高吟俟時，情見乎言，志氣所存，既已定於其始矣。若使游步中華，騁其龍光，豈夫多士所能沈翳哉！委質魏氏，展其器能，誠非陳長文、司馬仲達所能頡頏，而況於餘哉！苟不患功業不就，道之不行，雖志恢宇宙而終不北向者，蓋以權御已移，漢祚將傾，方將翊贊宗傑，以興微繼絕克復為己任故也。豈其區區利在邊鄙而已乎！」

從西漢到東漢，社會出現一種特殊階層——士族階層。

自漢武帝以來崇尚儒術，官僚多以經術起家，至東漢時逐漸形成了累世公卿的狀況。

東漢政權是在豪強地主支持下建立起來的，因此，豪強地主在東漢王朝享有政治上、經濟上的特權，逐漸成為名門大族。

特殊階層有它特殊的特點，它們是按門第等級區別士族同庶族在政治、經濟、文化上的不同地位。士族是以家族為基礎，以門第為標準，在社會上形成的地主階級中的特權階層，享有很高的政治、經濟特權的豪門大族。庶族是指士族以外的一般中小地主，也稱寒門。世族又稱門閥士族，是地主階級中的一個特權階層。按門第高低分享特權，世代擔任重要官職；士族在政治上高官厚祿，壟斷政權。世族、寒門兩者身分高下不同，「服冕之家，流品之人，視寒素之子，輕若僕隸，易如草芥，曾不以之為伍。」（《文苑英華》卷七百六十引《寒素論》）因此，這兩個階層之間是不相往來的。寒門之人雖至位通顯，上升為貴戚近臣，亦不為世族之所禮接，甚至會受到侮辱。

為維護這種制度，士族非常重視家譜編撰，講究士族世系源流，作為自己享有特權的憑證，於是譜學勃興，譜學專著成為吏部選官、維持士族特權地位的工具。

儘管兩漢時期這種階層還不太盛行，只是剛剛露出鋒芒，但在當時這種門閥士族制度正在逐漸形成和壯大，到了兩晉時期達到鼎盛。在這種社會大背景下，諸葛亮的仕途路就有些難走，為了擴大影響力，他找到了一條捷徑——自我推銷。

諸葛亮自我推銷的第一步就是要有個好的家庭出身背景，而他在這一點上確實擁有得天獨厚的條件。

諸葛亮先祖的本名並不是姓「諸葛」，諸葛是他們後加的，那麼諸葛亮放著好好的姓名不用，為什麼要改姓呢？這還得從他的出身說起。

諸葛氏之姓氏來源，〈諸葛亮傳〉並未記載，但裴松之注〈諸葛瑾傳〉中卻有記錄：「其先葛氏，本琅琊諸縣人，後徙陽都。陽都先有姓葛者，時人謂之諸葛，因以為氏。」

至於葛氏又從何而來？《元和姓纂》卷十也有敘述：「葛天氏之胤，子孫氏焉。夏時葛伯，嬴姓國也，亦為葛氏。漢有潁川太守葛興。」也就是說，葛氏來源有二，一是遠古帝王葛天氏的後裔，一是夏代諸侯國葛國君主的後代。

當然也有其他說法，如秦末陳勝、吳廣起義時，有大將葛嬰屢立戰功，卻被陳勝聽信讒言殺害，西漢文帝封葛嬰的孫子為諸縣侯，其後代遂以諸葛為姓，稱諸葛氏。

不管是哪種說法，諸葛亮原來的祖先並不在襄陽，也不是本來的複姓諸葛。為了適應東漢後世族門閥們的價值標準，在如此社會背景下，諸葛亮為了尋找一個出身顯貴的家族而改為複姓。諸葛氏在琅琊郡雖然不能算是什麼名門望族，可也是有一定的影響力。所以，諸葛亮為了增加自己的影響力，自稱是西漢司隸校尉諸葛豐之後，給自己找了一個來頭很大的祖先。

諸葛豐曾在西漢元帝時做過司隸校尉（衛戍京師的長官），見「不奉法度」者，即嚴懲不貸。他曾上書漢元帝，表達其「不待時而斷姦臣之首，懸於都市，編書其罪」的決心，並痛斥「苟合取容，阿黨相為，念私門之利，忘國家之政」的小人之舉。諸葛豐的為人處世原則，為當時世人和後人所推崇、讚譽。當然如此清廉勇敢的清名，為諸葛亮的出身加重了不少分量。

諸葛亮的祖先如此出名，他的身價也跟著倍增。於是就有了諸葛亮籍貫上說的徐州琅琊郡陽都縣，他的先世本姓「葛」，後來才加上「諸」字，於是形成了複姓，諸葛亮的出身也就顯貴了。

諸葛亮運用這一套，解決了出身的問題，同時還發揮了擴大影響力的宣傳作用。即使是在當今社會，這種情況也隨處可見，在文壇上和娛樂圈，最好的宣傳媒介就是爹媽。所以，能攀上名家，也就遇著真龍真鳳了。看看當今某些當紅明星，哪個不是靠某位名導「慧眼識珠」而紅？人們從來就迷信權威，只要名人說你行，你就行，不行也行。至於演技到底如何，無人去較勁。再加上新聞媒體的一番吹噓，於是一位明星就「新鮮出爐」了。

諸葛亮的父親是諸葛珪，字君貢，在東漢末做過泰山郡丞。

諸葛亮生母章氏和父親諸葛珪於中平六年（西元一八九年）和初平三年（西元一九二年）先後去世。興平元年（西元一九四年），諸葛亮與弟弟諸葛均及姊姊由叔父諸葛玄收養，其兄諸葛瑾同繼母赴江東。初平二年（西元一九一年），諸葛亮叔父諸葛玄任豫章（今江西南昌）太守，他及姊弟隨叔父赴豫章。

東漢甲子年時，爆發了黃巾軍起義，當時諸葛亮才剛滿四歲，在泰山腳下度過了童年。不幸的是諸葛亮早年喪父，與弟弟諸葛均跟隨叔父諸葛玄生活。在他十四歲時，叔父諸葛玄為躲避戰亂，也為了赴當時揚州軍閥袁術的任命，於是離鄉背井帶著諸葛亮等前往今江西南昌附近的豫章做郡守。好景不常，由於諸葛玄是袁術任命的豫章太守，「名不正言不順」，後來東漢朝廷派朱皓替代諸葛玄，諸葛玄便失掉了官職。由於諸葛玄和荊州牧劉表是舊交，便去襄陽投奔劉表。

建安二年，諸葛玄病逝。諸葛亮和姊弟失去了生活依靠，便移居隆中（今襄陽縣之西二十里，一說隱居地是南陽），隱居鄉間耕種，維持生計。諸葛亮雖然家道中落，可他為自己打造的依然是名門之後。同時諸葛亮也清楚，庇蔭於祖上光榮畢竟是一個虛數，要想真正抬高自己，還需要朋友的幫襯。

翻開歷史，古往今來的成功者，誰也不是一生下來就大名鼎鼎，一出山就風光耀眼，一呼百應。他們大多先是在某些大人物的後面，借他的面子來籠絡各路豪傑，借他的聲望來壯大自己的聲勢，一旦時機成熟，或者另起爐灶，或者踩著別人的肩膀往上爬，或者反客為主，把別人吃掉。在做到這一步之前，先把自己的狐狸尾巴藏起來，拉一面大旗作虎皮。

不管具體的動機如何，拉大旗為的就是聲望和面子。秦末農民起義，項梁不惜找到楚懷王的一個孫子，推為楚王，便是想借楚懷王的影響吸引百姓，因為這些人的影響力比一般人要大得多，而且也差不多都有了明確的形象定位，順手拈來是件事半功倍的事。劉備不也說他是中山靖王之後嗎？都是一丘之貉。

諸葛亮也算到了，只為自己找個好出身還不行，出身好只能說明那是「名門之後」，要讓大家都清楚自己「系出名門」得需要有人承認，諸葛亮的第二步就是廣交朋友，無論是《三國演義》還是《三國志》上都提到：「孔明與博陵崔州平、潁川石廣元、徐元直、汝南孟公威四人為密友。」四人可說是當時荊州的明星級人物，和此四人為伍，無形之中就抬高了自己的身價。古人認為「物以類聚，人以群分」，能跟這些人混在一起，自然是有「兩把刷子」。

諸葛亮尋找靠山，也靠得高，按照現在的說法，那叫「贏在起跑點」。襄陽豪門的頭面人物是龐德公，諸葛亮對他非常敬重，常常登門求教，「獨拜床下」、「跪履益恭」，確實做到了謙恭虔誠，感人至深。龐德公遂認為孺子可教，譽諸葛亮為「臥龍」，這樣的名人效應自然更不同凡響，會發揮到立竿見影的效果啊！

諸葛亮解決了自己的出身問題，又結交了地方名士，外部條件已準備就緒，自己的形象問題也得裝飾一下，於是諸葛亮為了顯示與眾不同，無冬歷夏都拿著一把扇子——羽毛扇。

傳說那把扇子是諸葛亮的夫人送給他的，諸葛夫人姓黃名碩，在諸葛亮還未迎娶黃碩前，當諸葛亮與她的父親襄陽名士黃承彥談論國家大事時，黃碩在一旁聽，後來黃碩送與諸葛亮這把扇子，諸葛亮問其何意，黃讓亮猜，亮想來想去不得而知，說一定是作為定情信物吧。黃碩說：「你只知其一不知其二，那天在家父面前暢談，看你眉飛色舞，喜怒皆形於色，這如何做得大事！成為一個真正的士人需有『泰山崩於前，而色不變』的修養氣度，所以給你這把扇子以遮面！」於是每當諸葛亮出場時，他都拿著那把扇子，以掩飾自己的喜怒哀樂，藉此迷惑對方。

諸葛亮把外部形象打造好了，最後一步還得把自己塑造成名士，有名士風度，於是時常「抱膝吟詠」，做出一幅超脫世俗之外的樣子，大有「此地無銀三百兩」的幼稚做法。等到諸葛亮出山後，經常能夠看到他端坐四輪車，頭戴綸巾，身披鶴氅，手拿羽扇，一幅高人逸士的形象，這就成為他個人品牌形象的一個標誌。

諸葛亮就像一個生意人，時刻準備著把自己兜售出去，既然要做生意，就必須把「商品」包裝好，做生意則更要找名人，像美國著名影星克拉克・蓋博在電影中脫掉襯衫，赤裸身子，就這麼一個鏡頭，竟使得美國貼身內衣的銷售量急遽下降。而英國王妃黛安娜帶頭穿平底鞋，英國市場上的高跟鞋就無人問津了……這些都是名人效應，有意識的利用，即借名效應。諸葛亮已經找到了好的出身背景，聯絡好了人際網絡，也打造好了自己的正面形象，最後只剩下等待。漢末的荊州為一代文化重鎮，諸葛亮在此地「躬耕」十載，又拜水鏡先生為師，平定的生活使他有很充足的時間去潛心研究兵書戰冊、經史子集，當時荊州的文化時尚是把儒家行話和道家的術語夾雜著說，把自己打扮成一個有經世之能又無出世之心的隱士，才好在人才市場上爭取到更大的訂單。

隆中此地離荊州不遠，對諸葛亮來說既可成為隱士，又能把自己的言論與名聲及時散布出去，讓大買家及時認購。選好這個地點之後，他一邊用道家不慕名利的把戲裝神弄鬼，一邊把自己和管仲、樂毅相比，藉此抬高自己的身價，等著超級買家的到來。

背靠大樹

古代人們對婚姻男女雙方都有太多的要求，要看出身、看門第、看長相，男的還看仕途，女的則看賢德。但是，不管有多少條件，自古都視「郎才女貌」為婚姻結合的最佳標準，反觀三國時期諸葛亮，卻有驚人之舉，諸葛亮娶了個什麼樣的妻子呢？他娶妻的標準又是什麼呢？

諸葛亮本是一個少年俊傑，陳壽的〈上《諸葛亮集》表〉說他：「少有逸群之才，英霸之器，身長八尺，容貌甚偉，時人異焉。」非常明顯地稱讚他是一個大帥哥。這樣的一個帥氣十足的人物，名冠一時，向他求婚者一定特多，其中不乏大家閨秀、小家碧玉，當然，這只是猜測，有些不準。但是諸葛亮要想找一個漂亮老婆應該是沒問題的。然而，諸葛亮的選擇卻讓人們傻眼了，他棄眾嬌於不顧，竟然娶了一個黃頭髮黑皮膚的醜女做老婆。

《襄陽記》記載，名士黃承彥有一天特地跑來拜訪諸葛亮，言道：「聞君擇婦，身有醜女，黃頭黑色，而才堪相配。」

諸葛亮聞畢竟然欣然應允了，難道真如後人所說，諸葛亮看重的不是她的長相如何，而是她的才學。據說諸葛亮還沒有選擇黃碩之前，曾經親自前往黃府。對於諸葛亮的到來，黃承彥是做了充分的準備，老早就吩咐家人：「只要諸葛相公一到，不用通報，請其逕行登堂入室。」諸葛亮興匆匆地昂首而入，不料堂屋兩廊間突然竄出兩隻猛犬，直往身上撲來，裡廂聞聲而出的丫鬟連忙朝兩隻猛犬的頭上拍了一下，霎時兩隻猛犬就停止了撲躍之勢，再把牠們的耳朵擰一下，兩隻兇猛的獵犬竟然就乖乖退到廊下蹲了下來，仔細一看，原來兩隻猛犬都是木頭製的機械狗。黃承彥哈哈大笑，說：「木犬是小女沒事時鬧著玩的，不想累你受驚了，真是抱歉啊！」

走到客廳，諸葛亮見壁上一幅《宮苑授讀圖》，黃承彥立即解釋：「這畫是小女信筆塗鴉，不值行家一笑的。」跟著指著窗外如錦繁花說：「這些花花草草都是小女一手栽培、灌溉、剪枝、護理。」由木犬、圖畫、花草，諸葛亮已經把黃家閨女的模樣與才幹，在內心深處憑著想像繪出了一幅輪廓鮮明的畫，他知道這就是他追求的目標。當然這些事情沒有明確記載，只是民間傳說。

說黃碩有才能的還有范成大，據他的《桂海虞衡志》記載：「汝南人相傳，諸葛亮居隆中時，友人畢至，有喜食米者，有喜食麵者。頃之，飯、麵俱備，客怪其速，潛往廚間窺之，見數木人舂米，一木驢運磨如飛，孔明遂拜其妻，求傳是術，後變其制為木牛流馬。」由此可見，傳說並非無中生有，也許黃碩真的有幾分才能。

難道真的就因為諸葛亮重才不重貌，只注重人的內在美，而看中了黃阿醜的學識和心計嗎？其實在任何時代，漂亮的才女都大有人在，以諸葛亮的才貌，不難找到一個美麗的才女。他真正的原因還是出於政治上的考量，諸葛亮一生神機妙算，無論什麼事，他都要「妙算」一番，對婚姻亦是如此，他要讓婚姻為自己一生的理想實現發揮最大的作用。

這其實是諸葛亮創造性智慧的最早運用和體現。在當時的社會條件下，以諸葛亮的出身，要實現管仲、樂毅之志業，是十分困難的。從漢朝時期起，社會風氣就開始強調等級秩序，到了東漢末年，門閥制度已基本形成，上流社會的人看不起中下層百姓，甚至在很多場合不願與中下層人士一起聚會，當時很多出身高貴的文人都不願與平民出身的文人一起交流，這種現象於東晉達到鼎盛，甚至還有位大儒，當一個窮書生從他家離開後，遂命人將書生坐過的椅子扔掉。最關鍵的是，豪強地主之力壟斷了官位，非世家大族、名門大姓之子弟，很難踏入仕途。

為什麼三國初期袁紹勢力最大？不是因為袁紹能力強，而是因為袁紹他們家「四世三公」，出身好，「系出名門」。也正因為如此，他們對地位較低的人不屑一顧，在溫酒斬華雄一段，關羽一出場，袁氏兄弟就大加反對，其理由只是關羽的官階太低。最後還是曹孟德不拘一格，力排眾議，使後人敬仰的關公有了第一次閃亮登場的機會。因此，三國兩晉時期的用人標準，最主要就是看出身，然後再看名氣，最後才是能力。

曾經寫就〈三都賦〉令洛陽紙貴的西晉詩人左思，就曾經寫過這樣的詩來抒發他對士族制度與門閥觀念的不滿：「鬱鬱澗底松，離離山上苗。以彼徑寸莖，蔭此百尺條。世冑躡高位，英俊沉下僚。地勢使之然，由來非一朝。金張藉舊業，七葉珥漢貂。馮公豈不偉？白首不見招。」（《詠史》）

這詩的意思就是：「茂密蔥郁、生長在山澗底部的百尺松樹，竟會被山上初生樹苗的細細樹幹所遮蓋。世家子弟登高位，而真正的英雄俊傑卻沉淪在低下的官職上。是地勢的高低造成了這樣的情況，而且由來已久，不是一朝一夕之事。金張二家憑藉著祖先的功業就能夠七世插貂尾做侍中，而漢文帝時的馮唐難道不是奇偉之人嗎？但是他等到頭髮白了都沒有受到過重用。」

這首詩以澗底松和山上苗的對照，揭示出士族制度「上品無寒門，下品無士族」的現象。出身低微的知識分子，如果沒有強大的政治背景，根本無法在政治上施展抱負和才能，所以，諸葛亮正是看到了這一點，才開始了他的攀附豪強之路。

諸葛亮家境貧寒，父母雙亡，少年時代便過著流離轉徙的生活，吃盡了軍閥混戰的苦頭，深受強宗豪族的壓迫，後來跟著在南昌做豫章太守的叔父諸葛玄生活，十四歲時，因叔父被削官而投靠了劉表，經歷了不少人情冷暖、世態炎涼。十七歲那年，叔父死了，他從此沒了依靠，就在襄陽城西二十里的隆中定居，躬耕讀書。

諸葛亮不想無聲無息地隱居一輩子，他時刻關心著國家的局勢變動，有著「了卻君王天下事」的野心和抱負，借用陳壽對他的評論，那就是：「進欲龍驤虎視，苞括四海；退欲跨陵邊疆，震蕩宇內。」懷著如此壯志雄心，他立志要登上政治舞臺並建功立業。

然而，一個客居的外地人，人地生疏，何以立足成長為青年中的領袖？在隆中，雖然憑過人才識得到了當地名士們的一些稱讚，但與他們的關係並不穩固，在這個專講出身、門第、等級的時代，諸葛亮又怎能入仕去實現理想呢？

黃承彥在當地有相當的聲望，是當地名士，如果諸葛亮與其女黃阿醜結婚，即可得到黃承彥的多方教誨和大力支援，對他成就事業很有利。《襄陽耆舊記》有這樣一段記載：「蔡諷姊適太尉張溫，長女為黃承彥妻，小女為劉景升後婦，瑁之姊也。」蔡諷的姊姊嫁給了太尉張溫，長女嫁給了黃承彥，小女兒做了劉表的後妻，而蔡瑁跟這兩人是姊弟關係。從這裡我們可以看出來，劉表和黃承彥是連襟，而蔡瑁又是這兩人的小舅子，這樣一來，劉表就成了黃碩的姨父，蔡瑁就成了黃碩的舅舅。如果諸葛亮娶了黃碩，這兩個人也就成了他的姨父和舅舅。

如果諸葛亮做了黃的女婿，就算是攀上了劉表這門皇親，劉表是荊州長官，而蔡家是襄陽望族，有了這樣的政治資源，豈不春風得意？諸葛亮把黃碩娶回家門，他的鄰居們以貌取人，不明就裡的譏諷：「莫學孔明擇婦，止得阿承醜女。」他們哪裡知道諸葛亮正是得其所哉，慶幸自己娶到了一位「賢德」的媳婦呢。

自幼飽受貧困之苦的諸葛亮深知背靠大樹好乘涼的好處，因此，當名士黃承彥提親時，他非常痛快地答應了這門親事，編織了自己關係網絡的第一步。

諸葛亮雖然不能夠選擇從娘胎裡一出生就是個貴族，但是卻能緊緊抓住改變人生命運的婚姻機會，為實現抱負打開了一條通道。靠山攀得高，起點自然就高。這也是諸葛亮為他自己在地主集團的上層站穩腳跟，以便今後一展鴻圖所奠下的基礎。

在隆中的十年，諸葛亮由一個普通的青少年成為一個識時務的俊傑，這除了諸葛亮本人的聰明才智，更大的原因還是他來襄陽後所建立起來的人事關係網絡。諸葛亮大姊，在諸葛亮居住襄陽期間，嫁給中廬縣大族的蒯祺為妻，諸葛亮二姊，嫁給龐山民為妻（龐山民是名士龐德公的兒子，龐統的堂兄）。諸葛亮利用婚姻裙帶關係，結成一個錯綜複雜的人際關係網，而這關係網就是一筆很大的資源和財富。

儘管時人對諸葛亮的這一選擇嘲諷有加，但笑罵由你笑罵，醜妻我自娶之，他的信仰是「走自己的路，讓別人說去吧」。自從醜女娶進門，諸葛亮那才真是一個春風得意，先是贏得了荊州名士們的尊重，作為當地名士的地位更加鞏固，特別是大名士龐德公對孔明很器重，並寄予很大希望，稱他為「臥龍」。這一「個人品牌」的認定與傳播，使諸葛亮大名更加遠揚。如此一來，當劉備來到荊州，自然就聽到了諸葛亮的鼎鼎大名，諸葛亮也才能出山，去實現他的春秋大業。

恩格斯說過：「婚姻乃是一種政治行為，乃是一種藉新聯姻加強自己勢力的機會；發揮決定性作用的是家世利益，而絕非個人情感。」劉備與麋竺有麋夫人的政治婚姻，曹操亦有為兒子娶納袁譚女兒的政治手腕，這些政治婚姻都為劉備及曹操帶來相當程度的利益。

如果黃氏不是和劉表、蔡氏有這樣的親戚關係，不是名士黃承彥的女兒，而是凡夫之女，就算有美貌，諸葛亮也不見得會迎娶，可見諸葛亮娶黃氏依然還是階級的婚姻，其虛偽的感情基礎，是由諸葛亮和黃氏的階級地位、階級利益來決定，所以它是計較利害的婚姻。

在諸葛亮生活的三國年代，在地主階級內部的婚姻問題上，諸葛亮的選擇雖然比較獨特，但是感情卻成了政治的犧牲品。魯迅先生也諷刺過一些人的事業是「做了女婿換來的」，這都可以說是一針見血地揭穿了諸葛亮之流，其婚姻的政治本質。然而，時至今日，想靠做女婿換點什麼的人是否完全絕跡了呢？

終南捷徑

「書山有路勤為徑，學海無涯苦作舟」，每一件事情的背後都是辛勤勞作的結果，當然也有些只可意會不可言傳的捷徑可圖。諸葛亮日夜盼望出山，他會採取哪種形式呢？

《新唐書．盧藏用傳》記載：「（藏用）始隱山中時，有意當世，人目為『隨駕隱士』，晚乃徇權利，務為驕縱，素節盡矣。司馬承楨嘗召至闕下，將還山，藏用指終南曰：『此中大有佳處。』承楨徐曰：『以僕視之，仕宦之捷徑耳。』」

唐朝的時候，盧藏用一開始隱居山中時，其實有意當官，人們都把他看作是「隨駕隱士」，皇帝到哪處名山遊玩他就跟到哪裡隱居，不久，盧藏用果然被皇上徵召，做了官。晚年以後他就開始弄權作勢了，為人非常驕縱，隱居時所標榜的節操也喪失殆盡。當司馬承楨無心於仕途，向皇帝請求歸還天台山的時候，盧藏用就指著終南山說：「終南山確實是個好地方，到那裡隱居就可以了，為什麼非要到那麼遠的天台山呢？」司馬承楨會心，慢慢地回答道：「以你的眼光來看，那裡確實是當官的捷徑啊。」

終南山之所以被當作當官的捷徑，是因為它距離唐朝京都長安很近，皇帝重臣時常要到此地燒香訪道，隱居此處容易被朝廷發現，被招進宮裡當官的機率非常大。後來，人們便以此來比喻這種假裝隱居，實則追求官位名利的便捷門徑。

對於每一個稍微瞭解中國傳統文化的人來說，隱士並不是一個陌生的詞。德行高潔、與世無爭、心無塊壘、超然世外，是隱士留給人們的一般印象。有的士人像陶淵明、嵇康就可以稱得上真正的隱士，自己不留戀於功名利祿，獨飲一杯薄酒，就可以「采菊東籬下，悠然見南山」了。

然而，說實在話，歷史上很少有人真的想做隱士，歸隱田園雖然悠閒自在，但是卻寂寞難耐。因而冒出許多沽名釣譽的假隱士來，對於中國古代的讀書人來說，仕與隱，本不是什麼非此即彼、魚與熊掌不可兼得的選擇題。「學而優則仕」，無論為己為民為社稷，他們懸樑刺股發奮苦讀的根本目的，還是期待著有朝一日能把這滿腹經邦濟世之才「學成文武藝，貨與帝王家」，功成名就，光宗耀祖，那該是怎樣的一種滿足感啊！

於是就開始出現了像上述盧藏用一樣的假隱士，他們隱居不是出於內心的需要，而是一種出名的策略，也屬於一種撈取社會資本和政治資本的手段，他們欲進故退、欲仕故隱。吟嘯山林，裝成天外飛仙的模樣，似乎從孩提時就看破了紅塵，將隱逸作為出仕鋪墊之「終南捷徑」。不是「只釣鱸魚不釣名」，而是「沽名」兼「釣利」，不知情者的就把他們當成了高人，知道的也只能暗自好笑。清代蔣士銓所作傳奇《臨川夢．隱奸》，出場詩就對明代華亭名士陳繼儒有這樣的嘲諷：「妝點山林大架子，附庸風雅小名家。終南捷徑無心走，處士虛聲盡力誇。獺祭詩書充著作，蠅營鐘鼎潤煙霞。翩然一隻雲間鶴，飛去飛來宰相衙。」說的就是這樣的「假隱士」，而這種風氣也逐漸成為一種「集體性的自欺欺人術」，在中國的歷朝歷代都屢見不鮮。

《書屋》二〇〇三年第五期中，楚人在〈真隱士與假隱士〉中這樣說道：「所謂隱以待時者，他們的內心其實極為渴望功名，只是由於時運不濟或機遇不湊，只好暫且隱居於山林，以觀時勢變化待機會而出。其代表人物大概要首推人們熟知的姜太公呂尚，當年他隱釣於渭水之濱，為的是釣上姬昌這條大魚，以實現其建功立業的宏偉志向，但結束自己顛沛流離於街頭，連做點販賣笊籬、麵粉等小生意也『倒擔歸家』的草民生涯，卻應該是其最真實的初衷。」所以他的釣鉤是直的，並且離水面幾寸高，「願者上鉤」嘛。

諸葛亮也是一樣，年紀輕輕就做了隱士，這目的再清楚不過了，因為「成名要趁早」。把自己打扮成一個有經世之能無出世之心的隱士，才好在人力市場上爭取到更大的買主，他以退為進，隱居隆中，作為人生的一次伏擊，走了終南捷徑。他的隆中茅廬距離荊州鄧縣城，快馬只需半個時辰，在此潛伏靜觀，以待天時。諸葛亮還真幸運，正趕上病急亂投醫的劉皇叔來了，加上諸葛亮頗具名望的親友團給予了高水準的「吹捧」，劉皇叔自然青睞有加。

《論語．子罕》中，「子罕曰：『有美玉於斯，韞櫝而藏諸？求善賈而沽諸？』子曰：『沽之哉！沽之哉！我待賈者也！』」子罕和孔子在一起討論出仕入仕的原則問題，並不是真的要擺攤做生意。子罕問孔子說，我有一塊美玉，是裝在盒子裡藏起來？還是找個出價高的買主賣了？孔子回答：賣了它！賣了它！我也正等著買主上鉤呢！由此可見，不光知識分子的知識面狹窄，求仕之路也是十分狹窄，他們的人生目標是求富貴、取尊榮、建不朽之功業，他們的路徑是透過

「依附」某個主子，手段是將自身「工具化」，達成豢養與被豢養的關係。就算是「至聖先師」孔夫子，找善主垂青的心情，也是十分急迫的，然而，孔夫子畢竟是坦率而可愛的，他並不諱言自己「三日無君」便惶惶不安的焦慮，乃至奔波於列國被人譏為「喪家之犬」。這也是幾千年來，中國文人未發跡前渴望被伯樂發現所共有的普遍心態。

正是這種「玉在櫝中求善價，釵於奩內待時飛」的心情，讓諸葛亮死死地抓住了劉備這個如同救命稻草般的機會，使出了渾身解數，將久蘊心頭、構思縝密的〈隆中對〉一瀉而發，足見其渴望功名之心是何等急迫。這時候，諸葛亮便勝利完成了此次伏擊，入世的籌備工作大功告成。可見，「身在江海之上，心居乎魏闕之下」，其躬耕南陽，隱居隆中，「草堂春睡早」是虛，建功立業，揚名立萬，才是其實實在在的渴望。

有一款酒的廣告詞就是：「真捨不得賣給你！」深得終南捷徑之真髓。這個廣告在一開始先把酒的好處描述一番，讓人有了不錯的印象，有些垂涎欲滴的感覺後，突然裝出不想賣的樣子來，為什麼說是裝出來的呢？道理很簡單，如果你真的「捨不得」賣，怎麼捨得花錢做廣告呢？做廣告為了賣酒，偏說自己不想賣，這不是和終南山的隱士們如出一轍嗎？那些隱士也是裝出不出仕的樣子來，假裝清高，其實是巴不得早點當官。

諸葛、伊尹、傅說、姜子牙之屬，懷抱利器，隱居以擇主。非明主禮請不出，際遇明主則當仁不讓。他們的隱只是一種權宜之計，一種虛偽的說辭，因為他們的心箭指向著如火如荼的天下大勢。隱居生活僅是他們實現政治理想和人生價值的一種手段，「天生麗質難自棄」的「假隱士」

們，一旦有朝一日被選在了「君王側」，什麼「淡泊明志」、「寧靜致遠」等諸如此類的口號就會被他們一下子拋到九霄雲外去，而甘願成為統治者爭權奪利、逐鹿中原的工具、謀臣、幫手、粉飾者……。

言不由衷

諸葛亮〈誡子篇〉中有這樣一句話：「夫君子之行：靜以修身，儉以養德。非淡泊無以明志，非寧靜無以致遠。」表達出諸葛亮不貪圖世俗榮辱，不羨慕高官厚祿，一副恬靜怡然的隱士模樣。難道諸葛亮真的對世俗沒有好感？難道他真能視名利如糞土嗎？

諸葛亮這個人，大名鼎鼎，聲震寰宇，受到無數後人的崇拜，至今很多人說起諸葛亮時，都要用「淡泊以明志，寧靜以致遠」這樣的詞句來形容他。然而，讀懂諸葛亮並不是一件容易的事，因為他是個文人，文人最懂得用華麗的文字與貌似忠誠的言辭修飾自己，包裝自己，隱藏自己的真實動機和本來面目。再加上歷代史家對他的曲筆偏袒，就使得諸葛亮的形象變得高大卻又玄虛起來。

諸葛亮的文章與言辭都堪稱經典，感人肺腑，以其千秋大作、膾炙人口的〈出師表〉為例，其中有這麼一段話：「臣本布衣，躬耕於南陽，苟全性命於亂世，不求聞達於諸侯。」諸葛亮告訴後主劉禪：「我原先只是個平民，在南陽耕著田種著地。我只想在亂世中苟且偷生，沒想過要在諸侯裡揚名立萬。」

他說的前三句話一點都不差，諸葛亮確實是一個平民，並且在天下正在發生巨大變革的亂世中，尋得一方世外桃源的南陽臥龍崗，躬耕了十年，然而，只要是明眼人都看得出來，這第四句「不求聞達於諸侯」，可就是一種很明顯的自我掩飾與自我標榜了。因為真正高明的騙子並不是總在說謊，而是說九十九句真話，在最後最關鍵的那一句摻上假話，因為之前的話一直是真的，所以人們往往會放鬆警惕，而信任這個人。之所以說諸葛亮最後一句是虛偽的，從他躬耕十年間的所作所為就可以非常明顯地看出來。

在這十年中，諸葛亮可不僅僅是種種地、看看書，他雖然高臥隆中，實則「藏器在身」、「未有須臾忘天下事」，是胸懷野心和抱負的。他曾對好友石韜、徐庶、孟廣元曰：「卿三人仕進可至刺史、郡守也。」當三人反問他可仕至何官時，「亮但笑而不言」。笑而不言為何？蓋因刺史、郡守一類官職皆不在諸葛亮眼中，而其大志所欲則難以啟齒告人也。他時時刻刻都沒有忘記自己的野心，穿梭在名流之中，結交權貴與豪強，編織著自己的人脈網絡。

諸葛亮除了自己娶了襄陽名士黃承彥的醜女兒，還讓自己的親戚一一與權貴攀上了親緣。當時在劉表統治下的襄陽一帶，主要的豪強勢力有龐、蔡、黃、蒯、馬、習、楊等家，又分為在野派（龐、黃、馬、習、楊）和為劉表效力派（主要是蒯、蔡）。

兩派的勢力都不小，於是諸葛亮透過結親的婚姻手段與兩派都建立了密切的關係。諸葛亮的大姊嫁給了蒯祺，二姊嫁給了龐家的龐山民。於是諸葛亮和蒯、龐建立了親戚關係，而龐家的龐林娶了習家的女兒，於是又和習家連上了關係。這樣處心積慮，有計劃、有步驟、有章法的攀附權貴之舉，能叫做「不求聞達於諸侯」嗎？

那時的諸葛亮有個很奇怪的習慣：「每晨夜從容，常抱膝長嘯。」（《魏略》）放到今天，誰要是動不動當眾抱膝長嘯，肯定會被認為是腦子有問題。然而，在當時標榜名士風流的社會風氣中，再加上他的親友團力捧，人們便認為這是孤高冷傲的表現，這個趕時趨俗的舉動自然又為他「淡泊名利，寧靜致遠」的形象樹立添了磚加了瓦。然而，真正動過腦筋的人應該能夠想得到，既然長嘯，就是有意「嘯」給別人聽的，如果真不想讓人聽，就應當到深山老林空寂無人的地方，而沒有必要在當時處於政治、經濟、文化地位都很重要的襄陽城郊來惹人注意。

孤高冷傲的「抱膝長嘯」並不意味著「淡泊名利」，相反地，那正是一種長時間欲求功名而不得，進而發洩無法施展抱負的壓抑心理。韓愈曾經說過：「不平則鳴」，心中一定有不平之氣，才會「抱膝長嘯」。如果諸葛亮真的心態寧靜平和的話，肯定不會故作「長嘯」這種異於常人的舉動來博取世人關注。

就是憑藉著這些沽名釣譽的非常手段，諸葛亮受到了劉備的青睞，直上青雲，進入了蜀國的政治權力中心，開始了他一生當中實實在在的名利之旅。如魚得水的權力生活，讓他走進了名韁利鎖，開始了艱苦的爭權奪利與謀算當世的生活，從此再也不想回臥龍崗了。

古往今來，名利是一個永恆的話題。多少有些才學、有些能力的人都逃不掉名利的誘惑和束縛，《紅樓夢》裡有一首〈好了歌〉，其中一句就是這麼說的：「世人都曉神仙好，惟有功名忘不了。」可謂是看破了世情。司馬遷在《史記》中說：「天下熙熙，皆為利來；天下攘攘，皆為利往。」自古英雄難過名利關，越是聰明、優秀的人，越容易掉入名利的圈套，把名利看成是一生的目標，耗費畢生的精力去追求它，甚至連性命都敢捨棄，身死而心未死。

古代有一個王國，根基不穩，經常受到外族的犯邊滋擾。於是國王就召開會議，決定用武力使四夷臣服，進而安定邊疆。

國王頒布詔書，內容是：民間要是有肯為國出力者，皆有重賞。不出十天，就有三個年輕人應召而來。高個子的叫若木，善騎術；矮個子的叫賓蒂，善射術；中等個的叫天定，善於謀略，於是國王讓他們三個帶領大軍開赴邊疆。

不久，邊疆不斷傳來喜訊，三個年輕人屢建奇功。一個月後，邊疆得到了安寧，四夷全都賓服。得勝之師回到都城，國王要給將士論功行賞，對三個年輕人說：「有什麼要求儘管說！」

若木說：「我要做大將軍，為陛下鎮守邊關！」

賓蒂說：「我要做尚書，替陛下分擔國事！」

但天定卻說：「我一不當官，二不領兵，三不要錢。我只希望陛下能賜給我一群牛羊和一塊牧場！」

國王很驚訝，一一滿足了這三個年輕人的要求。

過了若干年，天定正在牧場上吹著笛子，歡快牧羊的時候，消息傳來，若木和賓蒂因為權勢熏天，遭到皇帝猜忌，全都被陷害入獄了。

名利終究是人生的枷鎖，很多人受盡其累卻不知悔悟。真正生性淡泊的人，即使立下了汗馬功勞也不會要求做封疆大吏或位極人臣，只想重新回到過去快樂無拘的生活，吹笛牧羊，不受名韁利鎖的羈絆，自由自在，更不用絞盡腦汁地謀劃和算計，何樂而不為？然而，諸葛亮卻不是一盞省油的燈，他是怎麼說的呢？「雖十命可受，況於九邪？」（《三國志．李嚴傳》）表面上推辭加九錫，卻說成了「雖十命可受」，意思是如果滅魏的話給自己加十錫都不算少，這種對功名的重視和執著已經躍然紙上，無法掩飾。

事情往往是，能夠淡泊的，對手中的名利，想放下肯定心中不捨，最後落到「眼前有餘忘縮手，身後無路想回頭」的地步，騎虎難下時，後悔也晚了。秦相李斯在腰斬前，對他一起俯首就刑，奔赴黃泉的兒子，在臨終，也就是臨別時，說了一句有名的話：「牽犬東門豈可得乎？」一輩子爭名奪利，最後被害身死時才開始懷念起自己未發跡前和兒子一起牽狗去東門狩獵的自由歲月，直到腰斬這一刻，才悟道，才明白，豈不是大大的悲哀？如果一直縱狗獵兔至此，在老家上蔡啃乾饃，喝餬餬，聽梆子腔，也不至於落到這種地步。

人生所求所為，名利也好，淡泊也好，都是人生的一種選擇，都有它存在的理由和原因，人生百態，法無定法，理無定理，「是非成敗轉頭空」，孰是孰非，也難一言以蔽之。

然而，不容置疑的是，名利的確是一種迷藥，讓有志之士為之執迷不悟，甚至至死不悔。不然岳飛怎會在一生戎馬、身經百戰時，感歎「三十功名塵與土」、「只歎白首為功名」？不然辛棄疾那「想當年，金戈鐵馬，氣吞萬里如虎」的豪氣干雲，怎會化作「了卻君王天下事，贏得生前身後名，可憐白髮生」的無奈辛酸呢？

毛遂自薦

我們可做一個調查，題目是「歷史上最禮賢下士的君主是誰」。恐怕答案最多的是劉備。為什麼呢？因為人們都清楚劉備「三顧茅廬」請出諸葛亮，不是他還有誰。「三顧茅廬」是諸葛亮人生中重要的轉捩點，也是極具探索價值的歷史事件。可是《魏略》卻有這樣記載：「是時曹公方定河北，亮知荊州次當受敵，而劉表性緩，不曉軍事。亮乃北行見備，備與亮非舊，又以其年少，以諸生意待之。」書中所說是諸葛亮毛遂自薦，而不是劉備「三顧茅廬」，歷史的真相是什麼呢？諸葛亮真是毛遂自薦嗎？

「毛遂自薦」是春秋戰國時期的故事，《史記．平原君傳》記載，西元前二六〇年，秦兵進圍邯鄲的時候，秦將白起大破趙軍於長平。西元前二五八年，秦兵又進兵圍趙都邯鄲，情況十分危急，趙王只好趕緊派平原君出使楚國，向楚國求救。

平原君到楚國去之前，召集他所有的門客商議，決定從這千餘名門客中挑選出二十名能文善武、足智多謀的人隨同前往。他們挑來挑去最終只有十九人合乎條件，還差一人，卻怎麼挑也不覺得滿意。這時，只見毛遂主動站了出來說：「我願隨平原君前往楚國，哪怕只是湊個數！」平原君一看，是平常不曾注意的毛遂，便大不以為然，只婉轉地說：「你到我門下已經三年了，卻從未聽到有人在我面前稱讚過你，可見你並無什麼過人之處。一個有才能的人在世上，就好像錐子裝在口袋裡，錐尖子很快就會穿破口袋鑽出來，人們很快就能發現他。而你一直未能展露你的本事，我怎麼能夠帶上沒有本事的人，同我去楚國行使如此重大的使命呢？」

毛遂並不生氣，他心平氣和地據理力爭說：「您說的並不全對，我之所以沒有像錐子從口袋裡鑽出錐尖，是因為我從來就沒有像錐子一樣放進您的口袋裡呀。如果早就將我這把錐子放進口袋，我敢說，我不僅會是錐尖子鑽出口袋，我還會連整個錐子都像麥穗一樣全部露出來。」平原君覺得毛遂說得很有道理且氣度不凡，便答應毛遂作為自己的隨從，連夜趕往楚國。

到了楚國，楚王只接見平原君一個人。兩人坐在殿上，從早晨談到中午，還沒有結果。毛遂大步跨上臺階，遠遠地大聲叫起來：「出兵的事，非利即害，非害即利，簡單而又明白，為何議而不決？」楚王非常惱火，問平原君：「此人是誰？」平原君答道：「此人名叫毛遂，乃是我的門客！」楚王喝道：「趕快退下！我和你主人說話，你來幹嘛？」毛遂見楚王發怒，不但不退下，反而又走上幾個臺階。他手按寶劍，說：「如今十步之內，大王性命在我手中！」楚王見毛遂那麼勇敢，沒有再呵斥他，就聽毛遂講話。毛遂就把出兵援趙，有利楚國的道理，作了非常精闢的分析。毛遂的一番話，說得楚王心悅誠服，答應馬上出兵。不出幾天，楚、魏等國聯合出兵援趙，秦軍便被迫撤退了。

平原君回趙後，深感愧疚地說：「毛遂原來真是了不起的人啊！他的三寸不爛之舌，真抵得過百萬大軍呀！可是以前我竟沒發現他，若不是先生挺身而出，我可要埋沒一個人才呢！」後待毛遂為上賓。

毛遂之所以敢自薦自己，是因為他有完成這個任務的能力。能力是表現出來的，有了這次的表現，毛遂成為了平原君的上賓，既達到了楚國出兵的目的，又實現了自己的願望，雙方都得利，達到一種「雙贏」。後人受毛遂的自信、勇敢、才識所感動，便以他的事蹟來激勵自己奮進，毛遂自薦也成為傳承千年不衰的膾炙人口佳話。

《三國演義》中劉備三顧茅廬請出諸葛亮，也是流傳民間，老百姓喜聞樂見的民間故事。當然，他們的故事也遠遠高於毛遂自薦的流傳力度。但是，歷史好像是跟人們開了個玩笑，事實的真相並不是人們所期望的那樣。按照事實常理推斷，諸葛亮的出山應該是他自己「毛遂自薦」，而不是人們所說的「三顧茅廬」。

裴松之注《三國志．諸葛亮傳》引《魏略》說：「劉備屯於樊城，是時曹公方定河北，亮知荊州次當受敵，而劉表性緩，不曉軍事。亮乃北行見備，備與亮非舊，又以其年少，以諸生意待之。」從此段文字可以看出，當時諸葛亮並非老老實實待在南陽，他看到曹操平定了河北，下一個目標自然是荊州。劉備和劉表相比，顯然劉備最有韜略，於是諸葛亮看好劉備，決定去劉備那裡碰碰運氣，而諸葛亮此時年輕，劉備也是把他當作一般清客看待，並沒有立即引起劉備注意。

諸葛亮引起劉備注意是在這次見面後，其他人都走了，只有諸葛亮留下來，他對劉備說了一番話才使得劉備對他刮目相看。《三國志》注引《魏略》說：「坐集既畢，眾賓皆去，而亮獨留，備亦不問其所欲言。備性好結旄，時適有人以髦牛尾與備，備因手自結之。亮乃進曰：『明將軍當復有遠志，但結毦而已？』」劉備聽了很驚訝，心想這是誰啊！敢跟我如此講話，感覺說這話的人並不一般。

「備知亮非常人也，乃投毦而答曰：『是何言與！我聊以忘憂耳。』亮遂言曰：『將軍度劉鎮南孰與曹公邪？』備曰：『亦不如。』曰：『今皆不及，而將軍之眾不過數千人，以此待敵，得無非計乎！』備曰：『我亦愁之，當若之何？』亮曰：『今荊州非少人也，而著籍者寡，平居發調，則人心不悅；可語鎮南，令國中凡有游戶，皆使自實，因錄以益眾可也。』備從其計，故眾遂強。備由此知亮有英略，乃以上客禮之。」

根據《魏略》中這段話的描述，諸葛亮是毛遂自薦，自己主動去找劉備，而非劉備趕上門去找他。雖然裴松之據諸葛亮〈出師表〉中「三顧臣於草廬之中」的話，予以否定。但是，無風不起浪，這段話還是有可信度的。

諸葛亮「每自比管仲、樂毅，時人莫之許也」，對自己很有自信，可別人不那麼認為。管仲是什麼人啊？「九合諸侯，一匡天下」，治世之能臣；樂毅是什麼人啊？一口氣連攻七十二座城池，燕國之棟樑。誰人能比？諸葛亮什麼人啊？大概沒出山之前只有家裡人知道他。諸葛亮雖然在隆中做了一些準備，但他畢竟沒有太多表現才華的機會，所以劉備也不知道諸葛亮是哪路「神仙」。對於一個不瞭解的人，能做出三顧請人，恐怕從常理上說不過去吧。

諸葛亮出名是因為他先給劉備出了個好謀、劃了個好策，然後劉備才另眼相看。無論是誰都必須先表現，才有可能出人頭地。劉邦看見秦始皇的車隊時說，大丈夫就應該是這樣的排場；項羽看到秦始皇巡遊威儀時候就說，我能取代他。兩個人隨心發了句感慨，人們就驚異了，說他們很早的時候就有這麼高的志向，不然日後哪有那麼高的成績。事實是那樣嗎？他們說了幾句話就能成功，別人還要不要活。因為他們有能力，當時沒有發揮出來，等他們後來真做出驚天動地的大事，人們前後一回憶，噢！他們果然不同凡響。如果他們後來不成功呢？可能對兩人說的話只能當一句笑談資料罷了。

陳勝說了句「苟富貴，勿相忘」，惹得大家一陣嘲笑，誰相信他說的啊？一個給別人鋤草的打工仔，你有什麼富貴呀？後來真富貴了，才想起他還說了那句「燕雀焉知鴻鵠之志哉」，於是感覺這個人不簡單。

諸葛亮跟陳勝尚未富貴前的情況差不多，他還沒能表現出自己的才華。雖然他選擇了劉備，但劉備並不清楚你諸葛亮啊！諸葛亮雖然為自己出山做了很多準備，但畢竟只是個前期宣傳，真正效果如何，沒人知道。劉備堅持「不看廣告，看療效。」諸葛亮想有作為，就得自報家門。根據諸葛亮給劉備出的謀略，果然大見成效，諸葛亮的名字也在劉備心中有了很深的印象。

其實，諸葛亮投靠劉備絕非偶然。諸葛亮躬耕南陽十餘載，「十年磨一劍，霜刃未曾試。今日把示君，誰有不平事」，他不去投靠曹操，他也不去投靠孫權，他更不去投靠劉表。為什麼？他也在分析，這些人目前都占據一方，手下謀臣武將不少，他去了多半沒有他表現的機會。就算依靠自己實力打拚，也是幾年以後的事情了，到那時候具體是個什麼樣子還是個未知數，與其碌碌無為投靠他們，不如在家靜觀其變，相時而動，等這個「君」，等那個讓他想「出劍」的人。

諸葛亮選擇劉備也是經過深思熟慮、潛心策劃，由他的一段話中我們就能看出來。赤壁之戰前，諸葛亮出使東吳，東吳重臣張昭想推薦他侍奉吳主，諸葛亮說：「孫將軍可謂人主，然觀其度，能賢亮而不能盡亮，吾是以不留。」「賢」、「盡」兩字的寓意深長，必須參而悟之。所謂「賢」，即把諸葛亮看成是「賢士」，對待「賢士」的最高規格無非是以「國士」待之，而「盡亮」就很難用一兩句話來表達個中之意。

易中天在《品三國》中說過：「大家都認為袁紹是績優股時，郭嘉卻看出那是垃圾股；而在大家都以為劉備是垃圾股時，諸葛亮卻把他看作績優股。」

諸葛亮終於等到他的「真命天子」出現，買到他自己的「績優股」，於是他親自打頭陣，三兩句話為劉備解決了燃眉之急，從此在劉備心中留下很深的印象。緊接著他拋出了第二個殺手——朋友相薦，徐庶說：「若得此人，無異周得呂望、漢得張良也。」司馬徽說：「以某比之，譬猶駑馬並麒麟，寒鴉配鸞鳳耳。此人每嘗自比管仲、樂毅；以吾觀之，管、樂殆不及此人。此人有經天緯地之才，蓋天下第一人也。」諸葛亮毛遂自薦，初戰告捷，劉備求賢似渴，再有別人從中幫腔，便決定親自拜訪諸葛亮。

《三國志》中記載：「凡三往，乃見。」劉備到底是不是三顧茅廬，也值得商榷，書中記載是「凡三往，乃見」，是覺得去了三次才見到。諸葛亮的〈出師表〉也說是「三顧臣於草廬之中」，關鍵是這個數詞「三」，「三」在古代運用上一般當作虛詞來用，表示「多次」的意思。孔子曾說過「三思而後行」，其中句子裡面的「三思」是指思慮周全，意思是多次，並不是想三遍；詩聖杜甫寫〈蜀相〉也有一句：「三顧頻繁天下計，兩朝開濟老臣心」，周汝昌先生解釋「頻繁」二字就是多次。

因此推斷，諸葛亮在給劉備出謀劃策後，劉備認為諸葛亮還是個人才，於是決定親自拜訪求教一些治世問題，不一定有個確切數字是三次，有可能去了很多次，每次去劉備都有收穫，兩人越談越投機，相見恨晚，劉備決定請諸葛亮出山，諸葛亮也決定跟隨劉備打天下。諸葛亮是毛遂自薦在先，劉備懇請在後。

言語宣傳

當人們高興時喜歡唱歡快的曲調，當人們悲傷時容易想起低沉的歌曲，透過一個人所唱的歌曲能看出他的心情好壞。以此類推，一首詩詞也能看出一個人的不同心胸。諸葛亮隱居隆中，口中時時吟唱〈梁父吟〉，他有什麼目的呢？他想表達什麼呢？

諸葛亮除了喜歡抱膝長嘯，還有一個喜好，那就是「好為〈梁父吟〉」。「詩言志」，諸葛亮「好為〈梁父吟〉」，他想表達什麼呢？《藝文類聚》卷十九引〈陳武別傳〉後謂：「是〈梁父吟〉本為歌謠，諸葛吟之以遣興耳。」認為諸葛亮的「好為〈梁父吟〉」，不過是一般的吟唱遣興，但果如此，則陳壽何以將此事鄭重寫入本傳呢？裴松之注中指出：「夫其高吟俟時，情見乎言，志氣所存，既已定於始矣！」也確認諸葛高吟〈梁父吟〉，是有「志氣」和深意隱含在其中。並且，從一開始就已經決定了他的志趣和用心，預視著他今後進入勢力紛爭中所要做的事與所要走的路。

那麼，諸葛亮「好為〈梁父吟〉」的寓意何在呢？讓我們回到〈梁父吟〉來，仔細推究一番：

「步出齊城門，遙望蕩陰里。」蕩陰里，地名，今山東臨淄南。

「里中有三墳，纍纍正相似。」點出三墳，指出墳相似、人相似，死也相似。

「問是誰家塚，田疆古冶子。」承上句，以設問引出三人的名字：田開疆、古冶子，還有一個公孫接。

「力能排南山，文能絕地理。」排南山，推倒南山；絕地理，窮盡山川地理之形勢。

「一朝被讒言，二桃殺三士。」儘管勇力過人的武夫令人生畏，但是，一旦被文士在景公面前說了幾句挑撥的話，僅僅兩個桃子就把三個力能搏虎的壯漢給全部除掉了。

「誰能為此謀，國相齊晏子。」有誰能夠作出如此天衣無縫的計謀呢?唯有齊國宰相晏子。此詩所詠，為春秋時期齊國國相晏嬰設謀「二桃殺三士」事。事見《晏子春秋．景公養勇士三人無君之義晏子諫》：

公孫接、田開疆、古冶子這三個壯士以過人的勇力侍奉景公，當宰相晏子路過他們身邊時「過而趨」，小步快走表示敬意，而「三子者不起」，三個人卻沒有起身，晏子認為他們並沒有把他這個宰相放在眼裡，於是惱羞成怒了，跑向景公那裡去打了小報告，用了許許多多冠冕堂皇的大道理往他們身上扣帽子，用現代的話也就是「無限上綱」，說他們：「上無君臣之義，下無長率之倫，內不可以禁暴，外不可以威敵。」並且開始給他們定性為「危國之器」，建議景公「不若去之」，也就是不如把他們除掉的意思。

晏子取得了景公的默認後，乘機請景公派人賞賜他們兩個桃子，對他們說道：「你們三個人就按功勞大小去分吃這兩個桃子吧！」三人中計，開始爭相表功。公孫接說：「想當年，我隨景公狩獵時，徒手打死了一隻咆哮著奔向景公的猛虎。救過景公的性命，這麼大的功勞，沒人比得上，這個桃子，我該吃。」於是「援桃而起」。

田開疆說：「想當初，我曾手拿兵器，接連兩次擊退敵軍。像我這樣的功勞，沒人比得上，也可以自己單吃一個桃子。」於是也「援桃而起」。

桃子分光了，古冶子急了，說：「想當年，我隨景公赴晉，載渡黃河時，有一隻大黿捲動波濤，張開巨口，將景公喜愛的左驂之馬銜咬而去，我解衣拔劍，躍入水中，凌波踢浪，追戰九里之程，斬大黿之首，挽驂馬生還。誰的功勞能和我比呢？你們兩個人為什麼還不快把桃子拿出來！」說完，他「抽劍而起」。

公孫接、田開疆說：「我們勇敢趕不上您，功勞也不及您，拿桃子也不謙讓，這就是貪婪啊；然而還活著不死，那還有什麼勇敢可言？」於是，他們二人都交出桃子，刎頸自殺了。古冶子看到這種情形，說道：「他們兩個都死了，唯獨我自己活著，這是不仁；用話語去讓別人感到羞恥，並且吹捧自己，這是不義；悔恨自己的言行，卻又不敢去死，這是無勇。」他感到很羞慚，放下桃子，也刎頸自殺了。

那麼，究竟是誰殺了這三個人呢？誰都不能說是晏子，我們只能說是兩顆熟透且甜得像蜜一樣的水蜜桃，殺死了三個厲害無比又力大無窮的壯士。這就是晏嬰的厲害之處，既替國家除了害，又使君王不擔任何罪名，自身也不會與任何人結下仇怨。

這個故事說起來仁義道德，寫起來溫文爾雅，實則機關暗藏、讓人毛骨悚然，充滿了刀光劍影與血肉橫飛的陰險殺氣。

日本文藝評論家、小說家、劇作家花田清輝《隨筆三國志》亦謂：「歌詞中反映三壯士中晏子奸計而轉眼全部身亡的不幸命運，打動了青年諸葛亮的心，所以，他才喜愛這首歌。」

如果我們反思一下，名垂宇宙，勛高管、樂的一代重臣諸葛亮，「高吟俟時，情見乎言」，竟然毫不掩飾地稱讚國相晏子以陰謀詭計殺死三個義士的行為，不能不讓人有所深思。更值得玩味的是，使用了如此陰險卑劣手段的晏嬰，卻在諸葛亮之前，成了中國人心目中最早的智者和賢相，這是為什麼？

張遠山在〈一代賢相公報私仇——二桃殺三士〉一文中這樣說道：「因為晏嬰的兇殘有最冠冕堂皇的藉口：『仁義道德』；晏嬰的陰險有最堂皇的理由：『忠君為國』。」實際上，三個勇士的言行才真正稱得上是捨生取義。然而「君子可欺以其方」，君子有著很多的道德和原則而小人沒有，因而，小人就可以利用君子的這些道德和原則鑽空子、占便宜。在晏子的毒計暗算之下，為義氣而殉道的三個勇士卻成了千古笑柄，而晏嬰卻成了人們心目中足智多謀的一代「賢相」，因為中國有些人歷來是崇拜陰謀詭計的，他們總把坑蒙拐騙、暗施刀箭等無恥之徒尊稱為「智者」，更是「賢能多才」、「老謀深算」。

諸葛亮後來的所作所為，證明了他的確與晏嬰如出一轍，均為一丘之貉，都稱得上是冷酷無情、殺人不眨眼，為達目的不擇手段，然而卻歷世享有「賢相」的美名。在權謀至上、智謀崇拜的文化氛圍中，野心家和陰謀家會得到廣泛的尊敬和崇拜，晏嬰、蘇秦、張儀、諸葛亮、司馬懿等等之流比比皆是。他們的陰謀奇詭經過一代代的鼓吹和學習，已經像毒品一樣注入了一些人的血液裡。也因此，中國幾千年來的歷史，一向是「竊鉤者誅，竊國者諸侯」的智謀至上邏輯，在亂世中謀得統治、奪得政權，憑藉的常常不是道德，而是權術、偽善與詭計。

欲擒故縱

諸葛亮藉由毛遂自薦認識了劉備，劉備也經由徐庶、司馬徽等人介紹而知道了諸葛亮，可是當劉備決定請諸葛亮出山時，諸葛亮卻避而不見，這是為什麼呢？

欲擒故縱本是《孫子兵法》中的計策，《孫子兵法》第十六計中云：「逼則反兵，走則減勢。緊隨勿迫，累其氣力，消其鬥志，散而後擒，兵不血刃。需，有孚，光。」

以白話文來說就是：把敵人逼得無路可走，他就會反撲；讓敵人逃跑則可消滅其氣勢。追擊敵人時緊緊跟隨而不逼迫，以消耗敵人的體力，瓦解他的鬥志，待敵人潰不成軍時再捕捉他，可以不費吹灰之力。這就是「需，有孚，光亨」的道理：故意先放開他，使他放鬆戒備，充分暴露後，再把他捉住。「需，有孚，光亨」語出《易經．需》，需，卦名。本卦為異卦相疊（乾下坎上）。「需」的下卦是乾為天，上卦是坎為水，是降雨在即之象，也象徵著一種危險存在著（因為「坎」有險義），必得去突破它，但突破危險又要善於等待。《易經．需》卦辭：「需，有孚，光亨，貞吉。」孚，誠心。光，通廣。句意為：要善於等待，要有誠心（包含耐性），就會有大吉大利。

西晉末年，幽州都督王浚企圖謀反篡位。晉朝名將石勒聞訊後，打算消滅王浚的部隊，但王浚勢力強大，石勒恐一時難以取勝，便決定採用「欲擒故縱」之計，麻痺王浚，他派門客王子春帶了大量珍珠寶物，敬獻王浚，並寫信向王浚表示擁戴他為天子。信中說，現在社稷衰敗，中原無主，只有你威震天下，有資格稱帝。王子春又在一旁添油加醋，說得王浚心裡喜孜孜的，信以為真。

就在此時，王浚有個部下名叫游統，伺機準備謀叛王浚，想找石勒當靠山，但石勒卻殺了游統，將其首級送給王浚。這一招，使王浚對石勒絕對放心了。西元三一四年，石勒探聽到幽州遭受水災，老百姓沒有糧食，王浚不顧百姓生死，苛捐雜稅，有增無減，民怨沸騰，軍心浮動。石勒親自率領部隊攻打幽州，這年四月，石勒的部隊到了幽州城，王浚還蒙在鼓裡，以為石勒來擁戴他稱帝，根本沒有準備應戰。等到他突然被石勒將士捉拿時，才如夢初醒。王浚中了石勒「欲擒故縱」之計，身首異處，美夢成了泡影。

石勒算是很會用這個計策的人，可他還是比不上諸葛亮，先不說諸葛亮用的時間比他早，光靈活度上諸葛亮就比他技高一籌。諸葛亮把《孫子兵法》靈活運用到自己出山的宣傳策略上，製造聲勢，欲進先退，欲揚先抑。

劉備三顧茅廬時，其弟曾歌：「鳳凰翔於千仞兮，非梧不棲；士伏於一方，非主不依；樂躬耕於隴畝兮，吾愛吾廬；聊寄傲於琴書，以待天時。」很明顯，諸葛亮的隱居，不是避世，而是「專待春雷驚夢回，一聲長嘯分天下」，「逢明主於一朝兮，更有何遲，展經綸於天下兮，拂袖而歸」。他不僅因受「三顧」之恩，不容不去，而且自身也早有出世的準備。基於對「三分」的認識，事前繪製的西蜀五十四州就是最有力的證明。

四川的水井坊（知名的酒坊）就曾採取這一策略，廣告打了數個月，可市場上就是不見水井坊酒的影子，不僅吊足了銷售商的胃口，連酒民也躍躍欲嘗而不可得。水井坊高調隱居之後，突然下山，再加上自身本來就不錯，一下子就打開了銷售局面。諸葛亮實施的計畫，實質上就是想出仕，但自己又不能親自標明自己的想法，說難聽點就是「又要當婊子又想立牌坊」，這可有難度了。還是唐僧說的話：「你要你就說嘛，你不說我怎麼知道。」但世人可不這麼看，而是：「你要你就不會說的嘛，你不說我也知道你要的嘛。」於是一個「凡三往」，一個裝出無可奈何的樣子，下定決心，排除萬難終於出山了。這個用俗話講就是「吊你胃口」。

諸葛亮看透了劉備求賢心切，所以他有足夠的信心，肯定能搞定劉備。隱居襄陽十載，諸葛亮始終以名士自居，以隱士標榜，給世人感覺請他出山是一個不可行之事，可他的才智又使求賢的人欲罷不能。世人有個不好的壞毛病，越是不允許做的事情往往越能引起人們注意，越是遮遮掩掩，人們越有弄明白真實情況的強烈願望。

劉備經由徐庶的推薦，輾轉知道了有諸葛亮這個人。《三國演義》中寫到徐庶被迫離開劉備投奔曹操，臨行之前說：「此間有一奇士，只在襄陽城外二十里隆中。使君何不求之？」劉備當時並不知道還有諸葛亮這麼個人物，當然也沒放在心裡。只是隨口說了一句：「敢煩元直為備請來相見。」劉備說了這句話也就中了諸葛亮的計謀，徐庶緊跟著說：「此人不可屈致，使君可親往求之。若得此人，無異周得呂望、漢得張良也。」順便還把諸葛亮的家世簡單介紹了一下。不說別的，單單看能跟呂望、張良兩人相提並論，此人絕非凡類。劉備曰：「昔水鏡先生曾為備言：

『伏龍、鳳雛，兩人得一，可安天下。』今所云莫非即伏龍、鳳雛乎？」徐庶曰：「鳳雛乃襄陽龐統也，伏龍正是諸葛孔明。」經過徐庶一番誇辭，劉備感覺不親自去請諸葛亮，都對不起自己了。

諸葛亮這一招很有效，先有徐庶打頭陣，緊接著又找出第二個重量級人物司馬徽。本來劉備對徐庶的話也有些沒把握，現在來了個名聲更響的大人物，問問他吧。劉備曰：「元直臨行，薦南陽諸葛亮，其人若何？」司馬徽笑曰：「元直欲去，自去便了，何又惹他出來嘔心血也？」劉備問：「先生何出此言？」司馬徽說：「孔明與博陵崔州平、潁川石廣元、徐元直、汝南孟公威四人為密友。此四人務於精純，唯孔明獨觀其大略。嘗抱膝長吟，而指四人曰：『公等仕進可至刺史、郡守。』眾問孔明之志若何，孔明但笑而不答。每嘗自比管仲、樂毅，其才不可量也。」又說「可比興周八百年之姜子牙、旺漢四百年之張子房也。」徐庶和司馬徽都說諸葛亮之才能直追姜子牙、張良，這下更堅定了劉備的信心，非諸葛亮不請。

諸葛亮欲擒故縱、吊人胃口的計謀到這已經是定局了，可他並沒有立即收手，而是連環實施，劉備越想見他，他就越躲著不見他。劉備來到隆中，首先讓他看到的是農夫唱歌，歌詞有道骨仙風的味道，以當今社會用人的標準衡量，這個農夫不是詩人、詞曲家，也得是一個專業科系畢業。後來劉備又遇到諸葛亮的朋友崔州平、石廣元，孟公威，以及諸葛亮的弟弟諸葛均和老丈人黃承彥，從他們不同的尋常舉止映襯了諸葛亮自己的更不尋常。

劉備前前後後來了多次，多次之後才見到諸葛亮，真是有點「千呼萬喚始出來，猶抱琵琶半遮面」。劉備此時已被諸葛亮玩弄於股掌之間，暈頭轉向也忘了一句老話：趕上門的不是買賣。

名人效應

凡人想要出名的願望大概都是相同的，可出名的方式卻千差萬別。世間雖有陶淵明之輩急流勇退，歸隱田園，視功名如糞土，但從其坎坷經歷中仍依稀可見，他們曾有過在名利束縛中苦苦掙扎的痕跡。諸葛亮也躬耕南陽，吟嘯山水之間，但他沒有陶淵明的閒逸，也沒有陶淵明先官後民的經歷，那他為的是什麼？

太史公言：「君子疾沒世而名不稱焉」，又言：「閭巷之人，欲砥行立名者，非附青雲之士，惡能施於後世哉！」要想出名，要想提高身價，就得尋找方式。借助外力，拉抬自己，不失為一個好的方法。

「攀龍附鳳」是自古通行的成名捷徑，揚雄在《法言．淵騫》中，對此曾有具體的描述：「攀龍鱗，附鳳翼，巽以揚之，勃勃乎其不可及也。」

秦始皇的「仲父」呂不韋就是一個善於鑽營者，這位陽翟富商，眼光堪稱遠大，當年秦公子子楚在邯鄲作人質，「車乘進用不饒，居處困，不得意」，他認為這個人奇貨可居，日後一定能有可用之處，及早攀上這條「龍」，可為日後豐厚的回報。

他資助子楚以重金，並入秦賄賂、遊說華陽夫人，終立子楚為太子嗣。他還獻上有身孕的寵姬，把子楚照顧得舒舒服服，寵姬既為子楚所納，也就培養了一隻「鳳」，以後要想附上去，想來也不費力。

呂不韋真有算計，攀龍附鳳，一箭雙鵰，做成了一筆大買賣。日後子楚與嬴政先後即位，均任用呂不韋為相國，封十萬戶，號曰文信侯，風光無限。對此，李贄在《史綱評要》中批道：「大賈買得皇帝，又買得個皇帝兒子，大奇！大奇！」

呂不韋這樣的好事，不是每個人都能遇到的，沒有龍鳳可攀可附，退而「結交權貴」，同樣可以成名。孔子周遊列國，靠攀龍而成名後，顏回就拜了孔子為師，攀了孔子這個貴並因了孔子的肯定，其勤學之美譽才得以流傳千古。事實上，世間勤勉之人何止顏回一個？而聲名遠播者又有幾個呢？

詩仙李白，初出道時就四處請託，拜謁官宦。他的名作〈與韓荊州書〉，對當時的荊州刺史韓朝宗，極盡奉承：「白聞天下談士相聚而言曰：『生不用封萬戶侯，但願一識韓荊州。』何令人之景慕一至於此！」說得妙極了，本意是要靠韓朝宗推薦，得個一官半職，卻說成僅願拜識閣下而已，即使封個萬戶侯也不稀罕。

北洋政府時期，前後有七個總統及執政首腦，其中有六個是行伍出身，唯有徐世昌是無一兵一卒之文人。徐世昌以翰林起家，攀附袁世凱，投其所好，因緣際會，扶搖直上，最終躋身總統寶座。

徐世昌，清咸豐五年九月（西元一八五六年十月）生於河南開封，城內的雙龍巷是他的出生地和少年時代活動的地方，算是他的第一個籍貫；據徐氏家譜考證，徐世昌的遠祖於明朝末年居住在浙江勤縣，這是他的第二個籍貫；乾隆年間，徐家又從北京大興移居天津。徐認為大興是他的第三個籍貫，天津是他的第四個籍貫。

別人也許會覺得有這麼多籍貫是個麻煩，而徐世昌卻利用這多處籍貫大做文章：他跟袁世凱論河南同鄉，跟馮國璋、曹錕論直隸同鄉，與錢能訓、孫寶琦論浙江同鄉。涉足社會，處處得到同鄉的幫助。

諸葛亮為了出名，抬高身價，也走結交權貴之路。他首先在南陽入手，因為南陽是東漢極為重要的地區，各地豪強流落於此，彙集在龐德公周圍，形成一股龐大的勢力，諸葛亮用聯姻的形式把自己的姊姊嫁給了龐德公的兒子，並憑藉自己官宦世家的門第和卓越的才華，結識了徐庶、龐統這些人。

諸葛亮與黃承彥的「黃頭黑色」醜女結婚，也是因為黃即是襄陽豪強蔡瑁的姊夫，又與荊州統治集團劉表是連襟。用同樣的方法，諸葛亮把大姊嫁給了在荊州頗舉影響的蒯氏家族，結交一些有頗影響力的朋友如司馬徽、徐庶、崔平州、石廣元。此外諸葛亮還十分注意與一些失勢豪強聯繫，以留後路。這樣，諸葛亮當時便成為與荊襄地區各路豪傑有密切聯繫的大人物。

諸葛亮所聯繫的這些人，對他的發展可說是如虎添翼。他們處處為諸葛亮製造聲勢，擴大影響力。諸葛亮專撿高枝兒攀，經過這些人的追捧，身價倍增，讓劉備想不請都不行。

徐庶說：「若得此人，無異周得呂望、漢得張良也」；司馬徽說：「以某比之，譬猶駑馬並麒麟，寒鴉配鸞鳳耳。此人每嘗自比管仲、樂毅；以吾觀之，管、樂殆不及此人。此人有經天緯地之才，蓋天下第一人也。」一個有聲望的人，即使給了你平淡的一個「字」，也比一千個普通人的長篇大論地給予的讚辭要來得更有威力。

清政府的官場歷來都靠後臺走後門，求人寫推薦信。軍機大臣左宗棠從來不給人寫推薦信，他說：「一個人只要有本事，自會有人用他。」左宗棠有個知己好友的兒子，名叫黃蘭階，在福建候補知縣多年也沒候到實缺。他見別人都有大官寫推薦信，想到父親生前與左宗棠很要好，就跑到北京來找左宗棠。左宗棠見了故人之子，十分客氣，但當黃蘭階一提出想讓他寫推薦信給福建總督時，登時就變了臉，幾句話就將黃蘭階打發走了。

黃蘭階又氣又恨，離開左相府，就閒踱到琉璃廠看書畫散心。忽然，他見到一個小店老闆學寫左宗棠的字體，十分形似，心中一動，想出一條妙計。他讓店主寫柄扇子，落了款，得意洋洋地的搖回福州。

這天，是參見總督的日子，黃蘭階手搖紙張扇，徑直走到總督堂上，總督見了很奇怪，問：「外面很熱嗎？都立秋了，老兄還拿扇子搖個不停。」

黃蘭階把扇子一晃：「不瞞大帥說，外邊天氣並不太熱，只是我這柄扇是我此次進京，左宗棠大人親送的，所以捨不得放手。」

總督吃了一驚，心想：我以為這姓黃的沒有後臺，所以候補幾年也沒任命他實缺，不想他卻有這麼個大後臺。左宗棠天天跟皇上見面，他若恨我，只消在皇上面前說個一句半句，我可就慘了。總督要過黃蘭階扇子仔細察看，確實是左宗棠筆跡，一點不差。他將扇子還與黃蘭階，悶悶不樂地回到後堂，找到師爺商議此事，第二天就給黃蘭階掛牌任了知縣，不幾年就升到四品道臺。總督有次進京，見了左宗棠，討好地說：「宗棠大人故友之子黃蘭階，如今在敝省當了道臺。」

左宗棠笑道：「是嘛！那次他來找我，我就對他說：『只要有本事，自有識貨人。』老兄就很識人才嘛！」

黃蘭階能夠官拜道臺，是以左宗棠這個大貴人為背景，讓總督這個小貴人給他升了官，實在是棋高一著的鬼點子。

諸葛亮借助他精心策劃出來的形象，抬高自身，包裝自己，以次等品充當上等貨拋向劉備，達到了他出仕的目的。

第二章

諸葛亮自負才能，逆天而行，自取敗之也。

——司馬光

至於寫人，亦頗有失，以致欲顯劉備之長厚而近偽，狀諸葛之多智而近妖。

——魯迅《中國小說史略》

又國不置史，注記無官，是以行事多遺，災異靡書。諸葛亮雖達於為政，凡此之類，猶有未周焉。

——《三國志．後主傳》

呂祿、霍、禹未必懷反叛之心，孝宣不好為殺臣之君，直以臣懼其偪，主畏其威，故姦萌生。亮身杖彊兵，狼顧虎視，五大不在邊，臣常危之。今亮殞沒，蓋宗族得全，西戎靜息，大小為慶。

——李邈

諸葛亮是應該肯定的人物，但他所憑藉的西蜀，在當時沒有遭到多大的破壞，而他所成就的規模比起曹操來要小得多。然而諸葛亮卻被後人神化，而曹操卻被後人魔化了。這是不公平的。

——郭沫若〈替曹操翻案〉

多此一舉

三國鼎立，戰火連天，統一的東漢分崩離析，無辜百姓被捲入爭奪利益的漩渦。亂世之中，諸葛亮「挺身而出」，以恢復漢室為目標，以輔佐劉備為己任，投入到這場利益爭奪戰之中。諸葛亮有恢復漢室的能力嗎？面對戰亂的天下，他有出山的必要嗎？

「進則朝廷廟堂，退則江湖山野。」對於中國古代的文人來說，心中有著兩個永遠解不開的情結，或是出仕或是歸隱。一生追隨孔孟之道的文人始終沒有滿意的答案，孔子告訴讀書人「學而優則仕」，既然聖人都說了讀書就是為了做官，那就去做官好了，可是官場險惡，孔老夫子說的君子之道在這裡又行不通，那還是不做官好了，可十幾年的寒窗苦讀不就是為了「光宗耀祖」，改換門庭嗎？出仕還是歸隱，這個矛盾成為了中國文人一個永遠都解不開的結。

諸葛亮的學術雖然很雜，但畢竟也是一個讀書人，他同樣也有這樣的煩惱，不過他做出的抉擇卻很快，毅然決定輔佐劉備，出山立功。他的選擇是對的嗎？他有出山的必要嗎？

中國古代文人，沒有一個處理好出仕與入世的關係。不為「五斗米折腰」的陶淵明，一直被推崇，可他也是因為在官場上混不下去了，才退而求其次。「竹林七賢」的古怪做法，名義上是不想與世上俗人打交道，但是他們的行動卻無時無刻不在人們的視線內，別人想不知道都難。他們不想出山嗎？如果說不想那一定是假的，既然想，為什麼不出山呢？恐怕答案只有一種最合理，就是他們看到當時的社會氛圍不適何他們，所以暫時沒有出山的必要。

孔子是反對隱居不仕的，因此他就周遊列國，兜售自己的「仁政」思想，途經坎坷與磨難。但各國國君都不採用他的意見，所以有「道之不行」之歎。錯誤不在思想上，而在人身上。春秋戰國時期即是文學藝術百家爭鳴時期，也是戰爭紛繁時代，各個國家對武事有著狂熱的嗜好，孔老夫子此時出售自己的思想，無異於對牛彈琴。

《論語》中就記載了隱士對孔子出山的譏諷：

楚國有一個狂人，是個趕車的，從孔子車前走過，高聲唱道：「鳳凰啊鳳凰！前途緣何迷茫？過去的已無辦法，將來還可以希望！算了吧，算了吧，當今的官員都是一個樣！」孔子趕忙下車，想和他談話，但楚國狂人趕著離開，孔子沒能如願。

還有一則記載：長沮和桀溺正在田裡耕地，孔子剛好經過，讓子路去打聽渡口在什麼地方。長沮說：「那位手執韁繩的是誰？」子路說：「姓孔名丘。」「是魯國那個孔丘嗎？」「是。」「那他怎麼不知道渡口在什麼地方？」桀溺接著問問：「你是誰？」「我是仲由。」「魯國孔丘的弟子嗎？」「是的。」「違法亂紀的，比四隻腿的蛤蟆都多，誰能去改變？你們是想跟從躲避壞人的人，還是想跟從躲避壞世道的人？」埋頭不再說話，只顧做活。子路回來告訴孔子。孔子滿面悵然：「鳥獸不能和他們在一起生活，除了這些人我們還能跟從誰？倘若河晏海清，我還堅持要改變嗎？」

孔子背負如此思想，周轉於列國之間，說他是逆天而行，有些誇大，歸結為不識時務應該比較準確吧！真正能夠看破出仕之路的可能只有嚴子陵一人做得最好了。

據《後漢書》記載：嚴光，字子陵，會稽餘姚人，博學多才，少有高名，曾與光武帝劉秀同學。至光武即位（西元二五年），嚴光改名換姓，隱居不出。光武帝思其賢，慕其才，命畫工繪像，令人各處尋訪。後有人奏報：「有一男子，披羊裘釣澤中。」光武帝知道是嚴光，乃備車遣使，往返三次召請，嚴光才到洛陽見帝。光武帝聞嚴光已到，特命就舍於北軍，給床褥，使太官朝夕進膳，並親往其舍訪嚴光，面授嚴子陵為諫議大夫，嚴光堅辭不就。

光武帝問他，何故不肯相助治理國家，嚴光笑笑說：「從前唐堯是有道賢君，想請巢父幫他治理國家，巢父聽說要他做官，認為耳朵都髒了，忙用水洗耳。人各有志，豈能相迫。」告別光武帝，仍回富春山隱居，耕田垂釣，終生不仕，年過八十而逝。後人為追慕其賢，稱此處為嚴子陵釣臺。

諸葛亮出山前，他的朋友崔州平就認為他此時出山不合時宜，於是對劉備說：「此正由治入亂之時，未可猝定也。將軍欲使孔明斡旋天地，補綴乾坤，恐不易為，徒費心力耳。豈不聞『順天者逸，逆天者勞』、『數之所在，理不得而奪之；命之所在，人不得而強之』乎？」意思是天下大勢，分久必合，合久必分，人力強為之，也是枉然。

劉備請諸葛亮出山時，曹操已經平定中原，唯獨長江以南地區尚被孫氏家族所控制著。其他地方的領導者全無能力與曹、孫兩家抗衡，如果說是曹操或是孫權有統一天下的能力，也不是不可能。

東漢末年，由於統治者荒淫無道，老百姓的生活本已處在水深火熱之中，自黃巾軍起義以來，諸侯爭權奪地，戰亂頻繁，人們生活更加苦不堪言，曹操曾經寫一首詩歌，描述當時社會的真實寫照：「白骨露於野，千里無雞鳴。」簡直是慘不忍睹。百姓生活瀕臨死亡邊緣，他們對和平的社會夢寐以求，朝夕相盼，至於由誰來掌握政權則是無關緊要。

不管是曹操「挾天子以令諸侯」，還是孫權獨守一方，其實漢朝天下已經名存實亡。劉備打出漢室宗親的旗號也只不過是為了收買人心，為恢復漢朝而起兵，為恢復劉氏王朝而打仗，說白了還不是劉備為了一己私利，恰如《鹿鼎記》中韋小寶說的一樣：「反清復明只不過是為了拿回無數的銀子和女人，反不反清只是脫了褲子放屁。行了，大家聰明人，說實話就行了。」

曹操平定了北方，繼續南下，大有一舉吞併孫家天下之勢。此時的劉備只是一個無名小卒，為了撈到戰爭好處，積極投身這場戰爭中，平白無故地加大了戰爭波及的範圍，置黎民百姓死活於不顧，無形中也推遲了統一天下的局勢形成時間。

可是歷史的車輪是停不下的，諸葛亮輔佐的劉備集團，始終是在弱勢中發展，儘管是稱為帝王，根據其勢力判斷，也只不過是一個據守一方的諸侯。等到這弱勢積累到一定程度，整個集團也就會被強盛者所取代。

孔子曰：「危邦不入，亂邦不居。」（《論語．泰伯》）動亂的社會百姓遭殃，統一的趨勢無力可擋，諸葛亮想做管仲、樂毅之徒，徒費心神，實在是沒有出山的必要。

逆天而行

國家長治久安，百姓安居樂業，這是每個國家、每個集團、每個個體最普通、最平凡的願望。諸葛亮恰恰在歷史的規律將要把分裂的東漢統一時「閃亮登場」，宋朝司馬光曾說過：「諸葛亮自負才能，逆天而行，自取敗之也。」他是不是逆天而行呢？他這樣做能得到什麼好處呢？

在《三國演義》中，有這麼一段被人忽視的情節：在劉備尋訪諸葛亮時，遇到了諸葛亮的好友崔州平，崔州平認為諸葛亮出山不合時宜，於是對劉備說了下面一段話：「此正由治入亂之時，未可猝定也。將軍欲使孔明斡旋天地，補綴乾坤，恐不易為，徒費心力耳。豈不聞『順天者逸，逆天者勞』、『數之所在，理不得而奪之；命之所在，人不得而強之』乎？」也就是說，天下大勢，分久必合，合久必分，人力強為之，也是枉然，因此勸他不要請諸葛亮出山。

雖然崔州平說得不夠準確和科學，是屬於一種辯證的樸素歷史觀，但也有些道理。可以看出，崔州平是一個看問題非常客觀、清醒的人，他認為歷史發展有一定規律，當時正是由治世進入亂世，漢室氣數已衰，民心已散亂，在野心家層出不窮的亂世中，如果劉備想憑藉諸葛亮一人之力挽漢室的傾頹，行補天之道，未免太艱難了，如果硬要去做，那也是「徒費心力」，與歷史規律對抗，必然也會受到歷史規律地懲罰。

然而，劉備把諸葛亮看成神一樣，再加上諸葛亮自己不把「天道」放在眼裡，蔑視客觀的條件限制，總認為「人謀」可以勝過「天時」，強行用兵，強行用計。想要完成統一大業，以魏國之強，都是艱險之事，尚以蜀國之弱，談何容易！宋朝司馬光曾這樣評論諸葛亮：「諸葛亮自負才能，逆天而行，自取敗之也。」

按照歷史唯物主義的觀點，經濟基礎決定上層結構，生產關係一定要適應生產力的發展。當生產關係適應生產力發展時，就會推動社會發展，反之，則會阻礙社會的發展。在諸葛亮隆中高臥的這幾年時間裡，天下大勢發生了劇烈的變化，東漢政權在黨錮之禍和黃巾起義的衝擊後搖搖欲墜，各路英雄豪傑便在這亂世之中紛紛而起。

以當時的生產力狀況來看，曹操自「挾天子以令諸侯」以來，籠絡天下豪傑，招攬各方人才；撫和戎狄，安定邊界；旁施勤政，恤慎刑獄，吏無苛政，民無貳心。最重要的是他在經濟上採取的措施，如推行屯田制，招募無地或無牲畜的農民，統一組織以耕種官田，成為組織流民歸農的有效辦法，發揮客觀上的進步作用，為組織生產、恢復社會秩序、增強魏國的實力、統一南方奠定了堅實的物質基礎。與此同時，在江南地廣人稀的地方，擴大開闢面積，積極興修水利，提高產量；建置大規模的官營手工業作坊，發展手工業生產。當時江南的武昌是冶煉中心，連銅和金銀製造業也很發達，此外造船業、陶瓷業、絲織業、製鹽業等等也都十分發達，全國經濟得到了快速的發展。當時魏國有很多城市是的商業交通貿易中心，還和海外一些國家有貿易交往，商業經濟十分發達，此外曹操還有大片地盤作後盾。

東漢分十三州，冀、幽、青、並、司、兗、豫、徐、交、揚、荊、益、涼，後又分出雍州，三國時蜀漢占據益州，東吳占據揚州、交州、荊州（偷襲關羽，從蜀漢手中奪得），其餘九州均為曹魏占據，其中，荊、揚長江北部亦屬魏。東漢十三州中的大部分盡被曹操所占據，謀臣如雲、戰將如雨的曹操，勢如猛虎。

由此看來，在赤壁之戰前，曹操已經占據了最重要的「天時」，成為當時先進生產力的代表。北方地廣物博，兵強糧足，對南方形成了壓倒性的優勢，南方的孫權處於相對弱勢。面對曹操的強大攻勢，既不能「以吳越之眾，與中國抗衡」，又不願「按兵束甲，北面而事之」，眼看著就要被曹操所吞併，國家即將面臨統一的歷史形勢，誰知半路殺出了個程咬金，於心不甘的劉備在走投無路時請出了足智多謀的諸葛亮，諸葛亮為了報答劉備的知遇之恩，當然更是為了自己的野心和抱負，他舌戰群儒，詳細分析並預測了聯劉抗曹的必勝結果，並勸孫權「今將軍誠能命猛將統兵數萬，與豫州協規同力，破曹軍必矣。操軍破，必北還，如此則荊、吳之勢彊，鼎足之形成矣」。於是，孫權才與魯肅、周瑜商討再三，決定聯劉抗曹，孫劉聯盟才開始建立。

當孫劉聯盟取得了赤壁之戰的勝利後，在曹操和孫權對峙的兩分天下中又分得了一杯羹，形成了三國鼎立的局面。赤壁之戰之後，暫時三分天下的均衡狀態形成，發動統一戰爭的北方遭到了失敗，頑固抗拒統一的南方割據勢力取得了勝利。這種分裂的局面，又造成了此後連年的征戰與血流成河、生靈塗炭，老百姓苦不堪言。

另外，從歷史的進程和發展來看，這種三分局面的形成，雖然相對於東漢末年軍閥混戰的亂局是一種歷史的進步，但是，相對於秦漢統一，甚至吳魏南北對峙的局面而言，三國鼎立就是一種歷史的倒退。並且，諸葛亮以興漢為口號協助劉備爭霸天下，就與歷史進程相背離，這也是導致他最後失敗的重要原因之一。

諸葛亮這種「先三分後一統」的計畫，其實就是為了彰顯個人的才智和功業，為了能夠名傳千秋，抑或是報一己之恩，在國家即將結束戰亂，面臨統一大好形勢的時候，先破壞它的統一趨勢，再發動不斷的戰亂和更多的流血來創造統一，希望能夠插上野雞毛，號令天下的個人英雄主義行徑。

眾所周知，越早結束戰爭，才能使人民越早脫離貧窮和戰亂的苦海。廖倫焰在〈先三分後一統的反人民性〉一文中說到：「『先三分後一統』是在把中華民族往苦海的深淵裡推，諸葛亮和歷史上許多人一樣，不是我要順應歷史幹什麼，而是我要歷史按照我的意圖怎麼著，一切以我為核心，這是個人英雄主義的典型表現。諸葛亮才是名副其實地為了個人目的的『寧可我負天下人，不可天下人負我』。他對於『先三分後一統』，國家會增加多少內戰是非常清楚的，分了之後能不能一統心裡也是沒數的……。」

諸葛亮的高明之處在於，一邊用「聯合」穩住地頭蛇孫家，打著「討賊」的統一戰爭旗號，而「美其名曰」的「統一戰」其實是名副其實的反統一戰爭；在另一方面，又大罵強龍曹操是「漢賊」，讓強大的對手在道德上處於被動的不利地位，同時又以正統的地位自居，為自己樹立良好的正面形象，從而在民間煽動對曹操的仇恨，博取天下人的同情和幫助，正好解決了人才和兵源的需求問題。由此看來，不可不謂是絕妙的計策。史實證明，赤壁之戰最大的受益者不是勝利者孫氏家族，而是趁機喘氣和趁火打劫的劉備、諸葛亮。

「伐魏」，在當時和現在，都可以有數不清的理由，但在以人為本的原則下，這些理由都不成立，因為當時的曹魏，一不是暴君統治，二不是惡棍政權，而是推動社會生產力發展的進步力量；而諸葛亮發動的戰爭其出師之名是「匡扶漢室」，打著「忠君」的旗號做著荼毒生靈、魚肉百姓的禍事，然而，「匡扶」的真正目的何在呢？無非是為了自己權力版圖的擴大、淫亂享樂的升級。更可悲的是，被他們禍害過的百姓，還在世世代代崇敬和愛戴著他們。

當時的諸葛亮是唯恐天下不亂的，因為只有加大戰爭的密度和長度，才能有鑽歷史縫隙的機會，才能滿足自己「稱王稱霸」、「縱橫天下，割據城池」的野心，這就叫做「混水好摸魚」。至於這樣的亂兵橫行，會損失掉多少無辜的生命，那不是他們所考慮的，甚至是他們所期盼的，因為這些代表著他們的「實力」，可以成為他們向對手示威的「功績」和「籌碼」。更令人切齒的是，諸葛亮在眼見大勢已去的情形下，還不願意懸崖勒馬，還用「知其不可為而為之」的悲壯成語自我標榜、自我粉飾。《道德經》曰：「知人者智，自知者明；勝人者力，自勝者強。」作為一位高明的領導者非常需要具備知人的本領，更重要是自知，因為只有這樣才能知彼知已，百戰不殆。

我們之所以把文天祥、岳飛等人稱為民族英雄，是因為他們反抗的是侵略，與代表封建軍閥利益的諸葛亮在性質上完全不同，因此，不能用他們與諸葛亮相比較。王士在〈冷血的英雄不要也罷〉一文中這樣寫道：「我們今天所讚美崇敬的英雄，應是在民族危亡之際，挺身而出的關天培、吉鴻昌……而不是為了個人或某個小集團的利益，置人民於戰爭的水火之中的野心家。我們現在所追求的智慧，應是教人如何認識自然、改造自然，幸福生存，愉快發展。可翻開歷史，連篇累牘歌頌的，是一場場災難深重的戰爭，一個個毫無人性的殺人不眨眼的大屠夫。對殺人和爭戰抱著津津有味的欣賞態度。這樣的文化，這樣的心態，源於什麼？」

山川因諸葛亮的出世，多了一片片屍橫遍野的焦土；人間因諸葛亮的錦囊妙計，多灑下一掬掬家破人亡的悲酸淚水。除了用如山的血肉給劉備集團的幾個統治者及其後代造下安樂窩，對平民對社會，別說用今天的民主思想，就是從當時的人民大眾的角度來拷問，諸葛亮的「三分天下」又有多大價值，多大意義？

還是用張養浩的小令〈山坡羊．潼關懷古〉道破天機：「峰巒如聚，波濤如怒，山河表裡潼關路。望西都，意躊躕，傷心秦漢經行處，宮闕萬間都做了土。興，百姓苦；亡，百姓苦！」

貪天之功

三國時期，征伐不斷，大小戰役不計其數，其中赤壁之戰堪為經典。諸葛亮巧借東風，孫劉聯軍大破曹操，至此奠定三國分立基礎。《三國演義》把赤壁之戰所得的功勞全部給了諸葛亮，是因為他借的東風才燒得曹操大敗。赤壁一戰使諸葛亮威名遠播，成為「頂級紅星」。諸葛亮被奉為神人，隆冬季節他能借來東風，難道他真有通天之功嗎？他真像人們說的那樣，有呼風喚雨的能力嗎？

建安十三年（西元二〇八年）十一月，曹操率兵五十萬大軍，號稱八十萬，進攻東吳。孫劉聯軍憑藉長江天險，抗拒曹操。曹操兵士大多來自北方，不習水性，於是曹操採用龐統之策，船尾相連組成「連環戰艦」。

建安十三年冬十一月十五日晚上，月明星稀，曹操在戰船上橫槊賦詩，躊躇滿志。升帳謂眾謀士曰：「若非天命助吾，安得鳳雛妙計。鐵索連舟，果然渡江如履平地。」程昱曰：「船皆連鎖，固是平穩。但彼若用火攻，難以回避，不可不防。」曹操大笑曰：「程仲德雖有遠慮，卻還有見不到處。」荀攸曰：「仲德之言甚是，丞相何故笑之？」曹操曰：「凡用火攻，必藉風力。方今隆冬之際，但有西風北風，安有東風南風耶？吾居於西北之上，彼兵皆在南岸。彼若用火，是燒自己之兵也，吾何懼哉！若是十月小春之時，吾早提備矣！」可見曹操還是考慮到天時的。

周瑜也看到了這個問題，只是由於氣候條件不利火攻，急得他「口吐鮮血，不省人事」。

諸葛亮用「天有不測風雲」一語，點破了周瑜的病因，並密書十六字：「欲破曹公，宜用火攻；萬事俱備，只欠東風。」可見，對於火攻的條件，曹、周、諸葛三人都有共同的認識。

三個人對火攻的看法皆集中於是否有「東風」，那麼為什麼東風能為諸葛亮所借得，而周瑜、曹操卻沒有想到呢？周瑜為破曹之事苦思冥想，甚至憂悶成疾；赤壁東南風大起時，程昱提醒曹操加以提防，但曹操卻笑著回答說：「冬至一陽生，來復之時，安得無東南風？何足為怪？」看來，他們並不是沒有意識到氣候的條件，只是不夠重視。

然而，諸葛亮高臥隆中，長期生活在長江和漢水之間，對長江一帶的氣象變化一定是非常熟悉的。西北風只是氣候現象，在氣候背景下是可以出現東風，這是天氣現象，其實他早就知道了，十一月二十日至二十二日之間有東風。

十一月二十日是什麼日子呢？原來那天是冬至之日。地球在圍繞太陽公轉的軌道上有得到日照最多和得到日照最少的兩個日子，這會引起地球表面各種氣候的變化，古人雖不瞭解這樣深層的道理，但卻發現了這兩個轉折性日子的存在，分別命之為「夏至」和「冬至」，並用「夏至一陰生」、「冬至一陽生」來概括這兩個日子後的氣候變化規律。按照這個規律，冬至之前，如果陰氣旺盛，在長江沿岸表現為西北風，那麼冬至之後，陽氣生長，風向則要發生變化，表現為東南風。

從赤壁之戰中，長江江面盛吹東南大風，到後來曹軍敗走華容道又遇上傾盆大雨，這在天氣形勢上看來，當時很像是一次鋒面氣旋的天氣。

鋒面氣旋在中國，春季最多，秋季較少。它是一個發展深厚的低氣壓系統，其中心氣壓低，四周氣壓高。空氣從周邊向中心流動，呈反時針方向旋轉。所以，處於氣旋前部（即東部）的地方，吹東南風；氣旋後部（西部），吹西北風。氣旋內部盛行輻合上升氣流，能造成大片降雨區。因此，當連續吹東南風時，往往預示天氣將要變壞。天氣諺語說：「東南風雨祖宗，西北風一場空」和「東風雨，西風晴」是有一定的科學道理。

諸葛亮懂得天文地理知識，又長居襄陽，自然對該地區的天氣狀況瞭若指掌。他看到大家都沒有意識到這次的天氣變化，於是就有了欲蓋彌彰的想法，要借助這次機會來展現自己，這才有了借東風之說。

諸葛亮為了把戲演好，大肆做了一次「鬼神表演」——築壇祭天。古時人們本來就對鬼神有敬畏之心，再經過他偷天換日，給此次行動罩上一層神祕的面紗。

十一月的一個夜晚，果然刮起了東南風，而且風力很大。周瑜派出部將黃蓋，帶領一支火攻船隊，直駛曹軍水寨，假裝去投降。船上裝滿了飽浸油類的蘆葦和乾柴，外邊圍著布幔加以偽裝，船頭上插著旗幟。駛在最前面的是十艘衝鋒戰船，這十艘船行至江心，黃蓋命令各船張起帆來。船隊前進得更快，逐漸看得見曹軍水寨了。這時候，黃蓋命令士兵起喊道：「黃蓋來降！」曹營中得官兵，聽說黃蓋來降，都走出來伸著脖子觀望。曹兵不辨真偽，毫無防備，黃蓋的船隊距離曹操水寨只有二里路了。這時黃蓋命令：「放火！」號令一下，所有的戰船一齊放起火來，就像一條火龍，直向曹軍水寨衝去，東南風愈刮愈猛，火借風力，風助火威，曹軍水寨全部著火。「連環戰船」一時又拆不開，火不但沒法撲滅，而且越燒越盛，一直燒到江岸上。只見烈焰騰空，火光燭天。江面上和江岸上的曹軍營寨，陷入一片火海之中。

《三國演義》中寫到諸葛亮草船借箭以後，魯肅曾問：「何以知今日有此大霧？」諸葛亮說：「為將而不通天文，不識地利，不知奇門，不曉陰陽，不看陣圖，不明兵勢，是庸才也。」這就足見諸葛亮對外部條件的充分利用。

《三國演義》第九十四回諸葛亮一出祁山後收降姜維，一路順利。魏將曹真派人去西羌求救，西羌國王遂派十五萬「鐵車兵」

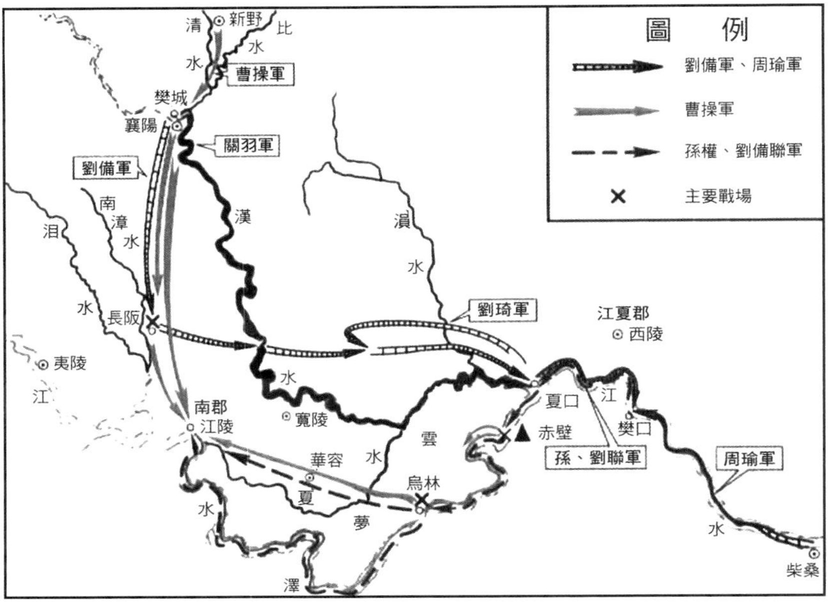

火燒赤壁路線圖

夾攻蜀兵，蜀兵交戰失利，來告諸葛亮，時當十二月冬。諸葛亮得知了羌兵的情況後對眾將說：「今彤雲密布，朔風緊急，天將降雪，吾計可施矣。」遂挖下坑塹，表面覆蓋，任雪埋之，然後引誘羌兵追趕，結果鐵車多滑入坑中，自相踐踏，倖存者又被諸葛亮伏兵衝殺，羌兵大敗。

諸葛亮在戰爭中也利用過大雨天氣來幫助自己取得勝利，《三國演義》第九十九回寫司馬懿率四十萬大軍進攻漢中，而當時漢中守兵只有區區十萬，根本難以抵擋聲勢浩大的魏軍。諸葛亮得知這一消息後，只派張嶷、王平二人引兵一千前往陳倉古道以擋魏兵。諸葛亮夜觀星象，測定月內必有淋漓大雨。魏兵來時，大雨來襲，必能出奇制勝。

後來，果然是大雨連降一個月，平地水深三尺，軍器盡濕，人不得睡，馬無草料，以致魏兵死者無數，軍士怨聲不絕，司馬懿無奈班師回朝，無功而返，在這裡，諸葛亮利用了大雨的天氣，以少拒多，成功抵禦了曹魏的進攻。

善於利用外部條件，發揮自己長處，本無可厚非。諸葛亮利用別人麻痺大意之機，抓住機會也沒有什麼錯，可是他不能借題發揮，故弄玄虛，喧賓奪主，把功勞全部貪婪地記在一人頭上。

諸葛亮在祭壇借風時，命東吳軍士按照星宿之位築壇插旗，然後選定吉時沐浴齋戒、身披道衣，前來祭風，並叮囑守壇的將士不可擅自離開，不可交頭接耳，不可失驚打怪，在支開魯肅之後才緩緩登壇，焚香於爐，一日上壇三次，下壇三次，弄得煞是神祕。

諸葛亮的行為讓東吳的將士們感到甚是莊嚴而不敢有什麼半點造次，而諸葛亮的目的正是要營造這麼一種神祕感，這樣一來，不僅可以不費一兵一卒，卻在赤壁之戰中坐享頭功，而且可以在東吳將士還完全蒙在鼓裡的情況下，找機會離開東吳，乘機和早在江邊等候的趙雲會合，求得全身而退。這一點，也正好從反面證明了其實諸葛亮自己也知道借東風不過是一種騙人的手段，真正的目的在於迷惑對方，為自己贏得最大的好處。

諸葛亮登壇做法，故弄玄虛，藉由神化自身來達到政治目的。這樣一來，不但無限誇大了自己的功勞，還搶了周瑜和黃蓋的統帥之大功，似乎火燒赤壁這一戰的勝利，完全是靠諸葛亮做法得來的，眾多大將和幾萬兵士們的出生入死全都成了兒戲和過場。

諸葛亮在南屏山七星壇上披髮仗劍、踏罡步斗、施法術借東風的場面，使讀者和觀眾幾乎無法分辨諸葛亮有幾分人，幾分神，幾分妖。

指手畫腳

郭沫若在〈替曹操翻案〉一文中強調：「諸葛亮是應該肯定的人物，但他所憑藉的西蜀，在當時沒有遭到多大的破壞，而他所成就的規模比起曹操來要小得多。然而諸葛亮卻被後人神化，而曹操卻被後人魔化了。這是不公平的。」一代梟雄劉備死了，他的兒子劉禪即位，新舊交替後，在諸葛亮和劉禪面前有一連串的問題。諸葛亮身為託孤大臣，在以後的政治生涯中，將會如何處理好他與後主的關係呢？諸葛亮把自己定在什麼樣的位置上呢？後主劉禪將會如何對待諸葛亮？

劉備白帝託孤，對諸葛亮曰：「君才十倍曹丕，必能安國，終定大事。若嗣子可輔，輔之；如其不才，君可自取。」劉備這一段話和諸葛亮後來的「鞠躬盡瘁」成為千古佳話。古人論此，多讚其君臣肝膽相照，並取魚水之喻相印證。但也有人認為此乃劉備「詭偽之辭」，對諸葛亮心存猜忌，故以「自取」試探之。現在要檢討的問題，不是劉備要不要諸葛亮當皇帝，而是諸葛亮自己想不想再上一個臺階，由宰相登上龍椅，這個問題古今從未有人做過思考。

諸葛亮輔佐劉禪是以託孤大臣的身分行事，自古託孤之臣從來都沒有老實過，從周公開始一直到清末的顧命八大臣，他們身上都有欺主的嫌疑。

周武王去世後，其子成王尚年少，周公作為叔父輔政。《淮南子．氾論》說周公「履天子之籍」。清代王念孫《讀書雜志》解釋說：「謂履天子之位也。」《尚書．大傳》更明確指出：「周公身居位，聽天下為政。」

周公的這些做法讓人懷疑，其中有召公和太公兩個人的猜疑。如果周公沒有野心，召公、太公也是賢人，為什麼都發生懷疑呢？特別是「管叔、蔡叔疑周公之為不利於成王」（《史記．管蔡世家》），因而發生動亂。《逸周書》中的〈大匡〉、〈文政〉等篇，有不少關於管叔、蔡叔「受賜於王」、「開宗循王」的記載。從管叔、蔡叔的一貫表現看，他們是忠於周的，但周公先是用計把他的哥哥，按「兄弟相為後」應該繼承王位的管叔調離京都，又乘管、蔡懷疑動亂之機興兵東征把他殺了。《荀子．儒效》稱：「周公屏成王而及武王以屬天下。」屏者，除也，或蔽也；及，繼也，周公屏除成王以繼接武王的天下。

既然周公已經篡位稱王，為什麼又要還政成王呢？有的論者認為，由於召公、太公懷疑，管、蔡聯合武庚起兵反周，關中地區也跟著亂起來，《尚書．大誥》稱：「西土人亦不靜」，事態的發展完全出乎周公的意料之外，於是他改弦更張；一方面在平定管、蔡後還政下野；一方面又拉攏召公，與召公平分大權。《史記．燕召公世家》載，成王時「自陝以西，召公主之；自陝以東，周公主之」。除長子就封諸侯外，次子留守周室，世代共掌王政。

諸葛亮，作為一個在亂世之中奉行法家申韓之術的人物，其面目絕不像一直以來的文人騷客們所描繪的那樣謙恭，而是一個懂得時刻要牢牢把持權利和實力，關鍵時刻對任何人都絕不手軟的政治家，包括對其第二個主子劉禪以及朝野上下的大臣、百姓在內，莫不如此。

曹操「挾天子以令諸侯」，這種口號十分有合理性，因為天子的正統性是一面旗幟，是不允許隨意取代的。所以這樣做，曹操即可以在政治上有了合法性的保障，又可以掌握實權進行統治。各地以士家大族為基礎的諸侯雖有意見，但也不好反對。要是此時篡位的話，便喪失了正統性，有可能重蹈董卓的覆轍。曹操雖然不篡位，但實際上已經位及天子，沒有必要再冒天下風險來當什麼虛名皇上。

對於諸葛亮來講，走曹操老路還是一個十分可行的方略。劉備死時說：「君才十倍曹丕，必能安國，終定大事。若嗣子可輔，輔之；如其不才，君可自取」，劉備既然以這樣的方式將這話明白地說了出來，那諸葛亮也只有以「涕泣曰：臣敢竭股肱之力，效忠貞之節，繼之以死！」這樣的態度，來明確表示他唯有盡忠而死也不會取而代之一途了。不管怎麼樣，在那個年代裡，他是不可能爽快答應一聲「好」的。但如此一來，倘若日後劉禪昏庸而諸葛亮真的想要取而代之，那他就要先背上個輔佐不力，背主食言的罵名，在政治、輿論以及民心上都將會面對「不臣不忠不義」的罪名，並因此導致師出無名而居於劣勢。劉備這話與其說是信任與託孤，不如說是一種先發制人的威脅策略，亦或是無奈之下欲擒故縱的一種權謀。

諸葛亮安心輔佐劉禪，回成都後主掌蜀漢大權。自他上臺後排擠李嚴，安插親信，獨掌朝綱。他開府理事，大小事物「咸決於亮」，儼然就是一個「假皇上」，最露骨的〈出師表〉應是最好的證明。

諸葛亮掌握一切事務的決斷權，在上呈給後主的上書中厚顏無恥地對後主指手畫腳，除了對劉禪提出了一些不能不從的「建議」外，當然也不會忘記安排他北伐離開成都後的朝中人事問題。

「侍中、侍郎郭攸之、費禕、董允等，此皆良實，志慮忠純，是以先帝簡拔以遺陛下。愚以為宮中之事，事無大小，悉以咨之，然後施行，必能裨補闕漏，有所廣益。……親賢臣，遠小人，此先漢所以興隆也；親小人，遠賢臣，此後漢所以傾頹也。先帝在時，每與臣論此事，未嘗不歎息痛恨於桓、靈也！侍中、尚書、長史、參軍，此悉貞良死節之臣，願陛下親之信之，則漢室之隆，可計日而待也。」

諸葛亮任何事情都要過目，劉禪只不過是聽聽他的彙報而已。諸葛亮南征回來之後，為了集權，一心想發動北伐。可是蜀國正處在羸弱狀態，不適於進行大規模的戰爭。諸葛亮為達到目的，鼻涕一把、淚一把的哭訴先帝遺志與恢復大漢天下的雄心，逼得劉禪啞口無言。

蜀漢政權中，李嚴、廖立、魏延等人對諸葛亮專政攬權頗多微詞，李嚴亦猜忌諸葛亮有不臣之心。《三國志．李嚴傳》注引《諸葛亮集》云：「（李）嚴與（諸葛）亮書，勸亮宜受『九錫』，晉爵稱王。」

九錫這項殊禮太複雜，但以下幾項殊禮卻是人人都能看到的：「劍履上殿」，即可以帶著武器、不脫鞋子進入宮廷，享受與皇帝同等的待遇；「朝覲不趨」，在朝廷上以快走為禮節，但接受了這項殊禮的權臣卻可以不慌不忙地慢慢行走；「贊拜不名」，皇帝和朝儀官對大臣一般都是直呼其名，對權臣卻特別允許不稱呼名字，只稱呼官職和姓氏。這三條都與上朝有關，有了這三項殊禮，皇帝和權臣在朝堂上就幾乎沒有區別了。後來發展得更不像話，竟然出現給權臣設立專座的「殊禮」，還允許權臣跟皇帝平起平坐，儼然一副太上皇的模樣。由於這種殊禮實在太露骨，一般的權臣都還不敢使用。漢末，曹操欲加九錫，受漢禪，遭到心腹荀彧的堅決反對，覺得九錫實在不是人臣要的東西。曹操為此失了不少人心，實在是得不償失。

諸葛亮明知道李嚴是什麼意思，不但不檢點，而且還大言不慚地說：「吾與足下相知久矣，可不復相解！足下方誨以光國，戒之以勿拘之道，是以未得默已。吾本東方下士，誤用於先帝，位極人臣，祿賜百億，今討賊未效，知己未答，而方寵齊、晉，坐自貴大，非其義也。若滅魏斬睿，帝還故居，與諸子並升，雖十命可受，況於九邪！」

他儼然對目前的權利嗤之以鼻，他之所以不取代劉禪是怕成為眾矢之的，維持現在這種狀況，雖然沒有皇帝的名分，可內外事務統一歸自己決策，也跟皇帝沒什麼區別。作為一個託孤之臣，能對後主指手畫腳，過多的干預朝政，而別人又認為是「鞠躬盡瘁」，諸葛亮可說是古今第一人。

諸葛亮死後，在給他立廟的問題上，劉禪曾做過一次反常舉動。根據《三國志》記載：「亮初亡，所在各處為立廟，朝議以禮秩不聽，百姓遂因時節私祭之於道陌上。言事者或以為可聽立廟於成都者，後主不從。」言事者只得退而求其次，建議立廟於沔陽，禁止百姓「私祭」，後主才勉強同意。

後主為什麼不同意為諸葛亮立廟？諸葛亮生前，劉禪以「相父」稱之，關係可見非同一般，難道諸葛亮死後立個廟祭祀都不可以了？究其原因，只能說是劉禪在報復諸葛亮，因為諸葛亮生前以「相父」身分對後主指手畫腳，壓制劉禪的時間太長了。諸葛亮活著的時候，劉禪敢怒不敢言，他死後，劉禪才能直起腰板說話，可見劉禪心中有多痛恨諸葛亮了。

國不置史

諸葛亮的身分在不同人眼中有不一樣的形象，帝王說他是個忠臣；大臣說他是個賢相；學士看他是個智慧的精靈；百姓看他是神機妙算的神。當然他可不像莎士比亞戲劇中的哈姆雷特一樣，那句經典評語「一千個人眼裡有一千個哈姆雷特」是經過大家集體公認的，而諸葛亮這個修身、齊家、治國、平天下的形象是如何形成的呢？恐怕值得後人去仔細甄別研究。因為，由他把持蜀漢政權的時候，竟然「國不置史，注記無官」。《三國志．後主傳》中說：「又國不置史，注記無官，是以行事多遺，災異靡書。諸葛亮雖達於為政，凡此之類，猶有未周焉。」結果搞得陳壽在寫《三國志．蜀書》時，竟然找不到足夠的史料。那諸葛亮為什麼不設史官呢？

中國歷代均設置專門記錄和編纂歷史的官職，統稱史官。各朝對史官的稱謂與分類多不相同，但主要可以分為記錄類和編纂類兩者。史官剛剛出現的時候以及發展過程中的很長時間裡，這兩者是不大分別的，後來演化出專門負責記錄的起居注史官和史館史官，前者隨侍皇帝左右，記錄皇帝的言行與政務得失，皇帝不能閱讀這些記錄內容後者專門編纂前代王朝的官方歷史。唐朝劉知幾《史通．史官建置》中說：「大史掌國之六典，小史掌邦國之志，內史掌書王命，外史掌書使乎四方，左史記言，右史記事。」可見不同的史官有不一樣的職責，他們共同記錄著王朝大小事務，給後人留下寶貴資料。

中國人自古以來就重視歷史，也十分看重用文字記載歷史的史官。中國有文字記載的歷史，從炎黃堯舜至今已有五千多年了。在中國歷史上，設立史官，記錄國家大政和帝王言行，是一種由來已久的制度和傳統。

商周時代，甲骨文中有「作冊」、「史」、「尹」等字。金文有「作冊內史」、「作冊尹」的記錄。據王國維在《觀堂集林》中考證，「作冊」和「內史」是同樣的官職，其長官稱「尹」，都是掌管文書、記錄時事的史官。夏、商、周三代處於甲骨文、金文時代，史事記載有限，後人對其歷史的追溯也相當簡略。春秋時期有了竹簡、帛書，史事記載豐富起來，這才有了較為詳實的史書，孔子作《春秋》要比被西方史學家譽為「歷史之父」的古希臘歷史學家希羅多德（Herodotos，約西元前四八四年至約西元前四二五年）所著的《歷史》一書還要早。

劉知幾著《史通》，對古代史官建置的起源與演變，有詳細記述。他認為史之為用，是「記功司過，彰善癉惡，得失一朝，榮辱千載」的大事。假如沒有史官，就會善惡不分，是非不辨，功過不清，結果是「墳土未乾，妍媸永滅」。

宋代文天祥的〈正氣歌〉裡就有兩個典故：「在齊太史簡，在晉董狐筆。」說的就是兩個著名史官的故事。

董狐，是春秋時期晉國晉靈公在位時的一個史官。晉靈公年紀很輕就繼位為國君，不但幼稚，而且驕橫。例如他在高臺上用彈弓射擊行人，以此取樂；他的廚子因為煮熊掌煮得不合他的口味，他一怒之下竟然把廚子殺了。對晉靈公的胡作非為，國相趙盾屢次諫諍，可是晉靈公不但不聽，反而要殺趙盾。在這種形勢下，趙盾只得逃出都城，到外地避難。這時，趙盾的同族趙穿舉兵殺死靈公，然後把趙盾叫回都城，另立晉成公為國君，趙盾繼續擔任國相，主持國政。對這一件事，晉國史官董狐認為，殺死靈公的真正責任者應該是趙盾，所以就直言不諱地在史冊上記下：「趙盾弒其君。」趙盾見了，大為吃驚，解釋自己並無弒君之罪。董狐說：「你身居相位，出去既沒有走出國境，回來也沒有懲辦兇手，這弒君的罪名，不是你是誰呢？」趙盾無可奈何，長歎曰：「嗚呼！我之懷矣，自詒伊慼，其我之謂矣。」

孔子稱讚董狐：「董狐，古之良史也，書法不隱。」不過，孔子也稱讚趙盾，說道：「趙宣子（即趙盾），古之良大夫也，為法受惡。惜也，越境乃免。」孔子的評論是否正確，姑且不論。但無論如何，後來人們稱讚正直的史官，就叫做「董狐」，把直書其事的文筆，讚為「董狐之筆」。

春秋時期，齊國的大臣崔杼與齊莊公為爭奪美女而發生矛盾。崔杼借機殺了齊莊公，立了齊景公，自己做了國相。對此，齊國太史記道：「崔杼弒其君。」崔杼不願意在歷史上留下弒君的惡名，下令把這個太史殺了。繼任的太史還是這樣寫，又被殺了。第三個太史仍然這樣寫，也被殺了。第四個太史照樣直書其事，崔杼感到正直的史官是殺不絕的，只好作罷。這時，齊國另一位史官南史氏，聽說接連有三位太史因實錄國事被殺，唯恐沒有人再敢直書其事，便帶上寫有「崔杼弒其君」的竹簡向宮廷走去，中途得知第四位太史照實記錄沒有被殺，就回去了。齊南史的不畏強暴，秉筆直書，幾千年來被譽為中國古代史官的典範。

宋太祖經常在皇宮的後園打鳥玩，一次，有幾個臣子稱有急事求見，宋太祖於是就召見了。但是召見之後，他們上奏的都是些很普通的事情，宋太祖很不高興，問為什麼。一個臣子回答說：「臣以為這些事情比打鳥更緊急。」宋太祖更加生氣了，順手抄起邊上擺的斧子，用斧子柄打那個人的嘴，打掉了兩顆牙齒，那個人慢慢彎下腰，把牙齒撿起來，放在懷裡，太祖罵他說：「你揣個牙齒，怎麼還想保留證據告我還是怎麼著？」那個臣子回答說：「臣是不會去狀告陛下的，但是負責記載歷史的官員，會把這件事情寫進史書。」

透過這個故事也能看出史官在歷史中的作用非同一般。

諸葛亮之所以沒有設史官，其主要原因也是害怕史官記錄他的不好言行，阻礙他行權做事。以諸葛亮的「達於為政」和其思維之周密，以及「杖二十以上親決」的精細作風，應該是不會不知道不置史官之害的。劉備死後，諸葛亮為託孤大臣，權傾朝野，全國上下唯他馬首是瞻，朝中一切事務「咸決於亮」，高度集權會使他容易把個人意志凌駕於國家和人民利益之上，隨時隨地都會有行為發生，比如他如何排擠李嚴；如何頤指氣使對待劉禪；如何倉促發動北伐等等一些不為人知的內幕。

例如馬謖失街亭一事，諸葛亮「違眾拔謖」，派遣只會紙上談兵的馬謖擔當前鋒，結果慘遭失敗，諸葛亮為保護自己地位，揮淚斬了馬謖，然而馬謖當時並沒有像外面廣為流傳的那樣去諸葛亮那裡請罪，而是在軍敗之後選擇了畏罪潛逃一途，後被緝捕歸案。在諸葛亮判其死刑後，還沒來得及執行，就於獄中病故。馬謖潛逃案還導致了與馬謖關係很好的荊楚集團的另一骨幹向朗

（向寵叔父），因知情不報而被革職。不難設想，蜀國當時要有史官的話，對於裡面所發生的內情定會有詳細論述。

「國不置史」這個舉動所產生的最直接的後果，便是在蜀亡以後，即使是作為蜀漢著名史學家譙周弟子的陳壽，在當代人修當代史的情況下，奉命修編的《三國志》裡也唯有蜀書因為「行事多遺，災異靡書」，各類資料的嚴重匱乏，導致許多著名和重要的人物無法單獨作傳，最後僅僅只修了一卷便作罷了。倘若說在劉備手上的時候是因蜀漢初建無暇顧及的話，那麼在劉禪當政後這麼長的時間內，政權穩固度應該已經大大地得到了提高，並且在擁有劉巴、秦宓、譙周、許靖等多名出色的文、史學人才情況下，作為自承漢朝正統的蜀漢朝廷依然「國不置史」，那就不太能以諸葛亮「猶有未周」這樣簡單的失誤所能解釋得通了，而要是從「行事多遺」這個角度去看，更會多少令人疑惑其「國不置史」的目的何在。

《讀書鏡》中記載，宋太祖一日罷朝，俯首不言，久之，內侍王繼恩問故。上曰：「早來前殿指揮一事，偶有誤失，史官必書之，故不樂也。」眾所周知，宋太祖趙匡胤陳橋兵變、黃袍加身之後，又「杯酒釋兵權」，使自己的統治地位穩若泰山。這樣一位開國皇帝「偶有誤失」，竟然怕「史官書之」，令人感慨。

諸葛亮感覺，設立史官會使他做事不能為所欲為，與其提心吊膽做事，不如根本就不設史官。

事必躬親

《三國志．諸葛亮傳》記載：「建興元年，封亮武鄉侯，開府治事。頃之，又領益州牧。政事無巨細，咸決於亮。」又說諸葛亮：「杖二十以上親決。」諸葛亮事必躬親，辛辛苦苦，日理萬機，最終導致心力交瘁，累死在五丈原。千百年來，人們推崇諸葛亮這種工作精神，也深受感動。可是反回頭我們再想，諸葛亮為什麼要事必躬親呢？他手下有那麼多人，為什麼不分派他們去做事呢？劉備託孤時不是還有個李嚴嗎，他為什麼不幫助諸葛亮分擔些任務呢？

一個人的能力是有限的，有句俗語：「好漢難敵四手，老虎架不住狼多。」諸葛亮是有能力，可他面對的是整個蜀國事務，不但要時時注意魏、吳兩國動向，而且還要發展本國實力，即使他有三頭六臂也有力不從心的時候。作為領導者不是看自己具體做了哪些事情，而是看是否把你能運用的條件充分運用。高級的領導者應該懂的放權，不是每一件事都需要自己去做。把工作分配給下屬，讓他們各盡所能，發揮優勢，以最少的消耗做出最大的利益。

卡內基說：「假如樂團中的每一位音樂家都正確無誤地彈出自己部分的音符，整個樂曲還不一定會悅耳動聽。這時，假如有一個指揮出來調和每一個音樂家的演出，則效果一定與先前大不相同。」而優秀的領導正是樂團的指揮。

西漢時期，陳平任漢左丞相，漢文帝劉恒一日問，全國一年審決了多少案件，全國一年的財政收支有多少。陳平說：「這些事有人主管。」劉恒問：「誰主管？」陳平答道：「陛下要瞭解司法問題，可以問廷尉；陛下要瞭解財政收支，應該問治粟內史。」劉恒又追問：「如果什麼工作都有人主管，那麼你管什麼？」陳平答：「宰相者，上佐天子理陰陽，順四時，下育萬物之宜；外鎮撫四夷諸侯；內親附百姓，使卿大夫各得任其職焉。」帝乃稱善。（《史記．陳丞相世家》）

陳平、諸葛亮是當時的高官，作為領導者，一個重要職責是「授權原則」，把精力集中在重要事務，下屬獲得一定的職權和責任，就能獨立發揮自己的才能並取得成就，並在成就感的激勵下取得更大的成就。真正的領導人，不一定自己能力有多強，只要懂信任，懂放權，懂珍惜，就能團結比自己更強的力量，從而提升自己的身價。反之許多能力非常強的人卻因為過於完美主義，事必躬親，什麼人都不如自己，最後只能做最好的工作人員，成不了優秀的領導人。

諸葛亮事必躬親，凡事都要過問，這最容易造成權力的高度集中，同時也會使屬下無所事事，培養一些庸才。主簿楊顒曾經勸諫諸葛亮：「我常見丞相親自校對簿書，我認為沒有這個必要。治理軍國，自有體統，上下不可相互混淆。譬如治家之道，必然是僕人耕田，婢女做飯，這樣都有事情可做，也都有所收穫，一家之主則從容自在，高枕無憂。如果主人親自勞作，必然形神皆憊，終一事無成。難道主人的智力不如僕人、婢女嗎？當然不是，而是這樣做的話便失去了主人應有的身分。古人云：『坐而論道，謂之三公；作而行之，謂之士大夫。』」諸葛亮聽完後，不由得淚流滿面，說：「我不是不知道這些，但我受先帝託孤之重任，怕別人不像我這樣忠心啊！」

諸葛亮怕別人不忠，可他這樣做就能視為忠心了嗎？表面上他勤勤懇懇，結果如此工作所導致的後果則不是一兩句話能說清楚，有誰能保證諸葛亮事必躬親不是為了集權？

權力一直是當政者最關心的事情，有了權力別人才能以你馬首是瞻；有了權力才能享受特殊待遇；有了權力才能有別人想像不到的優越感；有了權力也有從身政治生涯回報的成就感。君子有了權力會更加勉勵自己，小人有了權力會更加放縱自己。中國主流文化裡學而優則仕的人才選拔方式，在一定程度上加大了這種劣根性的破壞力，為了保住自己政治上的位置、學術上的位置，具有這種劣根性的知識分子總是有意無意地幹著嫉賢妒能、戕害人才的勾當，從戰國時的龐涓到現在，從來就沒有停止過。只要還沒有被後來者所打倒，這些人的身前身後名都算得上是堂皇而至於高尚，諸葛亮的事必躬親恐怕也未必真像人們所想像的那麼崇高。

諸葛亮事必躬親的做事原則，其實就是在破壞和諧有效的工作機制，造成權力的高度集中，大權獨攬。「政事無巨細，咸決於亮」，「杖二十以上親決」，其負面效果就是直接導致蜀漢朝廷在一旦缺乏了像諸葛亮這樣強勢而又出色的政治人才以後，整個統治機構就出現了「主闇而不知其過，臣下容身以求免罪，入其朝不聞正言」的局面，經濟上則是「經其野，民皆菜色」，對這樣的後果，諸葛亮這個蜀漢政權的實際統治者、所有既定方針的制定者，應該負上不可推卸的責任。

諸葛亮自出山以來，就權力欲極濃，他認為「臥榻之側，豈容他人酣睡」，自劉備請出諸葛亮以來，特別是經過赤壁之戰，他貪天之功借得東風，到後來收荊襄等地，立了些功勞後，劉氏集團內部幾乎凡事就他一個人說的算了，這種局面在劉軍中已成為定式。換句話說，也就是成為了習慣，諸葛亮說一句話能頂得上別人一車話管用，漸漸地別人就不說了，反正說了也沒用，主公不聽就算了，反而又得罪了軍師，這種買賣不做也罷。

再說前期過程中，諸葛亮在行軍部署中確實有他獨到之處，畢竟節節勝利是不爭的事實，這種情況久而久之，就演變成習慣聽軍師的了。軍師讓人往東別人就不敢向西；軍師說打狗別人就不敢攆雞。而習慣也有好有壞之分，好的習慣不遵守、不改進也會變成壞習慣，不有那麼一句話：「趕時代潮流，與時俱進。」軍師說一不二、一字千金、金口玉言，如果不知哪次做出指鹿為馬的事，恐怕也不會有人敢說什麼。如此優越的權力，對於君子來說可能是一種鞭策，激發他更好的去工作；對於小人來說這就是一把利劍，一把殺人的劍，能夠很好驅除阻礙自己發展的絆腳石。

人們應該很清楚諸葛亮是一個什麼樣的人，諸葛亮他本身是個書生，可他自出山以來，就變了身分，他是一個軍事家，一個政治家。軍事上來說，自古有兵不厭詐之語，說白了就是打仗的時候是可以說謊的，不但可以而且是看誰說的謊能夠騙到對方。那政治家呢？不想多說了，有人相信政治家所說的話嗎？

諸葛亮在五丈原的軍中自己活活累死，說好聽點，是憂國憂民，鞠躬盡瘁，說難聽點，就是權力欲過於旺盛，捨不得放權給他人。蜀中大小事物，每天不說有上千個也得有上百個之多，而他卻事無巨細，都要親自過目，懲罰二十板的小事情還要請示，不用說諸葛亮是個凡人，就是有三頭六臂也夠他忙碌一陣的。

事必躬親的結果必然是權力的高度集中，諸葛亮自己累得要死，他手下和其他大臣既沒有權力，也不能在日常生活工作中得到鍛鍊，為下一批接班人鋪好路，致使蜀國到諸葛亮死後，人才凋敝，國中無人，朝中無將。

史實上的諸葛亮之所以最後墮落到廖化當先鋒的境地，就是他事必躬親怕放權的變態心理直接影響下的結果。鞠躬盡瘁的背後是事必躬親，事必躬親的原因是對下屬的不信任，無能的固然不能夠信任，有能的則更不能信任。

或者，有人會提到姜維，事實上姜維在諸葛亮的心裡不過就是「鷹犬之任」，諸葛亮死後命令統率全軍回朝的是那個楊儀，諸葛亮的繼承人是蔣琬，然後是費禕。後來被刺客宰了的費禕，在壓制姜維的時候說了一句很有代表性的話：「吾等不如丞相遠矣；丞相猶不能定中夏，況吾等乎！」只有持這種觀點的人，才是諸葛亮覺得能夠託國的人，不然就至少是個浮躁。

姜維能夠得諸葛欣賞的原因還有兩個，一個是資歷不如，隻身來蜀，沒有依靠；另一個是因為諸葛亮當年兵敗於張郃的時候，得姜維和拔西城縣數千老百姓入蜀是唯有的政績，如何不需要誇大呢？姜維這樣的人才在蜀國的用人體制裡能夠最後掌權只能說是運氣好，適逢其會罷了。

至於劉備另一位託孤大臣李嚴，早被諸葛亮視為政敵排擠在外了。諸葛亮非常害怕權力外放，哪能給李嚴太多權力，當然他也不能幫諸葛亮做事了。

諸葛亮事必躬親的背後，是政治鬥爭的真相，他事必躬親的目的，是權力的高度集中。

裝神弄鬼

諸葛亮一直是中國歷史上的智者代表，半人半神的智慧人物。他上知天文，下曉地理，能掐會算，能謀善斷，每逢戰事必出奇謀。親臨戰場時也總是從容乘車，手搖羽扇，戲敵軍於股掌之間。歷史上的諸葛亮，經過不斷的藝術加工，終於逐漸形成了一個神仙的形象。元曲中他自稱「貧道」，京劇中稱「山人」，其舞臺服裝不是丞相服而是八卦衣，《三國志平話》中說：「諸葛本是一神仙……達天地之機，呼風喚雨，撒豆成兵。」這些描述，把一個諸葛亮說得簡直就是一個未卜先知的神，但是魯迅卻說他「智而近妖」。諸葛亮真的能掐會算嗎？他的成功是因為他的「智」還是「妖」呢？

古時生產力低下，科學技術不發達，人們認識事物的能力有限，對於廣闊的大自然有太多他們所不瞭解的現象，於是轉而借助神鬼來解釋，其中神話就是來源於原始社會時期，人類透過推理和想像對自然現象作出解釋。但是由於這時的認識水準非常低下，因此經常籠罩著一層神祕的色彩。

這種神祕性的活動經過代代相傳，不斷演變，不斷增刪，逐漸成為某些少數人專門從事的行業，他們利用鬼神欺騙人們，從中獲取利益。時隔歲月，發展到今天，其實他們都屬於封建迷信行列。如當聽見喜鵲在自家屋前屋後叫則滿心歡喜，而聽見烏鴉或貓頭鷹叫，則認為是惡的前兆，將要死人了，因而惶惶不安；西方國家認為「十三」是個不吉利的數字，中國有些地區則認為，三十六不吉利，三十六歲是人生的一個「坎」，是多災多難的一年，因此在過三十六歲生日時，親戚朋友都要來好好慶祝一下，幫助他順利度過這一年。許多人雖然知道這些做法無任何道理，卻抱著「寧可信其有，不可信其無」的態度。

現實生活中人們往往會把宗教與封建迷信相混淆，實質上宗教與封建迷信是有著明顯區別的。宗教是一種特定形式的思想信仰，是一種世界觀，只不過是支配著人們日常生活的外部力量在人們頭腦中的幻想反映，在這種反映中，人間的力量採取了超人間的力量形式？宗教還是一種一定形態的文化現象，不論在哲學、文學、藝術、倫理等社會學領域還是醫學、化學、天文學、生命學等自然科學領域中，都留下了豐富的文化遺產。

封建迷信是從有神論觀念派生出來的，但並不是宗教。封建迷信主要是指那些男巫、巫婆和迷信職業者利用封建社會遺留下來的巫術，進行裝神弄鬼、妖言惑眾、騙錢害人的活動，如請神降仙、驅鬼治病、相面揣骨、測字算命、看風水等等。這類封建迷信活動，發揮了破壞社會秩序、擾亂人心、損害群眾身體健康的作用。

鬼神迷信也是封建迷信中的一種。認為世間存在神仙和妖魔鬼怪，或相信生物具有超乎自然的「靈魂」或精靈，祂們對自然現象（風雨雷電旱澇）和人類的生老病死有控制能力。例如有的人生了病或受了驚，便認為是妖魔附體，不去看醫生，而是請法師巫婆來驅妖避邪。有的認為山有山神，河有河神，每年要定期祭拜，以求保風調雨順，出現旱災或澇災，便是得罪了天神、龍王爺，使之發怒，是對人們的一種懲罰等。

人們不僅用神鬼的力量來解釋自然界中的現象，而且還對這些他們自己想像出來的神鬼有敬畏之心。一旦遇到他們人力所達不到的事情時，就會有借助神力的衝動。當然不排除透過神鬼之說來提高事情的神祕感和知名度。

中國古代最早的農民起義——大澤鄉起義，陳勝、吳廣就是利用這個方法，他們買來白綢，用朱砂在上面寫上「陳勝王」，塞入魚腹中，等士兵們買回魚時發現魚腹裡的東西，感到非常驚奇，到了晚上吳廣又在廟中點燃篝火學狐叫：「大楚興，陳勝王」，看到和聽到的士兵都對陳勝起了敬畏之心，認為這是上天在暗示大家，天下要大變了。陳勝運用這種方法，裝神弄鬼，故弄玄虛，以此來增加他們起義的神聖性，劉邦芒碭山斬蛇起義也是借助神鬼之說起家。

從古至今有很多人利用裝神弄鬼來欺騙人們，百姓信神鬼可能會使家破人亡，統治者信鬼神會禍國殃民。

唐代李商隱曾經寫過一首詩〈賈生〉：「宣室求賢訪逐臣，賈生才調更無倫。可憐夜半虛前席，不問蒼生問鬼神。」

漢初的賈誼，有治國之才。漢文帝夜半召見才能卓異的賈誼，使人以為必諮詢有關於國計民生大事，哪曾想是為詢問鬼神之事。這首詩借詠賈誼的故事，對現實具有極深的諷刺意味。

三國時期諸葛亮也被人們認為是一個「通神」之人。《三國演義》第四十九回寫到諸葛亮巧借東風，火燒赤壁，大破曹軍。諸葛亮自稱：「曾遇異人，傳授奇門遁甲天書，可以呼風喚雨。」而這些只不過是蒙騙周瑜的一個小伎倆。

諸葛亮是利用人們對鬼神的敬畏心和神祕感，故弄玄虛，裝神弄鬼。平心而論，諸葛亮確實是個聰明伶俐的人，他善於抓住表現的機會。他往往會把一個非常簡單的東西，遮遮掩掩，若隱若現，讓人摸不著頭腦。實際上道理很簡單，只是讓他一開始給唬弄住了。這就好像是趙本山演的小品《買拐》裡的一段：范偉的腿為什麼麻了呢？跺麻的，生活中的常識問題，那麼大幅度的跺地，如果不麻，腿才真有毛病了呢，「你跺你也麻」。

諸葛亮每次分兵派將的時候，都會裝得神祕些。不是對將領親受錦囊，就是對那個將領伏耳親受機宜，弄得將領跟士兵對整個戰局都不清楚，讓部屬一臉茫然地去「依計」行事。這樣做的好處是讓大家對諸葛亮產生一種神祕感，壞處則是大家只是悶著頭做事，不清楚整個戰略，缺乏共同合作的精神，兩種結果顯然是後者的危害比前者大得多得多。

最為無聊至極的是借東風，在大家都同心同德、團結一致抗曹的情況下，利用自己掌握的一點天氣預報常識，裝神弄鬼欺詐三軍，登壇做法，故弄玄虛，神化自身來達到政治目的。無限誇大了自己的功勞，搶了周瑜和黃蓋的統帥之大功，似乎火燒赤壁這一戰的勝利，完全是靠諸葛亮做法得來的，眾多大將和幾萬兵士們的出生入死全成了兒戲和過場。

諸葛亮裝神弄鬼，身為統帥如此不學無術，給蜀漢造成許多災難，當陽之戰就是一例。當然看《三國演義》上說得只是寫了趙雲闖營救阿斗、張飛大喝退曹軍等等，那是作者有意誇大諸葛亮等人。本來是曹操勝利追劉備，文章中反而是劉備處處占上風，這哪像是敗軍，簡直是一支勝利之師，可見是羅貫中的演義。劉備當陽之戰中，諸葛亮並沒有取得什麼軍事上的勝利，因為這次是實打實地硬拚，他再裝神弄鬼，是不可能了，也不好用了。最後不得不說句真心話：《三國志・諸葛亮傳》記載：「先主至於夏口，亮曰：『事急矣，請奉命求救於孫將軍。』」

諸葛亮裝神弄鬼，欺騙的只是一時，他騙不了一世。

第三章

夫亮之相劉備，當九州鼎沸之會，英雄奮發之時，君臣相得，魚水為喻，而不能與曹氏天下，委棄荊州，退入巴蜀，誘奪劉璋，偽連孫氏，守窮崎嶇之地，僭號邊夷之間。此策之下者。可與趙佗為偶，而以為管蕭之亞匹，不亦過乎？

——崔浩《典論》

劉葛固雄傑，閱世均一夢。

——陸游

士大夫共論諸葛亮，於時談者多譏亮託身非所，勞困蜀民，力小謀大，不能度德量力。

——《蜀記》

當時諸葛成何事，只合終身作臥龍。

——薛能

孔明起巴、蜀之地，蹈一州之土，方之大國，其戰士人民，蓋有九分之一也……諸葛丞相誠有匡佐之才，然處孤絕之地，戰士不滿五萬，自可閉關守險，君臣無事。空勞師旅，無歲不征，未能進咫尺之地，開帝王之基，而使國內受其荒殘，西土苦其役調。魏司馬懿才用兵眾，未易可輕，量敵而進，兵家所慎；若丞相必有以策之，則未見坦然之勳，若無策以裁之，則非明哲之謂，海內歸向之意也。

——《三國志．諸葛亮傳》注所引張儼《默記》

假仁假義

人有七情六欲，哭與笑本是對立，從人呱呱落地，帶給世界的第一聲是「哭」，到人走完歷程，留給世界最後一聲還是「哭」。「哭」實際上是人與生俱來的一種本能。人傷心時哭，高興時也哭。哭已是人們宣洩內心感情的表現方式，諸葛亮也曾經哭過，他是為什麼哭呢？

哭，在幼年時不分性別，男孩女孩都可以隨意隨性而哭，到了成年，哭似乎就成了女人的專利，男兒必須是「有淚不輕彈」，女人哭則是「梨花一枝春帶雨」。結了婚，男人心煩，最多只能摔門而去，酩酊而歸，但絕對不能痛哭流涕。女人則悄然落淚、暗自悲憐。難怪有人會說，小孩用哭對付大人，女人用哭對付男人，男人呢，只能用哭對付世界！在哭聲中釋放壓力，向命運挑戰。

哭與笑是一個對立的感情表象。人可能傷心時哭，但傷心時也有可能是笑，曹操面對困境也有哭與笑，赤壁戰敗是性命交關，但小說的作者並未將描寫的重點放在他如何謀劃逃命上，而是集中筆墨描寫了他在逃亡途中的三次大笑。

其一，在「烏林之西」，曹操在馬上「仰面大笑不止」，他說：「吾不笑別人，單笑周瑜無謀，諸葛亮少智。若是吾用兵之時，預先在這裡伏下一軍，如之奈何？」話音未落，趙子龍突然殺出，給還在沾沾自喜的曹操來了個「下馬威」。

其二，在「葫蘆口」，曹操坐於疏林之下，仰面大笑，再次譏諷諸葛亮、周瑜智謀不足，結果殺出個燕人張翼德，嚇得他魂飛魄散，不僅損失慘重，馬匹糧食也被劫走。

其三，在「華容道」上，曹操又笑諸葛亮、周瑜是「無能之輩」，可當關雲長橫刀立馬出現在他面前時，他笑不出來了，只能低頭求饒。

這「三笑」是小說裡的絕妙之筆，雖然可以看出諸葛亮運兵之妙，但曹操與眾不同的性格特點卻也相對搶眼，身處險境，仍能頻頻發笑，嘲笑對手的缺智少謀，若是換了他人，逃命唯恐不及，哪有這份心思！尤其是他的第三笑，更讓人拍案叫絕。人困馬乏，已無力再戰，而關羽又神勇無比，斬顏良、誅文醜，曹操是見識過的，如果硬來，那麼就會凶多吉少。

俗話說，識時務者為俊傑，走投無路的曹操，以情義打動關羽，求他放自己一條生路。因為他過去對關羽有恩，關羽又是一個以「義」為先的人，他終於為自己化解了危難。能屈能伸的人才是大丈夫，曹操的過人之處由此可見一斑。

相對於「奸雄」曹操，以「梟雄」稱世的劉備，也有別人不及之處，他是用哭來掙得天下的。劉備是出了名的愛哭，他的眼淚常常可以派上用場。

劉備自得徐庶之助，屯兵新野，招兵買馬，積草儲糧，氣象一新。然而，曹操模仿徐母的筆跡寫信給徐庶，誑其至許昌，以使他與劉備分離。劉備哭曰：「元直去矣！吾將奈何？」凝淚而望，哭得徐庶心亂如麻，感激涕零，到曹操營後終不為他出一策。

劉備三顧茅廬，遭到諸葛亮婉拒後，泣曰：「先生不出，如蒼生何？」此時，劉備說著說著，竟觸動衷腸，百感交集，頓時「淚沾袍袖，衣襟盡濕。」

東吳魯肅索要荊州時，劉備還哭，折磨得魯肅手足無措，任務也沒完成。

當關羽被殺的噩耗傳來，劉備「大叫一聲，昏絕於地」，淚濕衣襟，三日不進水食，表現兄弟情深非同一般。

劉備終於用哭感動一批文臣武將，用哭贏得一些地盤，用哭奪得了蜀主地位。

作為最會哭的君主手下，諸葛亮的哭也是很有功力，不過他的哭可跟劉備之功差些。劉備再怎麼說，也是有一點為了一個國家流淚的託詞；諸葛亮的哭，可就是有貓哭耗子假慈悲之嫌。

他第一次是哭周瑜，三氣周瑜後，年僅三十六歲的東吳水軍都督周瑜不幸夭亡，諸葛亮卻帶著趙子龍等人前來柴桑弔喪。只見諸葛亮來到周瑜靈前，設祭物，親奠酒，伏地大哭，邊哭邊敘述周郎生前如何雄姿英發，文韜武略，雅量高志，如何幫助孫權割據江南，定建霸業，他極力讚頌周瑜的忠義之心，英靈之氣。對著周瑜的棺材，他痛心疾首的說：「嗚呼公瑾！生死永別」、「魂如有靈，以鑒我心：從此天下，更無知音！嗚呼痛哉！」他哭得淚如湧泉，哀慟不已，真切感人。在場所有的聽眾沒有一個不被他的哭聲所打動，眾將領沒有哪一個不被他的這種感情所感染。

諸葛亮如喪考妣，嚎啕大哭，連東吳諸將領全被蒙蔽，他們沒好好想想，周瑜是怎麼死的。如果不是眼前這個人言而無信、尖酸刻薄，周瑜何至於死得如此之快。現在又來哭喪，分明是欺負江東無人，有意貶低周瑜，呈現給世人以假象：不是我諸葛亮如何如之何，是你周瑜小心眼，你生氣而死不關我事，你看你死之後我還來給你哭喪呢，你說我多大度啊！對於一個死了的人，他還這麼沒完沒了，諸葛亮的心可真夠狠。

據說鱷魚在吞食食物時，有一種近乎人情的表現——流眼淚。鱷魚真的會流眼淚，只不過那並不是因為牠傷心，而是牠在排泄體內多餘的鹽分。鱷魚腎臟的排泄功能不是很完善，體內多餘的鹽分，要靠一種特殊的鹽腺來排泄，鱷魚的鹽腺正好位於眼睛附近，鹽腺使動物能將海水中多餘的鹽分去掉，從而得到淡水。所以，鹽腺是牠天然的「海水淡化器」。

鱷魚的這種眼淚並不是多愁善感，而是一種名副其實的假慈悲、假悲傷、假憐憫，這種「眼淚」是鱷魚眼睛附近生著的一種腺體的惡作劇，只要鱷體吃食，這種附生腺體就會自然地排泄出一種鹽溶液，這對生活中假慈善的偽君子是多麼具體的諷刺！

諸葛亮「堪稱經典」的哭是揮淚斬馬謖，諸葛亮一出祁山北伐，初戰告捷，奪取了隴西三郡，聲威大震。忽報司馬懿出關，背道而行。諸葛亮料定他必取街亭，斷蜀咽喉。因此想派一名上將去守街亭，不料馬謖願意前往，並立下「若有差失，乞斬全家」的軍令狀。馬謖本是個書生，紙上談兵還可以，沒有丁點實戰經驗，只因為他與諸葛亮私人感情交好，又是荊襄派人物，為了給他建功立業機會，以增加從政籌碼，於是諸葛亮「違眾拔謖」。結果馬謖到街亭後違令拒諫，於山上下寨，結果被司馬懿先斷汲水之道，又沿山放火，雖得蜀軍幾次救援，終失街亭。

街亭失守後，諸葛亮為收拾敗局，身為主將，他有不可推卸的責任，但是他為保全自己，把整個戰爭的過錯全推給了馬謖，一口咬定街亭失守是戰爭失敗的關鍵，馬謖於是成了他的替罪羔羊。諸葛亮斬殺馬謖時有三次流出了他那鱷魚的眼淚，第一次哭是數落馬謖的罪過，說街亭是吾根本，你是以全家性命領此重任，今失地陷城，必當斬之。當馬謖請求殺死他後能否照顧他的兒子時，諸葛亮被這死之前的唯一要求所感動，他立即答應了他的請求，同時含著淚說：「吾與汝義同兄弟，汝之子即吾之子也，不必多囑。」意思是叫他安心而去。

諸葛亮本與馬謖交好，如今為了自己利益，不得不殺馬謖，面對馬謖提出為人父的舐犢之情，良心沒有全部泯滅。

第二次哭是蔣琬的勸諫，在蔣琬看來「今天下未定，而戮智謀之臣，豈不可惜乎？」諸葛亮也知道馬謖有可用之處，在這以前，馬謖曾為諸葛亮出謀獻計兩次，都大獲成功，一次是七擒孟獲，他建議以攻心為上；另一次是利用反間計，挑撥曹睿和司馬懿的關係，結果司馬懿被貶回鄉。諸葛亮哪有不知馬謖才能之理，馬謖若能不死，一定能夠成為他左膀右臂，一定能夠幫助他對付李嚴等人。可是今日要是不死，很可能他與整個荊襄集團就處於被動地位，殺掉馬謖如砍他一臂，此時他內心極為矛盾複雜，怎能使他不傷心呢？

第三次哭是看到了馬謖的首級以後，諸葛亮再也抑止不住內心的痛苦，大哭不已。這時蔣琬反而不懈地問：「今幼常得罪，既正軍法，丞相何故哭耶？」這時諸葛亮又一次想到自己用人不當的過失，而且這種過失在他來看來是不可諒解的。諸葛亮自從劉備死後，排擠了李嚴獨掌大權，借助出兵伐中原之機，極度斂權。本想脫離了劉備陰影，可以自己隨心所欲了，哪料到出師不利，劉備死前特意叮囑諸葛亮說：「朕觀此人，言過其實，不可大用。丞相宜深察之。」但卻沒有引起諸葛亮的足夠重視，把守街亭的這一重要使命委任於他，諸葛亮差一點自毀前程，這次哭是一次反思，是一次追悔！

諸葛亮哭周瑜、哭馬謖，他是在買人心，假道義，賊喊捉賊。作為一個政壇混蕩的老手，他善於運用表象偽裝自己。曹操除了三笑也有三哭故事，他一哭是哭他全家被陶謙所殺，誰人沒有父母，曹操此哭可說是真心的哭；二哭是哭典韋，當年曹操引兵討伐張繡，誤中張繡奸計，身陷重圍，典韋夢中驚醒後，奮力向前，死戰不退，血流滿地而死，曹操得以脫險。曹操整頓軍隊，擊退張繡後，立即祭奠典韋，並親自哭而祭之。第二年，曹操再次引軍至宛城攻擊張繡，曹操忽然大哭，還說，我雖痛失長子、愛侄，但我唯哭我大將典韋。這一哭是收買人心的哭；三哭是赤壁失敗哭郭嘉，「若奉孝在，不使孤至此」此哭是掩飾自己的過錯又羞辱眾謀士的無能，當然他應該不會忘記荀彧等人提醒過他東吳的詐降、連環與東風的事，但是曹操沒有聽從，這哭是掩飾自己的過錯並且也暴露出他的虛偽狡詐。

習鑿齒評諸葛亮說：「為天下宰匠，欲大收物之力，而不量才節任，隨器付業；知之大過，則違明主之誡，裁之失中，即殺有益之人，難乎其可與言智者也。」習鑿齒認為諸葛亮不夠稱為智者，但他沒有看到諸葛亮雖然不是有智之人，卻是個有謀之輩。單看他用幾滴眼淚就能哭出個賢臣孝子的名聲，也是達到了殺人不吐骨頭的「巔峰境界」。

世界上本沒有無緣無故的恨，也沒有無緣無故的愛。作為一個有著七情六欲，生活在紅塵俗世的人，無法逃避生活帶來的喜怒哀樂。當生活中有了快樂有了痛苦，不必刻意掩飾自己，只有用自己的真心、真性、真感情去面對生活，大聲痛哭，大聲歡笑，真情表白自己，才不失為一個人。

拉打結合

封建王朝走了兩千多年，每一個王朝都面臨過設立儲君之事即封太子之事。太子是一國的儲君，在中國一直被視為天下的根本。選立太子雖然十分艱難，常令在位皇帝於繁忙之外平添煩惱，但再艱難、再煩惱也要選立。每一個在位的皇帝都要在有生之年確立太子作為自己的繼承人，這是皇帝的職責，也是江山社稷所必須的。諸葛亮針對立儲之事有什麼樣的表現呢？

中國歷朝歷代都講究預立太子，實際上就是為了穩定人心，因為皇帝一旦有什麼不測，不至於為繼承人而發愁，也不至於因此發生政變、火拼，使政局動盪不安。預立太子是統治所需要的，即便皇帝沒想到或暫時不考慮，群臣也會紛紛上疏，提醒皇帝早立太子。特別是在皇帝染病、身體虛弱，或是長子、嫡子有了，皇帝卻眷愛寵妃之子等等情形下，預立太子的呼聲常會演變成朝廷政議風波，嚴重的會使一大批朝臣被貶逐和辭官，有的甚至丟掉了性命。

中國文化是典型的「倫理政治」型文化，其依託的社會結構主要是以「血緣紐帶維繫著的宗法制度」，而宗法制度的核心就是嫡長子制。在王位的繼承問題上，早在周代就形成了嚴格的制度，即繼承王位的，必須是嫡妻長子，至於這位嫡長子賢與不肖，無須考慮；如果嫡妻無子，就只能立庶妻中級別最高的貴妾之子，至於被立者是否為庶子最年長者，也不在考慮之列，這就是《春秋公羊傳》「隱公元年」所說的「立嫡以長不以賢，立子以貴不以長」，這種觀念在中國古代一直占據主導地位。

中國歷代太子的選定和冊立，歷朝都有一套制度，所謂「立嫡以長」，就是說，如果有嫡子，那麼要立長子。在沒有嫡子的情況下，選擇皇太子的方式是「立子以賢」，就是說，要看諸位庶子的德行而定。

皇太子的地位僅次於皇帝本人，擁有類似於朝廷的東宮，官員配置完全仿照朝廷的制度，還擁有一支類似於皇帝禁軍的私人衛隊「太子諸率」。由於皇太子有極大的權力，所以往往和皇帝發生衝突，從而導致被廢或被殺，例如漢景帝廢栗太子、漢武帝誅殺衛太子等。而力量強大的皇太子由於不滿皇帝的約束，也會有叛逆，乃至弒君。前者如衛太子不滿漢武帝寵幸佞臣江充、發東宮兵欲誅之；後者如隋高祖的第二任皇太子楊廣弒其父。另一方面，由於覬覦皇太子的儲位，皇帝的兒子們往往相互傾軋、甚至兵戎相見，這樣的例子就更加平常了。

就三國時期而言，因立嗣而誘發的悲劇就屢有發生。袁紹的覆滅雖然主要是由於軍事上的失利，但整個袁氏集團最終被趕出歷史舞臺，主要原因之一還是袁紹在臨終前的決策，即立幼子為繼承人，這樣一來導致了袁譚、袁尚同室操戈，從而被曹操分頭殲滅。劉表重蹈袁紹之覆轍，遂使荊州落入他人之手。曹操為立嗣之事也曾大傷腦筋，但鑒於袁紹的教訓，他最終還是立長子曹丕為繼承人，保證了身後政權的穩定，但即使如此，也種下了兄弟相殘的禍根。被稱為聰明之主的孫權，晚年也同樣在立哪個兒子為繼承人的問題上遲疑不決，以致子弟不睦，臣下分部，最終被迫廢掉孫和，賜死孫霸，另立年僅八歲的幼子孫亮為太子，這直接導致了吳國的衰亡。

劉備似乎沒有設立儲君的煩惱，他有四個兒子，劉封為長卻是義子，親生兒子老大是劉禪，老二劉永，老三則是劉理。劉備先收劉封為養子，後來又有了劉禪，論資格，兩人都可以做劉備的接班人，那麼應該誰來做呢？對劉備來說，當然希望是自己的親骨肉劉禪，按正統的觀念，立劉禪也名正言順。因此，建安二十四年劉備稱漢中王時，就毫不猶豫地立劉禪為王太子。這也沒什麼奇怪，可義子劉封後來卻被劉備莫名其妙給殺了。劉封為什麼被殺了呢？

據《三國志》載：「劉封者，本羅侯寇氏之子，長沙劉氏之甥也。先主至荊州，以未有繼嗣，養封為子。及先主入蜀……時封年二十餘，有武藝，氣力過人……所在戰克。」由此可知，劉備收寇封為義子，一是此時尚無子嗣，再就是劉封確有過人之勇，為用其才。

《三國演義》述劉封因聽信孟達之言，不救關羽麥城之難，至關羽被俘遭害，但其實歷史與之有所不同。《三國志》記述：「自關羽圍樊城、襄陽，連呼封、達，令發兵自助。封、達辭以山郡初附，未可動搖，不承羽命。」達，即孟達。據此，關羽是在未敗之時，也就是《三國演義》所述「水淹七軍」之前，召劉封、孟達助攻樊城和襄陽，而並非敗走麥城之時。此時正值劉封、孟達攻上庸之戰結束不久，此役中太守申耽舉眾降蜀，先主封申耽仍為上庸太守。劉封辭關羽調兵以「山郡初附，未可動搖」就是指此而言，也並非沒有道理，何況申耽與其弟申義後又確實叛反降魏。關羽剛愎自用，孤軍深入，本就是取敗之道，呼劉、孟也只為助攻，因此，關羽之敗實與劉封關係不大，甚至可說無關。

直到後來申義叛反，劉封敗歸成都，「先主責封之侵凌達，又不救羽」，即劉備責備劉封與孟達不和，至其降魏，同時又恨劉封不救關羽。但主要還是因「諸葛亮慮封剛猛，易世之後終難制御，勸先主因此除之」，劉封最終被賜死。

劉備責備劉封，並沒有要殺劉封之意，因為劉備清楚孟達叛變雖然跟劉封有關係，但是並不是他逼迫的，至於關羽之死也與劉封無關，劉備說他也是表面上訓斥一番，畢竟出了這事，無論如何總得有人擔責任吧！可是諸葛亮卻不這樣想，他有他自己的打算。

諸葛亮認為劉封剛猛，又有能耐，一旦這輩人不在了，可能就沒有什麼人可以掣制，因而殺之，用今天的觀點看，這其實是將假想結論作為判決的依據。大概劉備、諸葛亮也不能預先看到劉禪日後到底如何，想盡量為其做好鋪墊。這時的諸葛亮肯定沒有預見到後世蜀漢會良將匱乏，假如不殺劉封，以其為劉備義子之親，未必不是後主劉禪的左膀右臂。

也有人提出古人立儲君忌「廢長立幼」，是劉備怕劉封年長於劉禪，若立劉禪恐犯立儲大忌，於是借機殺掉劉封。其實不然，縱觀西、東兩漢，只有忌「廢嫡立庶」之說，劉禪本為劉備正室嫡親之子，立之合乎情理，劉封不應有所怨言。

諸葛亮勸殺劉封，只是因為他怕劉封過於剛猛，怕將來難以制馭。這只是諸葛亮一家之言，難服大眾。劉封既死，後事只能去臆想，我們不知道劉封將來是否真的會對後主劉禪的朝廷構成威脅，但哪個人將來會怎麼樣，恐怕除了神仙誰也說不準。諸葛亮用這種「莫須有」的罪名殺劉封，是否和秦檜毒害岳飛有相似之處呢？當然諸葛亮生活的朝代比秦檜早多了，但是此類殺人伎倆卻是不分朝代的。

後人只能聽信諸葛亮說辭，可要是大膽猜測，也能看出諸葛亮主張殺死劉封，是因為他也有自己的小算盤。劉封是員大將，有勇有謀，如果劉備死後，不管是立誰為王，劉封絕對是個得力助手。現在立了劉禪，根據劉封與劉家的關係，劉禪必定會在以後朝中依賴劉封，這跟劉備與關羽、張飛的關係差不多。如果出現這樣的局面，可是一心想大權獨攬的諸葛亮最不想看到的事情。趁現在劉封犯錯誤的機會，順勢殺死他，解決了後顧之憂，並且還能在劉備面前獻媚邀功。

諸葛亮對於勇猛的劉封是「落井下石」，而對於劉禪的態度卻有更多是拉攏。《三國志》中裴松之注講：「初備以諸葛亮為太子太傅。」太子太傅是一個官職，即太子的老師，極受尊重，太子要對他行師徒之禮。往往太子的師父也跟太子的關係很好，屬於同一個利益集團。例如商鞅變法時，受到眾多人的抵觸，其中有當時太子的老師公子虔和公孫賈在幕後唆使太子反對，以迎合當時的權貴。太子年少無知觸犯新法，商鞅說：「太子犯法，是老師沒有教育好，應該給老師處罰。」於是下令把他倆一個割掉鼻子，一個臉上刺了字，從此再沒有人敢議論新法了。

諸葛亮作為劉禪的老師，當然想方設法要維護劉禪的利益，維護他的利益就是維護自己的權力，《諸葛亮集》載劉備給後主的遺詔提到：「射君到，說丞相歎卿智量，甚大增修，過於所望，審能如此，吾復何憂！勉之，勉之。」從上面話裡看出，諸葛亮對劉禪作出的評價，是他有意在劉備跟前說劉禪的好，時時影響劉備注意劉禪。另外在〈與杜微書〉中諸葛亮評價劉禪說：「朝廷年方十八，天資仁敏，愛德下士」，更加看出諸葛亮內心意圖就是要輔佐劉禪當太子，以後當皇帝。

諸葛亮拉攏劉禪，打擊劉封，致使劉封被冤殺。〈劉封傳〉記載，劉封死後，劉備也曾「為之流涕」，可能他也愧疚，畢竟劉封罪不當死，只憑一個「莫須有」罪名為依據，這樣逼死他，未免過於殘酷。

巧取豪奪

俗語有「劉備借荊州——有借無還」之說。自從諸葛亮於隆中把三分天下局勢確定下來後，劉備集團始終在謀求荊州的控制權。終於在赤壁之戰中尋找到機會，劉備、諸葛亮集團背信棄義，陰謀奪得荊襄地盤。那麼劉備為什麼不還荊州呢？諸葛亮又是如何幫助劉備奪取地盤的呢？他們是如何面對東吳天天要債的逼迫呢？

崔浩曾在《典論》中講述：「夫亮之相劉備，當九州鼎沸之會，英雄奮發之時，君臣相得，魚水為喻，而不能與曹氏爭天下，委棄荊州，退入巴蜀，誘奪劉璋，偽連孫氏，守窮崎嶇之地，僭號邊夷之間。此策之下者。可與趙佗為偶，而以為管蕭之亞匹，不亦過乎？」

早在諸葛亮未出山前，在隆中就已經跟劉備說好了，他目前急需的問題是尋找一個落腳地，這個地方就選在了荊襄地區。開始時荊州為劉表占據，劉備念其是同宗，拉不下臉來攻打他，直到劉表死後，赤壁之戰時劉氏集團才有了機會。

荊州地理位置優越，乃兵家必爭之地，正如諸葛亮所分析的：「荊州北據漢沔，利盡南海，東連吳會，西通巴蜀，此用武之國也。」

著名地理學家顧祖禹在《讀史方輿紀要》說到：「湖廣之形勝，在武昌乎？在襄陽乎？抑荊州乎？曰：以天下言之，則重在襄陽；以東南言之，則重在武昌；以湖廣言之，則重在荊州。」南宋呂祉在〈東南防守便利〉中論到：「不守江陵則無以復襄陽，不守江陵則無以圖巴蜀，不守江陵則無以保武昌，不守江陵則無以固長沙。」

荊州名士蒯越也建議劉表曰：「南據江陵，北守襄陽，荊州八郡可傳檄而定。」自曹操被赤壁一把火燒得焦頭爛額，即留曹仁鎮守江陵，自家搜羅殘兵敗將退回許都。曹操主力既去，荊州不免空虛，而乘勝追擊殺到江陵的孫劉聯軍，也即暫時分道揚鑣。

赤壁之戰後，周瑜想一鼓作氣，渡江拿下南郡，可是恰逢劉備此時也屯兵油江（公安）。他怕劉備趁火打劫，混水摸魚，於是親自到劉備營中試探虛實。諸葛亮為劉備出謀劃策，告訴劉備只可對周瑜說：「聞都督欲取南郡，故來相助，若都督不取，備必取之。」周瑜信以為實，笑曰：「吾東吳久欲吞併漢江，今南郡已在掌中，如何不取？」劉備曰：「勝負不可預定。曹操臨歸，令曹仁守南郡等處，必有奇計；更兼曹仁勇不可當；但恐都督不能取耳。」周瑜曰：「吾若取不得，那時任從公取。」劉備曰：「孔明，子敬在此為證，都督休悔。」魯肅躊躇未對。周瑜曰：「大丈夫一言既出，何悔之有！」

諸葛亮用言語先穩住了周瑜，讓他毫無顧忌地去攻打南郡。正當周瑜筋疲力盡對付曹仁時，諸葛亮已經偷偷地奪下南郡，並用南郡的兵符騙取了荊州和襄陽曹軍的信任，因而一舉拿下周瑜一心想奪得的荊州和南郡兩個城池。諸葛亮背信棄義，失信於周瑜。就這樣，周瑜辛辛苦苦用鮮血換來的勝利果實被諸葛亮竊取了。

周瑜氣憤不過，決定要攻打劉備據守的南郡，恰逢魯肅趕到，勸住周瑜不可。「方今與曹操相持，尚未分成敗；主公現攻合淝不下。如若自家互相吞併，倘曹兵乘虛而來，其勢危矣。況劉玄德舊曾與曹操相厚，若逼得緊急，獻了城池，一同攻打東吳，如之奈何？」魯肅以大局為重，決定親見劉備。

魯肅本以為此次赤壁大戰本是曹操領兵攻打劉備的，是東吳派兵幫助劉備擺脫困難，不管怎麼說你劉備也不能反咬一口，奪我們的地方。可是到了荊州後諸葛亮卻說：「物必歸主。荊襄九郡，非東吳之地，乃劉景升之基業。吾主固景升之弟也。景升雖亡，其子尚在；以叔輔侄，而取荊州，有何不可？」末了，諸葛亮又給魯肅開了個空頭支票，等劉琦死了再還給你們。

劉琦也是個不爭氣的主，貪戀酒色，掏空了身子，不久就去世了。魯肅再次來要荊州，這次諸葛亮可露出了無賴嘴臉：「子敬好不通理！直須待人開口！自我高皇帝斬蛇起義，開基立業，傳至於今；不幸奸雄並起，各據一方；少不得天道好還，復歸正統。我主人乃中山靖王之後，孝景皇帝玄孫，今皇上之叔，豈不可分茅裂土？況劉景升乃我主之兄也，弟承兄業，有何不順？汝主乃錢塘小吏之子，素無功德於朝廷；今倚勢力，占據六郡八十一州，尚自貪心不足，而欲併吞漢土。劉氏天下，我主姓劉倒無分，汝主姓孫反要強爭？且赤壁之戰，我主多負勤勞，眾將並皆用命，豈獨是汝東吳之為？若非我借東南風，周郎安能展半籌之功？江南一破，休說二喬置於銅雀宮，雖公等家小，亦不能保。適來我主人不即答應者，以子敬乃高明之士，不待細說。何公不察之甚也。」又說：「子敬回見吳侯，善言伸意，休生妄想。若不准我文書，我翻了面皮，連八十一州都奪了。」

諸葛亮理直氣壯，連哄帶嚇，好像偷了人家東西還要讓人家說謝謝，謝謝沒有把家裡的東西全偷盡，一席話說得魯肅又緘口不語。上次給魯肅開的是空頭支票，現在又給魯肅開一張，這次卻是有紙有字了：「若圖得西川，那時便還。」

虧著魯肅拿著文書先去見了周瑜，沒有直接去見孫權，不然直接去見孫權，呈上諸葛亮所寫如同廢紙一樣的文書，孫權還不氣炸了肺，直接把魯肅給殺了，老實的魯肅差一點被諸葛亮害死。孫權認為這只不過是諸葛亮的託詞而已，於是不斷派兵騷擾劉備屬地，給劉備造成很大的麻煩。

劉備奪得西川後，並沒有把荊州還給孫權，於是張昭向孫權獻計讓諸葛瑾去和諸葛亮打交道，並扣押了諸葛瑾全家，聲稱如果要不回荊州就殺他全家。面對東吳的辦法，諸葛亮、劉備、關羽三人共演了一臺戲，諸葛亮避門不見，劉備假意答應分荊州一半還之，將長沙、零陵、桂陽三郡與東吳。然後諸葛瑾去荊州跟關羽要三郡時，關羽以「將在外，君令有所不受」給回絕了。諸葛瑾再跑回西川找兄弟時，諸葛亮早就躲出去了。諸葛瑾再次找劉備，劉備卻說：「吾弟性急，急難與言。你可先暫回，容吾取了東川、漢中諸郡，調雲長往守之，那時方得交付荊州。」

諸葛亮與劉備一而再，再而三地失信於東吳，每次尋找各種藉口，回避問題，好像被欠東西的東吳，成了要帳的是「孫子」，欠帳的反倒成了「爺爺」。諸葛亮這一做法，終於惹惱了東吳，拋棄了孫劉聯合，轉而投向曹操，才使得關羽敗走麥城。

諸葛亮的做法不值得宣揚，正如羅素在《西方哲學史》評論的那樣：「那時候到達成功的常則，和時代變得較穩定後的成功常則，是不盡相同的，因為像那種兇殘和不講信義的行為假如在十八或十九世紀，會讓人喪失成功資格，當時卻沒哪個為之感到感慨。」儘管羅素說的不是諸葛亮，但是他的話也還是能夠套用到諸葛亮身上的。

諸葛亮一心想從荊州起家，連哄帶嚇地騙到了荊州，最終卻也因為荊州的問題，破壞了初定的孫劉聯盟。卡內基說：「與人訂約，你等於已取得他人的信任，如果你不能信守，你就等於從對方那兒不告而取——倒不是偷取他荷包裡的錢財，而是竊取他的時間，一種他失去後永不能復得的東西。」而像諸葛亮那樣不講誠信，無論是過去、現在還是將來，都是不可取的。

左右逢源

看一個人是否機靈，民間有句俗話叫有「眼力見兒」。它的另一種解釋是能夠看清形式，左右逢源。官場不好混，魚龍混雜，勾心鬥角，稍有不慎，可能萬劫不復。諸葛亮處在劉備營中，他是如何對待劉備與眾多大臣的呢？

西方有個哲人曾經這樣比喻人的知識與修養，他說：「每個人就像數學符號裡的圓，人的知識好比是圓的面積，人的修養好比是圓的周長。面積越大的圓圈，周長與外界的接觸面積也越大，所以，也就越知道外界的廣博無垠。因此，知識越多的人越謙虛。而面積越小的圓圈，周長越小，與外界接觸的面積也越小，就越不能知道世界的廣博，所以，越是無知的人，就越是驕傲狂妄，越是自以為是。」

處於官場中的人們應該更能理解做人與做官的含義，以及知識和修養的蘊涵。

中國人確實太複雜了，世情複雜，人心複雜，辦事複雜，許多事情本來應該很簡單，但在中國就變得很複雜了。譬如談生意，談生意就是談生意，但在中國通常是先設宴席，不醉不散。會喝酒的還算僥倖，不會喝酒的會被灌得人仰馬翻。你說不會喝酒，對方就說你瞧不起他，於是得喝；你在酒醉中還殘留一份理智，拒絕再喝，對方就說你沒有誠意，於是得喝；你實在不能喝了，對方卻還有許多高招，直到你酩酊大醉。酒到三更，席終人散，生意卻是隻字未談。幾天過後，被請的再設宴席，又是酒到三更，又是隻字未談生意。或許兩場宴席能使你跨過人情大關，或許還有幾場宴席要你奉陪，而後邊的路還很漫長。倘若你天真地相信他所說的「一切都好辦」或者「很快就辦」而不採取送禮之類的手段，就很可能熬到你熬不下去的時候而不了了之。

做人複雜，做官更複雜。中國數千年都是官本位，做官才有前途，因此官場文化十分的發達。做人要懂得八面玲瓏，做官更要懂得籠絡人心。劉備的智慧遠不如諸葛亮，武藝遠不如關雲長，但他有本事讓他們誓死效忠，鞠躬盡瘁；宋江的武藝在梁山泊一〇八將中不足道也，但他能讓那些好漢們一見到他就拜倒在地，所以他坐頭把交椅。劉備和宋江畢竟是小說家極力要推崇的英雄人物，我們對於他們領袖群雄的技巧只能看到籠絡人心的一面；而官場上真實的人物，就不知要比他們複雜多少了，所以中國人一談到官場就想起勾心鬥角爾虞我詐這類辭彙。雖然沒人把官場上的種種手段一一整理出來，但這許多手段在歷史故事裡是俯拾即是的。

中國的歷史書多寫權力鬥爭，雖然歷史學家並非希望後來的權貴比從前的更加詭詐，但客觀上卻使那些工於心計的官場人物讀出了權力鬥爭的真經。當然更豐富的真經是從官場上學來的，官場有如大染缸，官場文化有如千年的鹹菜缸，染一染，醃一醃，就成了官場的精靈；而不願同流合汙還想著出淤泥而不染的，就只能感時傷懷，不勝苦惱了。李白才情過人而胸懷大志，但他不懂做官的訣竅，且又狂放不羈，因此不僅不能實現自己的抱負，而且惹出一身是非，飽受讒言之苦。他仰天長歎：「大道如青天，我獨不得出。」他的朋友杜甫也為他打抱不平：「世人皆欲殺，吾意獨憐才。」如果說李白的仕途蹭蹬與他本人的狂放性格大有關係的話，那麼像杜甫這樣的謙謙君子和道德聖人，應該不至於仕途艱難；但事實上杜甫一生更潦倒，更無奈，因為他的官場意識只怕比李白還有不及。

他們做官之路前途無「亮」，而有人卻是遊刃有餘。李鴻章有句名言：「天下最容易的事，便是做官，倘使這人連官都不會做，那就太不中用了。」其實，做官也有做官的訣竅，也需要「修煉」。掌握了官訣，就能仕途暢達，官運亨通；否則不但不能升官，反而可能丟官、掉腦袋。清代官吏「修煉」出不少官訣，這些官訣對於清代的吏治官風發揮過非常惡劣的腐蝕作用。

同僚間勾心鬥角，上司喜怒無常，政敵互相傾軋，政局變幻莫測，都是官場上常見的現象。因此，久歷官場的人便揣摩出了圓滑模稜、以時趨避的做官訣竅。靠此便可以八面玲瓏，左右逢源，誰也不得罪，從而順利地做官升官。官場上的普遍觀念是：圓滑是明智，剛正是狂愚。

身歷咸豐、同治、道光三朝的顯宦王文韶是精於圓滑趨避之術的典型，他曾在地方上做過按察使、布政使、巡撫、總督，在朝廷做過尚書、大學士、軍機大臣，可謂官運極佳。他做官的訣竅就是遇事圓滑模稜，明於趨避，八面玲瓏，左右逢源。因其圓滑模稜至極，所以被人譏為「琉璃球」、「琉璃蛋」、「油浸枇杷核子」。

王文韶圓滑的一個具體表現是，遇到需要表態的重要問題時，推三躲四，裝聾作啞。李伯元在《南亭筆記》講到一件事：王文韶入軍機後「耳聾愈甚」，一日，兩大臣爭一事，相持不下。西太后問王意如何，王不知所云，只得莞爾而笑。西太后再三追問，王仍笑。西太后說：「你怕得罪人？真是個琉璃蛋！」王仍笑如前。王文韶的耳聾半真半假，他常以假聾作為躲事避風頭的手段。

明代的袁宏道二十多歲時在吳縣做過一段時間的縣令，初嘗冠帶滋味，痛苦不堪。他說：「作吳令，無復人理，幾不知有昏朝寒暑矣。何也，錢穀多如牛毛，人情茫如風影，過客積如蚊蟲，官長尊如閻羅。以故七尺之軀，疲於奔命；十圍之腰，綿於弱柳。」又說：「迎上官則奴，候過客則妓，治錢穀則倉老人，諭百姓則保山婆。」官場如此險惡庸俗，一個疏放慣了的人要在其中適應下來，豈能不扭曲了自己？

中國古代有一個叫裴矩的人，在隋朝做官時是個著名的佞臣，但歸順唐朝後卻成了剛直不阿的諍臣。元朝名相拜統解釋了這種前後不一的奇怪現象：「盂圓則圓，盂方則方。」意即隋煬帝楊廣是個圓盤子，裴矩當然就是個八面玲瓏的諛臣；而唐王李世民是個方盤，裴矩當然也就成了個忠直敢諫、有稜有角的諍臣。有道是「君明臣直」，「君惡聞其過，則忠化為佞；君樂聞直言，則佞化為忠。」善於聽真話的管理者周圍就必然有敢說真話、敢道真情的部屬，喜歡聽假話的管理者也必然被說假話的「馬屁精」所迷惑。管理者是否願意聽真話，實際上是一種導向，如果願聽，對講話者就是一種肯定與鼓勵，講真話的人就會越來越多，講假話的人自然就會收斂。管理者應該使人相信自己是真心實意想聽到真話、實話，包括直言不諱的批評意見，這是聽到真話的重要前提。

對漢高祖劉邦多少都會有些瞭解，可劉邦是個什麼人呢？他不過只是市井無賴出身，挺會說大話，卻沒什麼看家本領，很難說有什麼雄才大略。要論「運籌帷幄之中，決勝千里之外」，他不如張良；論「臨陣對敵，戰必勝、攻必取」，他不如韓信；論「經世治國，理政安民」，他也不如蕭何。可是劉邦「不善將兵、卻善將將」，他能網羅這樣的人才為己所用，最終一統天下，開創了兩漢四百年基業。在楚漢相爭的險峻形勢下，劉邦對自己的下屬充分信任，從來不橫加掣肘，哪怕面對部下對自己權威的偶爾挑戰，也不惜假裝糊塗。而且在用人上，劉邦也不求全責備，他的重要謀士陳平，口碑一向不佳，常被人指責有生活作風問題，劉邦對此問題卻裝聾作啞，並不深究。在這種小事上的「糊塗」，換取的則是下屬對他肝腦塗地的更大回報。

相比之下，諸葛亮似乎還不如劉邦高明。諸葛亮對下屬的信任程度明顯不如劉邦，對很多人都有成見，就算把重任交給他們，自己也覺得不放心，例如像魏延這樣的猛將，就因為被諸葛亮認定腦後有「反骨」，所以自始至終都受到諸葛亮的猜忌，在孔明麾下常不得志。直至孔明將死，也要預伏錦囊計，必欲將其除之而後快。

關羽狂傲不羈，重士卒而輕大夫，又和劉備是拜把兄弟，諸葛亮招惹不起，於是他就想到表面奉承，背後報復，讓關羽守華容道見其一斑。

他的哥哥諸葛瑾討要荊州，諸葛亮和劉備倆人演戲。劉備吞併西川後，孫權派諸葛瑾到成都向劉備要荊州，張昭出謀告訴諸葛瑾哭訴全家老小已被孫權監禁，要諸葛亮念兄弟情救他哥哥一家。諸葛亮一見他哥哥，就明白了他來的目的，於是一面對諸葛瑾滿口答應：「哥哥不必擔心，我自有辦法讓主公還荊州。」然後帶著諸葛瑾去見劉備，說明來意，劉備不答應，諸葛亮再三哭拜與地，劉備勉強答應。這時候諸葛亮假意又讓劉備寫信給關羽交代歸還地盤之事，劉備也明白諸葛亮什麼意思，並囑咐諸葛瑾：「子瑜到彼，須用善言求吾弟，吾弟性如烈火，吾尚懼之，切宜仔細。」

諸葛瑾拿著書信到荊州見到關羽，關羽看到書信後也明白劉備與諸葛亮的意思，說「將在外，君命有所不受」，把諸葛瑾擋了回來。諸葛瑾無奈只好回成都找兄弟，可諸葛亮卻已經不在成都，出巡去了，實質是躲出去了。諸葛瑾找不到兄弟，也沒有別的辦法，只好無功而返回江東。諸葛亮既贏得了兄弟相悌情深，又為劉備保住了荊州，到頭來只有諸葛瑾在其中受到的傷害最大。

諸葛亮在蜀地八面玲瓏，左右逢源，遊刃於權力之間。

溜鬚拍馬

阿諛奉承也可以理解為「拍馬屁」，在這個社會中，人與人的交流總帶有阿諛奉承的因素。當這些善於使用阿諛奉承的人專心於拍馬屁時，那些被拍者則會感到歡欣和鼓舞，從而更加善待和幫助拍馬屁者，使拍馬屁者獲得最大的收益。但拍馬屁是一門學問，不是什麼人都會拍的，只有那些經驗豐富、閱歷高超的人才能運用自如、順風使舵。《蜀記》中說：「士大夫共論諸葛亮，於時談者多譏亮託身非所，勞困蜀民，力小謀大，不能度德量力。」那麼諸葛亮是不是這個行列中的人呢？他又是怎樣溜鬚拍馬的呢？

有一則婦孺皆知的笑話：從前，有個愛拍馬屁的人，皇帝、百官都被他拍得團團轉。閻王聽說後，派小鬼把他捉拿到閻王殿，準備判他下油鍋。這人兩眼骨碌碌一轉，馬上「撲通」一聲跪下，說：「閻王老爺，不是小人願意低三下四，而是那些人喜歡讓我吹捧、奉承。如果他們都能像您一樣鐵面無私、執法如山，那麼我再怎樣拍馬屁，也沒有用處啊！」閻王聽了這話句句入耳，就判他無罪，仍派小鬼送他回了人間。此人所拍之處不露痕跡，情理所至，令人舒服至及，他拍馬屁的技巧嫻熟，其境界可謂「驚天地，泣鬼神」。

古往今來，君子、小人無不愛聽好話，有對當事人十分懊惱或不快時，只要旁人說幾句得體的美言，便天開雲散了。一次，解縉陪朱元璋在金水河釣魚，整整一個上午一無所獲。朱元璋十分懊喪，便命解縉寫詩記之。沒釣到魚已是夠掃興了，這詩怎麼寫？解縉不愧為才子，稍加思索，立刻信口念道：「數尺綸絲入水中，金鉤拋去永無蹤，凡魚不敢朝天子，萬歲君王只鉤龍。」朱元璋一聽，龍顏大悅。

還有一個相類似的故事，南朝宋文帝在天泉池釣魚，垂釣半天沒有任何收穫，心中不免惆悵。王景見狀便說：「這實在是因為釣魚人太清廉了，所以釣不著貪圖誘餌的魚。」一句話說得宋文帝高興的回宮了。

當然，善於窺測上意，奉上不留痕的人，也並不是一味地討好上級，當他們的上司走霉運時，他們也會落井下石，做出卑鄙無恥的事情來。

戰國時代，晉國遭韓、魏、趙三分天下，晉公子文子倉促逃難，因為怕後面有人追趕，所以不敢稍做停留，連夜逃到一個村莊，侍者告訴晉公子：「此村的員外是公子的老朋友，公子旅途勞頓，不如先到他家休息，等候未趕上的家眷。」文子忙說：「昔日我喜歡管弦之樂，他知道以後，立刻送我一把好琴；我喜愛收集腰間的佩玉，他也拿著好玉饋贈給我，他只知道用物質來巴結奉承以求得功名利祿，並非真心真意待我。如今晉國失勢，他如果知道我在此地，一旦被出賣，再走就來不及了。」果真，這個員外一聽到文子經過村莊的消息，連忙召集人馬在後面苦追不捨。

這種窺測上意，阿諛奉承，見風使舵的伎倆，成為一些人攀升的捷徑，大，可以榮華富貴；小，可以自保全身。

《戰國策》記載，齊國宰相鄒容，身材魁梧，容貌出眾，堪稱為一美男子。有一天，他穿戴整齊準備出門時，很滿意地問妻子說：「你看我和城北的徐公哪一個比較俊美？」「當然是宰相美啦！徐公哪裡能跟您比呢？」鄒容聽了妻子的讚美沾沾自喜。又問愛妾，妾也這麼說：「宰相，您的風流倜儻是無人可及的。」第二天，剛好有客人來訪，鄒容又問了同樣的問題，客人的回答和妻、妾一樣，鄒容不禁陶然了。

隔了一天，徐公翩然來訪，鄒容仔細端詳，發覺他眉宇間所展露的俊逸，實在不是自己能比得上的，鄒容不禁失望地想著：「夫人說我比較美是偏袒我，妾說我美是怕我嫌惡，而訪客這麼說是因為有求於我。」

諸葛亮也是一個服侍君主左右的紅人，他也有一套溜鬚拍馬的伎倆。

劉備能夠奪取西川，功勞最大的應該是法正，法正原在劉璋手下為官，「為其州邑俱僑客者所謗無行，志意不得」。於是，暗中投靠劉備，為引劉備入川立下大功，後又在攻取漢中的戰役中出謀劃策，功勛卓著，被劉備封為蜀郡太守，揚武將軍，「外統都畿，內為謀主」。然而法正任蜀郡太守後，德行方面並無改觀，「一餐之德，睚眥之怨，無不報復，擅殺毀傷己者數人」。這種違法亂紀的報復行為，引起同僚的不滿。有人對諸葛亮說：「法正於蜀郡太縱橫，將軍宜啟主公，抑其威福。」素以執法嚴峻著稱的諸葛亮卻說：「主公之在公安，北畏曹公之彊，東憚孫權之逼，近則懼孫夫人生變於肘腋之下；當斯之時，進退狼跋，法孝直為之輔翼，令翻然翱翔，不可復制，如何禁止法正使不得行其意邪！」

諸葛亮面對他人的舉報，和要求他去請求劉備，勸阻法正濫殺無辜的建議時，卻連幫忙轉達的請求都一口回絕，非但如此，他甚至還說，既然法正能讓劉備「翻然翱翔，不可復制」，那現在為什麼要去阻止他快意恩仇呢？諸葛亮為什麼會說出如此有失行政的話呢？可以從兩個方面找原因。

一是諸葛深知，此時在文臣中只有法正是自己最有力最現實的競爭對手，由於法正深得劉備寵信，自己是難以直接撼動其地位的，因此只有縱其進一步違法亂紀，以招罷官甚至殺身之禍，自己才有可能取而代之。只是諸葛亮的這一招「捧殺」尚未見大效，法正便逝去了。

二是諸葛亮不願得罪或得罪不起法正，因為法正此時的功績、地位遠在諸葛之上，諸葛亮給劉備預定的計劃中，是先奪荊州再圖西川，荊州是諸葛亮奪的，而西川卻是法正出謀劃策得來的，劉備在西川能站住腳全靠了法正。《三國志》說：「亮又知先主雅愛信正，故言如此。」言下之意就是法正有那麼大的功勞，正是大王面前的紅人，他殺幾個人算什麼，在他已經殺了數人後，去阻止他都是完全沒必要的，因為那會讓他不痛快。法正不痛快了，就是劉備不痛快。劉備不痛快了，當屬下的尤其是勸阻的人則更會「不痛快」。跟慈禧老佛爺說的一樣：「誰讓我一時不高興，我讓誰一生不痛快。」諸葛亮可不傻，這種費力不討好的事誰願意做誰去做吧！他絕不出頭。

在這件事情上，諸葛亮的反應和處理方式，與他一貫被人推崇的「賞罰之信，足感神明」之風格和品質，出現了極大的偏差。在他而言，所謂的國法、軍法要不要執行，純粹是取決於被執行對象的重要性，以及是否有執法的政治需要，而不是在於對象事實上是不是有過失和犯罪行為。

諸葛亮依據這種窺測上意而不惜犧牲別人利益來換取劉備的信任，真是枉為一代「賢相」之稱謂。他不為實際，一味討好劉備，順劉備意願行事，這種情況長此以往，造成劉備決策時時處於危機之中，猇亭之戰就是典型之例。

關羽被殺，荊州丟失，劉備顧及兄弟情義，又因為荊州是蜀國一直頗為重視的戰略要地，現在丟失，劉備一心想奪回來。但是，劉備棄魏伐吳本是不從眾願，況且也有背於〈隆中對〉中的計策。劉備報仇心切，一意孤行，蜀國大臣紛紛勸諫，一向少言寡語的趙雲都勸劉備不能出兵。諸葛亮看出劉備的心意，他想借助報兄弟之仇名義，出兵攻打目前勢力較弱的東吳。諸葛亮卻抬出已經死了的法正，說是只有法正在，才能勸阻劉備。很顯然是不可能的事，用一個低級藉口把自己脫離事外，結果劉備帶領七十二萬大軍，貿然攻打東吳，被東吳大將陸遜火燒連營七百里，從此蜀國國力一蹶不振。

諸葛亮自認奉承劉備會給自己帶來好處，哪裡想到蜀國的利益問題，可歎梟雄劉備大風大浪都走過，不想在小河溝翻船了！

生活中有些人常常精於諂媚阿諛、奉承巴結之術，他們四處投機，尋找主人，看到哪個有身分，有地位，能給自己帶來好處的，就恬不知恥，用肉麻語言奉承。被奉承者得意忘形，結果迷失自己，為人所利用而不自知。奉承人者則乘機撈取好處，小者竊錢，大者竊權，竊錢者損利，竊權者誤國。只有保持理智，冷靜的分析自己，瞭解自己，認清自己，華麗的詞藻並不代表一個人的真心，要看他如何去做，而不是看他如何會說，諸葛亮的行為也許能給我們再次敲響警惕的鐘聲。

以退為進

清朝末期，曾國藩剿滅太平軍有功勞，可是當時清政府並沒有給曾國藩升官，反而只讓他擔任兩江總督，實則是降職。為此很多人想不明白，都為曾國藩鳴不平。可是曾國藩卻欣然接受，並且還逼迫他的弟弟曾國荃稱病回鄉。曾國藩擔心的是自家功名太甚，引起清廷猜忌，導致富貴不保，晚節有虧，於是處處表示謙退。諸葛亮一出祁山失敗，他自貶三級，甘願放棄眾多權力。曾國藩是有功而退，諸葛亮是有過而退。諸葛亮的退是為什麼呢？他是真心的嗎？難道事情就只有這麼簡單？

《三國志．諸葛亮傳》注所引張儼《默記》中有這樣描述：「孔明起巴、蜀之地，蹈一州之土，方之大國，其戰士人民，蓋有九分之一也。」又：「諸葛丞相誠有匡佐之才，然處孤絕之地，戰士不滿五萬，自可閉關守險，君臣無事。空勞師旅，無歲不征，未能進咫尺之地，開帝王之基，而使國內受其荒殘，西土苦其役調。魏司馬懿才用兵眾，未易可輕，量敵而進，兵家所慎；若丞相必有以策之，則未見坦然之勳，若無策以裁之，則非明哲之謂，海內歸向之意也。」

欲擒故縱、欲揚先抑、欲進先退等等都可用作為官之道。一個人非常想得到某個東西，但是表面上卻不能表現太過明顯，盡量表現自己對此事漠不關心，其實暗地時時關注，這也是一種權術。「權」字本身就有「權變」之意，也就是「詐」。權術，可以說是官場上的武器，用以官場爭鬥。

在官場，唯權是尊，有人玩權術可以達到非常精湛的程度。所以一提到「權術」，就讓人想到官場上的明爭暗鬥。權術是封建專制下的產物，它暴露的是權力的絕對自私。即使在家族親情之間，也是血淋淋的，沒有調和的餘地。在權力這塊地盤上，寸土不讓，它展示的完全是人的欲望和絕對占有欲。

清乾隆皇帝退位後，明面是太上皇，不問朝政，實質上依然把持朝綱。嘉慶元年（西元一七九六年）正月初一日，在太和殿舉行乾隆禪位、嘉慶登極大典。乾隆皇帝歸政之後，以太上皇名義訓政。當時有兩個年號：宮內皇曆仍用「乾隆」年號，各省改用「嘉慶」年號。

乾隆帝退位後，本應住在寧壽宮，讓新皇帝住在養心殿，但他不願遷出，而讓嘉慶居毓慶宮，賜名「繼德堂」。乾隆經常御殿，受百官朝賀，嘉慶則處於陪侍的地位。

朝鮮使臣到北京，目擊記載說：嘉慶「侍坐太上皇，上喜則亦喜，笑則亦笑。」又記載賜宴之時，嘉慶「侍坐上皇之側，只視上皇之動靜，而一不轉矚」。《清史稿．仁宗本紀》也記載：「初逢訓政，恭謹無違。」

乾隆的退位只是假象，真正掌權的還是自己。乾隆曾經說過「不敢上同皇祖（康熙）紀元六十載之數」，為了表示他盡孝道，遵守自己諾言，執政六十年宣布退位。但是主掌清朝權力仍然是自己，嘉慶只作為一個擋箭牌而已。

當政與不當政只是個名的問題，支撐他如此熱衷位置，不是他有多麼高的思想情操，而是在這個位子背後的權力。宋徽宗退位，讓位於宋欽宗，他是怕宋朝在他手中滅亡，無臉去見宋朝列祖列宗，但是宋朝為什麼勢力微弱呢，還不是他一手造成的，以為退了位，就可以沒他什麼事了，豈不是自欺欺人。

三國「奸雄」曹操「割髮代首」能說明什麼呢？建安三年夏四月張繡作亂，曹操興兵討伐，行軍到了一個地方，看見麥子已經成熟，當地百姓因為聽說有官兵來，都躲了起來，不敢出來收割。於是曹操下令說：「吾奉天子明詔，出兵討逆，與民除害。方今麥熟之時，不得已而起兵，大小將校，凡過麥田，但有踐踏者，並皆斬首。軍法甚嚴，爾民勿得驚疑。」百姓聽說無不歡欣鼓舞，官軍經過麥田，皆下馬以手扶麥，遞相傳送而過，並不敢踐踏。說來也巧，正好曹操騎的馬因為麥田裡突然飛起的鳥受驚，竄入麥地，踐壞了一大塊麥田。

曹操叫來行軍主簿，擬議自己踐麥之罪。主簿曰：「丞相豈可議罪？」操曰：「吾自制法，吾自犯之，何以服眾？」即掣所佩之劍欲自刎，眾急救住。郭嘉曰：「古者《春秋》之義：法不加於尊。丞相總統大軍，豈可自戕？」操沉吟良久，乃曰：「既《春秋》有法不加於尊之義，吾姑免死。」乃以劍割自己之髮，擲於地曰：「割髮權代首。」使人以髮傳示三軍曰：「丞相踐麥，本當斬首號令，今割髮以代。」於是三軍悚然，無不懍遵軍令。

曹操「割髮代首」，玩的就是一個狡詐。誠然，頒布號令之時他也沒有預料到自己會遇到這種情況。馬受驚嚇而踐踏麥田是個偶然事件，可就是這個偶然事件暴露了他的狡猾。事情發生了，曹操如何解決？如果他裝做什麼事都沒有，那他前面頒布的號令就成了一句廢話。等於是自己否定自己，搬起石頭砸自己的腳。按照命令處罰吧！還沒有哪個發布號令的人因為自己的命令把自己砍頭的呢！曹操在這方面可不想做「開天闢地」的事，於是他把這個棘手的事推給了行軍主簿。

行軍主簿也不能確定到底如何處理這件事，只好說你不用處罰了，曹操索性不依不饒，好像跟自己有多大仇似的，進而要拔劍自刎。曹操是做做樣子，如果他真想自殺，還叫行軍主簿幹什麼，直接抹脖子得了。經過大家又求又勸，曹操割掉自己頭上一綹頭髮，以髮代頭，算是懲罰了自己。曹操這樣做一是解決了這件事，二是沒有違背自己的號令，三是在眾人心中留下秉公執法的美名，四是試探一下大家對自己的忠心。一舉四得，曹操這次做的買賣賺大了。羅貫中在《三國演義》中留下一首詩說：「十萬貔貅十萬心，一人號令眾難禁。拔刀割髮權為首，方見曹瞞詐術深。」

《孫子兵法》中說「兵者詭道」，諸葛亮在街亭兵敗後，率諸軍回到漢中，檢討出兵得失。依春秋「責帥」之例，上書自貶三級，劉禪只好降諸葛亮為右將軍，行丞相事，趙雲按例坐貶，由鎮東貶為鎮軍將軍。同時「戮馬謖以謝眾」，並斬將軍張休、李盛，奪去將軍董襲的兵權。只有王平掩護退兵有功，破格提拔，「加拜參軍，統五部兼當營事，進位討寇將軍，封亭侯」，諸葛亮又從退回來的敗軍中，獎勵立功將士，哪怕有點小功勞的人；對陣亡的人員，一一做好安撫家屬的工作，並「引咎責躬，布所失於境內」。

諸葛亮為什麼要自責？這是諸葛亮玩的一次權術。一次北伐失敗，是因為諸葛亮「違眾拔謖」。不管別人理解不理解，事實已經擺在面前，與其被動面對朝廷的處罰，不如主動請罪，有點「坦白從寬，抗拒從嚴」的意思。諸葛亮主動請求處罰，也確實得到了「從寬」處理，劉禪貶他三級，但是卻「統管如前」，等於沒有受到處罰一樣，主動請罪也成了一次「作秀」。

諸葛亮之所以敢於主動請求處罰，他是有一定把握的。早在劉禪即位後，諸葛亮一直以託孤老臣自居，幼主稱他為「相父」，一切事務「咸決於亮」，軍政大權全部都掌握在諸葛亮手中。北伐出師前，諸葛亮給劉禪一封「勸諫信」——〈出師表〉，羅列了一些自己心腹人員，安排在劉禪左右，牢牢掌握軍政大權。即使諸葛亮被貶，他的這些朝中死黨也會聽命於他，而不會聽命幼主或是李嚴等人。退一萬步講，即使這些人不聽諸葛亮調遣，也有可能不聽劉禪命令，弄不好，還可能出現叛亂之事。

諸葛亮自貶三級，既擋住朝中大臣的嘴，又好好保護了自己，權力也沒有喪失，第二次北伐中，諸葛亮才剛剛取得一些成績，劉禪就趕緊下旨恢復諸葛亮權力。

無論是曹操還是諸葛亮、乾隆，他們對於權力具有極度占有欲望。正因為有這種權力欲才致使他們想方設法去獲得權力。欲望是支配或左右人行為的中堅力量，而正是由於權力欲的存在，才使得政客們甘願為權力付出自己的青春、智慧和心血。

第四章

人之所以為人者，言也。人而不能言，何以為人？言之所以為言者，信也。言而無信，何以為言？

——《春秋穀梁傳》

後主劉禪都聲稱自己是「政由葛氏，祭則寡人」。

——《三國志・後主傳》注引《魏略》

觀諸葛亮用兵，在戰略上均只見其正，不見其奇，則無可辯護者，至於演義小說謂諸葛用兵神奇莫測者，乃無根之言耳。

——李震

能攻心，則反側自消，從古知兵非好戰；不審勢，即寬嚴皆誤，後來治蜀要深思。

——趙藩

投機取巧

劉備三顧茅廬請出的不僅僅是一個人，也把這個人的戰略思想帶出來。在諸葛亮未出山前就名噪一時的還有他跟劉備講的〈隆中對〉。草堂之中的這番話語，可非同尋常，〈隆中對〉中包含著諸葛亮的戰略思想，往後看，整個《三國演義》中，蜀國從始至終都是按照它裡面所講述的步驟去做，儘管有時沒有全部按照自己的意思去走，但是大體上沒有脫離主線。那麼〈隆中對〉是否真像人們所想像那樣，高深莫測呢？諸葛亮為什麼向劉備拋出〈隆中對〉？〈隆中對〉是否真是一個完整的戰略指導綱領呢？如果是，為什麼蜀國沒有統一華夏，反而是三國之中最先滅亡的。如果不對，那劉備也不是等閒之輩，他怎麼就欣然應允了呢？

劉備三顧茅廬之時，諸葛亮二十七歲，在自己隱居的隆中，諸葛亮對天下形式作出了細緻的分析，摘自〈隆中對〉中諸葛亮的話如下：

「自董卓造逆以來，天下豪傑並起。曹操勢不及袁紹，而竟能克紹者，非惟天時，抑亦人謀也。今操已擁百萬之眾，挾天子以令諸侯，此誠不可與爭鋒。孫權據有江東，已歷三世，國險而民附，此可用為援而不可圖也。荊州北據漢、沔，利盡南海，東連吳會，西通巴、蜀，此用武之地，非其主不能守；是殆天所以資將軍，將軍豈有意乎？益州險塞，沃野千里，天府之國，高祖因之以成帝業；今劉璋闇弱，民殷國富，而不知存恤，智能之士，思得明君。將軍既帝室之胄，信義著於四海，總攬英雄，思賢如渴，若跨有荊、益，保其巖阻，西和諸戎，南撫夷越，外結孫權，內修政理；待天下有變，則命一上將將荊州之兵以向宛、洛，將軍身率益州之眾以出秦川，百姓有不簞食壺漿以迎將軍者乎？誠如是，則大業可成，漢室可興矣。此亮所以為將軍謀者也。惟將軍圖之。」言罷，命童子取出畫一軸，掛於中堂，指謂劉備曰：「此西川五十四州之圖也。將軍欲成霸業，北讓曹操占天時，南讓孫權占地利，將軍可占人和。先取荊州為家，後即取西川建基業，以成鼎足之勢，然後可圖中原也。」

〈隆中對〉在千百年中看來確實是極偉大的戰略構想，不僅將當時中國的整個局勢分析得明白透徹，也把劉備應該採取的步驟設計得有條不紊，但〈隆中對〉的確也存在缺陷。

〈隆中對〉是諸葛亮未出茅廬之時向劉備提出謀取天下、復興漢室的戰略建議。諸葛亮為劉備策劃的戰略目標是恢復漢室，統一天下。具體分兩步驟，第一步是占據荊州、益州，建立根據地；第二步是兵分兩路，進取中原。一條是從漢中出兵關中，指向陳倉（今寶雞）與長安；另一條是從荊州北部出兵中原，指向南陽與洛陽。毛澤東評點說：「其始誤於〈隆中對〉，千里之遙而二分兵力。其終則關羽、劉備、諸葛亮三分兵力，安得不敗。」認為造成蜀漢滅亡的原因就是諸葛亮的〈隆中對〉。

毛澤東作戰的戰略講究集中優勢兵力，「一個拳頭打人」，在敵強我弱情況下，這種辦法是上上策。中國兵法上也強調集中兵力，以兵力集中之勢，戰勝兵力分散之敵。二分使本已弱勢的蜀漢政權兵力沒辦法集中，國勢分散，戰而無功，最終滅亡。諸葛亮這二分兵力的作戰思想，理論上就是不可取的，而在實際操作過程中也出現偏差，一是曹操來得太快，不等劉備吞下荊州就來了；二是孫劉聯合抗曹，荊州成了孫劉聯盟的軟肋，最終導致關羽被殺，劉備託孤白帝的悲慘結局。

諸葛亮在給劉備的戰略圖上輕描淡寫加了一筆，看似不經意，卻對劉備發揮了非同尋常的影響，這一筆寫的是：按照我的想法做，等三分天下，成鼎足之勢時然後尋找機會，就可一統中原。這段話可說是一顆驚雷，劉備要的就是得天下，不為這還不求賢呢！所以最後這句話，最能打動劉備的心。劉備想做劉秀第二，諸葛亮恰恰正好看懂劉備心思，當然不能說諸葛亮包藏禍心，畢竟〈隆中對〉是他精心研究出來的，只不過是把他賣給了最應該得到的買主。

諸葛亮制定這個〈隆中對〉為的就是等一買家高價賣出，他跟劉表有親戚關係為什麼不把它獻給他？他哥哥在東吳謀職，為什麼不送給吳主？偏偏等劉備來了，才拿出來。因為諸葛亮一直在觀察時局，觀察劉備，他必須找一個適合他的主子。

〈隆中對〉的策略也不是多麼高深莫測，其中所走路線也是挪移前代人所走的路子。

我們細心翻看歷史就不難發現，諸葛亮制定的路線與當年劉邦和劉秀奪取天下的戰略有相似之處。首先，他伐魏路線和當年劉邦出川的路線如出一轍，幾乎就是拷貝劉邦的，但三國時期的中原和楚漢爭霸的中原已經完全不同。

楚漢爭霸之前，咸陽（也就是三國時期的長安）長期作為秦國的都城，一直是秦國的政治中心，尤其是秦始皇統一天下後，即使項羽剛剛滅掉秦國時，這種政治中心的轉變不可能馬上就能行得通。加上當時的關中平原土地肥沃，糧草豐富，所以說劉邦出川首當其衝要打下當時的政治、經濟中心。不但如此，劉邦還收降了關中地區守將章邯的二十萬秦軍，這也是日後劉邦爭天下的根本。

反觀三國時期的情形，東漢時一直以洛陽作為都城，而曹操挾天子就以許昌為都城，直到諸葛亮出祁連時已經有近半個世紀了。諸葛亮制定〈隆中對〉時，許昌作為曹操的都城已經一段時間了，加上劉備還要奪荊州、益州、漢中三地，到北伐時中原的政治中心早就轉移到許昌。這樣即使蜀漢出漢中攻下長安，對曹魏不會有致命的影響，等出了漢中的山地後，曹魏的騎兵對蜀漢的步兵有天然的優勢，曹魏強大的國力又是蜀漢不能比擬的，這樣占領長安的後果只是進不能攻，退不能守，蜀軍被釘死在長安，慢慢地消耗殆盡。而放棄長安也不是容易做出決定的，畢竟長安對於蜀漢發展還是有很大的幫助，至少在國土上。

如若集中優勢兵力，全軍壓進步步為營，也許三國歷史就要重寫。關羽以荊州的地方軍就可以圍困襄樊、水淹七軍，使曹操欲遷都鄴城以避其鋒芒。若以蜀漢全國的兵力攻襄樊，曹操能選擇的只有親率大軍在襄樊對峙劉備，至於戰況如何，那還真就不好下定論了。儘管這樣的方針也不是最好的，但是，總比諸葛亮的出兵路線要好一些。當然，諸葛亮北伐時，荊州地盤已經不歸蜀國統治了，只能被迫從漢中出發，但這也不能抵消諸葛亮的戰略漏洞。

接著再看，走光武帝劉秀的路。西漢末年王莽篡權，各地諸侯和農民紛紛起義，劉秀作為劉漢天下後裔（漢高祖九世玄孫），夾雜其中，但他沒有立刻打出他是劉氏貴冑旗幟，而是韜光養晦，養精蓄銳。正當大家筋疲力盡時他再各個擊破，一統天下，恢復大漢。

真正能夠成功的人，並不是必有非凡能力的人，而是能夠靈活運用周圍環境使自己有限的資源發揮無限的力量。做事張狂，容易引起周圍人們的注意，當別人跟你做同樣事情時，他就會處處留意你，處處提防你，處處阻礙你。劉秀做得好，他成功了，劉備學的太像，失敗了。梅蘭芳大師曾經對學他唱戲的人說過：「學我者生，似我者死。」意思是說跟我學戲，學我的唱功，學我的身、眼、手、法、步，要從精髓上下工夫，要有創新，如果你學習的跟我一模一樣了，那你就是失敗了，用梅大師的話說：「你在藝術上就等於是死了。」劉備學劉秀在基礎上是沒有什麼錯，可他學的不夠技巧，他學死了。當天下群雄並起之時，劉、關、張三兄弟的大名早入諸侯心中，不管現在他怎麼掩藏，也擋不住其鋒芒。煮酒論英雄時，曹操就已經看出，天下能稱上英雄的就只有曹操和劉備。

其實，從軍事地理和外交的角度來說，諸葛亮的戰略思想也不能成功。可能我們現在說有點「事後諸葛亮」的味道，不過，諸葛亮制定吞併荊州之舉欠妥，荊州是一個攻伐之地，無險可守，況且離吳魏兩國都很近，荊州又未經過大戰破壞，相對富庶。那樣的話，荊州必定成為另外兩個國家的搶奪目標。畢竟一塊肥肉放在那，誰見了都想嘗兩口。

〈隆中對〉成為蜀國建國的綱領，給正處於迷茫中的劉備以光亮，可它的指導思想，把本已處於弱勢的蜀國無意中分散了勢力。因此，在一開始蜀國就走了一條錯誤路線。〈隆中對〉只不過是諸葛亮投機取巧，針對劉備想尋找立足地的急切心理，打了一個心理戰，用幾句大話蒙蔽了劉備。

欺上媚主

「出師一表真名士，千載誰堪伯仲間」，諸葛亮一篇〈出師表〉感動了千萬人，據聞唐宋兩代，為官者讀〈出師表〉而不落淚，便是不忠！可見〈出師表〉在人們眼中的重要地位。但是，也是這個〈出師表〉暴露了諸葛亮的「醉翁之意」。〈出師表〉中諸葛亮到底隱藏了哪些祕密？

中國漢字一詞多義，一義多詞，極富魅力，同一個意思用不同的詞則能引出不同的意義，不然也不會引出文字獄這樣的冤假錯案了，當然它也能帶來難言啟齒的好處。

清朝的曾國藩曾多次率領湘軍同太平軍打仗，可總是打一仗敗一仗，特別是在鄱陽湖口一役中，連自己的老命也險些送掉。他不得不上疏皇上表示自責之意，在上疏書裡，其中有一句是「臣屢戰屢敗，請求處罰」。他手下有個幕僚正好看見，於是建議他把「屢戰屢敗」改為「屢敗屢戰」。這一改果然成效顯著，皇上不僅沒有責備他屢打敗仗，反而還表揚了他。「屢戰屢敗」強調的是每次戰鬥都失敗，成了常敗將軍，有指揮不利，失職之罪；而「屢敗屢戰」卻強調自己對皇上的忠心和作戰的勇氣，雖敗猶榮。

曾國藩運用文字遊戲為自己贏得利益，而早在他千年之前的諸葛亮也製造了一次文字騙局。

諸葛亮寫過兩篇〈出師表〉，習慣分為〈前出師表〉和〈後出師表〉，中學課本裡曾收錄過〈前出師表〉，是一篇語言比較優美的文言文。也是兩篇〈出師表〉中比較有名的一篇。

建興五年，諸葛亮欲出祁山，北伐中原，臨行前給後主劉禪遞上〈前出師表〉，這是一篇表決書，也可說是一個軍令狀。文章之中陳述自己此去之決心，大談自己走後劉禪需要做的事情，言辭懇切，感情真摯，讓人讀了眼圈發紅。

在〈出師表〉中諸葛亮立下豪言壯語：「願陛下託臣以討賊興復之效，不效則治臣之罪，以告先帝之靈。」這是臣下給君主的奏章，要對裡面所說的事情負責。但是此次出兵並沒有達到他所說的結果，他班師回朝後，並沒有受到什麼懲罰。《三國演義》中說諸葛亮「請自貶三等，以督厥咎……。後主從之，乃詔貶孔明為右將軍，行丞相事，照舊總督軍馬……。」

前後一看，諸葛亮寫的這篇文章，唬弄了劉禪，是諸葛亮給劉禪灌的迷魂湯。

文章開篇就蓋個大帽子，講述先帝英年早逝，留下這個家業，不過也面臨著危險了，朝中臣子仍然堅持不懈地輔佐你，是因為他們在報答先帝劉備的知遇之恩。現在你要做的是恢復信心，廣開言路，內外平等，重用臣子。首先就把危險指數調高，陳述事情的恐怖性，為他下一步工作做鋪墊。

諸葛亮寫這個〈出師表〉的真實情況，可不是他在文章說的那麼好聽。細看他字裡行間流露出的是他對政權的分配想法。諸葛亮出師走後，要劉禪處理內政是聽從郭攸之、費禕、董允等人；處理軍政時多聽從向寵。這些人都是先帝在世的時候特意培養留給你的，先帝也曾經說過這些人有能力，陛下可以放心用人。

諸葛亮大權獨攬、權傾朝野，明顯時常對後主劉禪指手畫腳，甚至還表露出一副咄咄逼人的威脅態度來逼迫劉禪，同時在他心裡還有著許多憂慮。

在〈出師表〉中，諸葛亮先說了當前是危急存亡之秋，形勢嚴峻，而後話鋒一轉道：「誠宜開張聖聽，以光先帝遺德，恢弘志士之氣，不宜妄自菲薄，引喻失義，以塞忠諫之路也。宮中府中俱為一體，陟罰臧否，不宜異同。若有作姦犯科及為忠善者，宜付有司論其刑賞，以昭陛下平明之理，不宜偏私，使內外異法也。」

這其中的「宮中府中俱為一體，陟罰臧否，不宜異同」一說，就把劉禪的「宮中」和他開府的「府中」歸成了「俱為一體」，將皇帝的宮中等同於他的丞相府。然後說「若有作姦犯科及為忠善者，宜付有司論其刑賞，以昭陛下平明之理，不宜偏私，使內外異法也」，這就進一步明確要求劉禪把宮中的事體也要交給他「開府」後的幕府來管，不用宮中的管理機構來處理了。而如若劉禪不答應的話，那就是「內外異法」了，那麼「陛下」你就有不「開張聖聽」，不「光先帝遺德，恢弘志士之氣」，而是「妄自菲薄，引喻失義，以塞忠諫之路」，並且有「偏私」和不「平明」的嫌疑。

諸葛亮羅列了許多不按照他說的去做將會產生的罪狀之後，劉禪是不敢不應。諸葛亮嚇唬了劉禪一通之後，接著又敘述自己出征的目的：「討賊興復」。諸葛亮一直打著這個旗幟，要脅劉禪，說這是先帝遺命，〈出師表〉中出現先帝一詞就不下八處，在新主面前說老主，目的是為了使劉禪不要忘了，劉備死時說要視丞相如父。諸葛亮也真心實，偏偏真就以相父自居。

諸葛亮覺得這樣還不夠，又舉薦了將軍向寵「為督」，掌管京師的禁衛軍，此前禁衛軍頭領是劉備的心腹趙雲，劉備以趙雲「嚴重，必能整齊，特任掌內事」，在進成都後升為翊軍將軍，翊衛也，依然是劉備的頭號保鏢統領。而此刻諸葛亮將其帶走出征，換成了自己保薦的向寵。

現在給劉禪身邊全部安排上自己的人，讓外人無可乘之機，最後還不忘了，重重加了一筆：「愚以為宮中之事，事無大小，悉以咨之，然後施行，必能裨補闕漏，有所廣益。」又說：「愚以為營中之事，悉以咨之，必能使行陣和睦，優劣得所。」

實際上並不是那麼回事，諸葛亮給劉禪這些名單中，上面所說的人都是諸葛亮介紹的，換句話說都是諸葛亮的人。諸葛亮為什麼要這樣做呢？他是在打預防針，怕他出征期間裡發生變故，第一次北伐時，他最大的政敵李嚴還沒有被貶，如果他在前方作戰，後方被李嚴乘機奪了權，那就得不償失了。

最明顯的還有一句話：「親賢臣，遠小人，此先漢所以興隆也；親小人，遠賢臣，此後漢所以傾頹也。」明擺著告訴劉禪，我說的這些人都是賢臣，你要多親近他們。朝中還有些小人，你要疏遠他們。這些小人是誰啊？顯然是我沒提到的那些人了。你劉禪要是按照我說的去做，「則漢室之隆，可計日而待也」。要是不按照我說的去做，那你可要走後漢傾頹老路了。這跟諸葛亮在〈隆中對〉最後一句話的作用一樣，〈隆中對〉中諸葛亮就已經唬弄過劉備了，按照我的步驟走則天下可圖；而這次又來唬弄劉禪，按照我的步驟走可以興隆，同樣的計謀都用在了劉備父子身上。

諸葛亮〈後出師表〉中說的更是文理不同，信誓旦旦地說蜀漢現在必須要「以攻為守」，「先帝慮漢、賊不兩立，王業不偏安，故託臣以討賊也。以先帝之明，量臣之才，故知臣伐賊，才弱敵強也。然不伐賊，王業亦亡。惟坐而待亡，孰與伐之？是故託臣而弗疑也。」明顯看出諸葛亮把出兵當成是一次買彩卷，反正也沒錢，中獎更好，中不上也是怪運氣不好，總之都是沒錢。

最後一段更有一句吐血的話：「臣鞠躬盡力，死而後已；至於成敗利鈍，非臣之明所能逆睹也。」攻打魏國這麼大的事情，讓他說成兒戲一般：我盡我最大力量，至於成與不成那就不是我說的算了。諸葛亮成了一個賭徒，而且還是個不稱職的賭徒，作為丞相竟然對出兵沒有把握而貿然行動，誰能說他是個忠臣賢相呢？

唐代杜甫詩曰：「伯仲之間見伊呂，指揮若定失蕭曹。」一下子就將諸葛亮推到至高無上的地位。商初名相伊尹輔佐成湯、太甲兩代，周初名相呂望輔佐文王、武王兩代，勛勞卓著，孔子對此二人極度推崇，而杜甫的詩說諸葛亮才能功績與他們兩人只在「伯仲之間」，不相上下。而漢初名相蕭何、曹參更是不堪與匹。即使到了近代，仍是譽聲不斷。郭沫若〈蜀道奇〉：「鞠躬盡瘁兮，諸葛武侯誠哉武；公忠體國兮，出師兩表留楷模。」諸葛亮已經牢牢把握住了人們的心理，用一表象蒙蔽了千百年來人們的眼。他留給後人的只有他認為形象光輝的一面，其他方面卻很少，這其中也許是跟他「國不置史」的原因有關係吧！

萬人景仰的〈出師表〉只不過是諸葛亮給上級灌的迷魂湯而已。

陽奉陰違

蜀漢是三國時期最先滅亡的國家，自劉備死後，它就開始走下坡，到諸葛亮死後，蜀國在下坡路上已是急速下滑。有人認為是幼主劉禪昏庸無能造成的，諸葛亮「鞠躬盡力，死而後已」也不能輔佐他強大。甚至有人罵他是「扶不起的阿斗」，事實真是人們想像的那樣嗎？後主劉禪聲稱自己是「政由葛氏，祭則寡人」（《三國志．後主傳》注引《魏略》），真相是這樣的嗎？是劉禪真的扶不起來，還是諸葛亮根本就不想扶起來呢？是「扶不起」還是「不願扶」？

世人說起懦弱、無能，往往用「扶不起的阿斗」來形容；論起無志、墮落，常常有「樂不思蜀」來概括。好像除了在長阪坡做了一回英雄人物趙子龍的「道具」以外，這位蜀漢後主實在沒有跟什麼壯舉連在一起過。

劉禪真像人們所想像的那樣嗎？劉備還有兩個兒子，魯王劉永、梁王劉理，如果劉禪是這麼一個昏庸無能之人，劉備為什麼還傳位給他呢？劉備既然傳位給他，說明他還不至於那麼無能，其實劉禪並不是人們眼中的「阿斗」。

劉備生前，諸葛亮曾感歎劉禪「非常聰明，超過人們的期望」，劉備也謙虛地說「審能如此，吾復何憂！」

諸葛亮在〈與杜微書〉中評價劉禪說：「朝廷年方十八，天資仁敏，愛德下士。」《晉書．李密傳》載，李密認為劉禪作為國君，可與春秋首霸齊桓公相比，齊桓公得管仲而成霸業，劉禪得諸葛亮而與強魏抗衡。

對於劉禪不戰而降，王隱在《蜀記》中講：劉禪之所以寧背罵名而不作辯解，乃因「全國為上之策」。

劉備死後，劉禪執掌蜀漢政權存活了四十多年，不管怎麼著也不能說他一無是處。劉禪並不懦弱，反而還很聰明，如果配備一個得力之人輔佐，假以時日定能做個好皇帝，雖然不能保證蜀國是不是最先滅亡，但是幾乎可以肯定它不會滅亡那麼快。

劉備死時曾託孤諸葛亮說：「君才十倍曹丕，必能安國，終定大事。若嗣子可輔，輔之；如其不才，君可自取。」諸葛亮聽畢，汗流遍體，手足失措，泣拜於地曰：「臣敢竭股肱之力，效忠貞之節，繼之以死！」言訖，叩頭流血。先主又請諸葛亮坐於榻上，喚魯王劉永、梁王劉理近前，吩咐曰：「爾等皆記朕言：朕亡之後，爾兄弟三人，皆以父事丞相，不可怠慢。」

諸葛亮在劉備死後擁立劉禪繼位，《三國志．諸葛亮傳》記載：「建興元年，封亮武鄉侯，開府治事。頃之，又領益州牧。政事無巨細，咸決於亮。」諸葛亮手握大權。劉備臨終前特意叮囑：「汝與丞相從事，事之如父。」而事實上，對於事無巨細，大權獨攬的諸葛亮，劉禪基本上也做到了凡事都要諮詢諸葛亮，而諸葛亮所做的則未必是他所說的那樣：「臣雖肝腦塗地，安能報知遇之恩也！」

劉禪剛剛繼位，魏國借蜀國易主社會不穩之機，發動五路兵馬攻打蜀國。形勢危急，蜀國朝中大臣焦慮恐慌，可是身為託孤大臣的諸葛亮卻稱病不上朝。

建興元年秋八月，忽有邊報說：「魏調五路大兵，來取西川；第一路，曹真為大都督，起兵十萬，取陽平關；第二路，乃反將孟達，起上庸兵十萬，犯漢中；第三路，乃東吳孫權，起精兵十萬，取峽口入川；第四路，乃蠻王孟獲，起蠻兵十萬，犯益州四郡；第五路，乃番王軻比能，起羌兵十萬，犯西平關。此五路軍馬，甚是厲害。」已先報知丞相，丞相不知為何，數日不出視事。後主聽罷大驚，即差近侍齎旨，宣召諸葛亮入朝。使命去了半日，回報：「丞相府下人言，丞相染病不出。」後主轉慌。次日，又命黃門侍郎董允、諫議大夫杜瓊，去丞相臥榻前，告此大事。董、杜二人到丞相府前，皆不得入。

諸葛亮位高權重，關鍵時刻就要耍一下「大牌」脾氣，還是杜瓊說得對：「先帝託孤於丞相，今主上初登寶位，被曹丕五路兵犯境，軍情至急，丞相何故推病不出？」諸葛亮為什麼不出來？他是在將劉禪的軍。

劉禪剛即位不久就發生如此大的軍事行動，他再聰明也得發慌啊！早在劉備活著的時候，蜀國內外大事都有諸葛亮把持，現在劉禪即位，他要借此機會看看劉禪將要如何對他。面對此次戰事劉禪現在確實還沒有能力來對付，沒辦法只好「親往丞相府問計」。

自諸葛亮「開府」以來，「政事無巨細，咸決於亮」。按照常理，諸葛亮應該慢慢把權力歸還劉禪，可他不但沒有放權，而且還在劉禪身邊安插上自己的嫡系人員，明著說是輔佐，暗地卻是監視跟蹤，劉禪沒有半點鍛鍊機會。這種情況時間一長，漸漸形成一種習慣，國家大事要先稟報給諸葛亮，然後才告訴劉禪，等到劉禪這裡，諸葛亮對此事早已做出決斷，劉禪也只能聽之任之，這簡直是在培養惰性。

這就好比把一隻青蛙放在一個容器內，上面蓋上一個透明玻璃蓋，每次青蛙往上跳時都會被玻璃蓋頂回去，開始的時候青蛙是不遺餘力地跳，可牠怎麼也跳不出來，每次都被頂回去，到後來牠就失去信心，老老實實地待在裡面，不再往外跳了，等你把蓋子拿走，牠還是不能跳出去，因為在牠腦子裡已經形成了定式，始終認為牠是跳不出去的。劉禪現在開始有點像那隻青蛙了，他上面始終有諸葛亮在操持一切，無論他如何掙扎，也不能擺脫束縛，漸漸就形成習慣，一切事務全由丞相裁決吧！

從〈前出師表〉中可以看出諸葛亮對劉禪的處理態度，他讓劉禪在對待「宮中之事」和「營中之事」時，「事無大小」都要向郭攸之、費禕、董允、向寵等人，「悉以咨之，然後施行」，實際上就是讓劉禪什麼事情也別幹，什麼主意也別拿。當然這從一時看，確實收到了很大的效果，但是從長遠角度來看，諸葛亮這樣的做法欠妥。試想：如果一切要依靠群臣，自己毫無主見，這樣一個人怎能當個好皇帝？而且諸葛亮死後，蔣琬、費禕又繼續執行諸葛亮的做法，大約要到費禕晚期，劉禪才開始處理朝政。

劉備死時，劉禪已經有十七歲了，到諸葛亮第一次出師北伐時，劉禪已有二十一歲了。費禕死於西元二五三年，也就是說從劉備死時的西元二二三年到西元二五三年這近三十年的時間裡，劉禪做了個「無權皇帝」。同樣的，孫權在接掌東吳時，也是二十歲，他在當時艱難的環境下成長為一名卓越而老練的政治家、外交謀略家，是非常不容易的。孫權是經由自己的實踐，才會有如此巨大的成績。而反觀劉禪，本身資質就不如孫權，再不給他多加實踐的機會，他又怎能成為一個有為之主呢？

拿諸葛亮北伐來說吧，諸葛亮一心想要北伐，表面上是為了恢復漢室，實質是為了集權。他上書說要北伐，劉禪就規勸他說：「相父南征，遠涉艱難；方始回都，坐未安席；今又欲北征，恐勞神思。」身為一個君主有勸臣子的嗎？劉禪如此說，只不過是委婉地拒絕諸葛亮北伐的請求。但是諸葛亮視規勸於不顧，毅然發動北伐，導致蜀國消耗大量財力物力，國庫空虛，人才凋敝，諸葛亮也殞身五丈原，給劉禪留下一個千瘡百孔的爛攤子。

不是劉禪「扶不起」來，是看要如何扶。諸葛亮大權獨攬，獨斷專行，把劉禪放在一個傀儡地位，看都不看，何談輔佐了。

績效泡沫

在《三國演義》之中，最具傳奇色彩的情節，大概就是諸葛亮「七擒孟獲」的故事了。但是清代文人趙藩卻不這樣認為，他在武侯祠中曾寫過一副對聯：「能攻心，則反側自消，從古知兵非好戰；不審勢，即寬嚴皆誤，後來治蜀要深思。」諸葛亮為什麼七擒七縱孟獲？是簡單的心理戰術，還是另有其他原因？

建興三年，益州飛報，蠻王孟獲，大起蠻兵十萬，犯境侵掠。建寧太守雍闓，乃漢朝什方侯雍齒之後，今結連孟獲造反。牂柯（在今貴州遵義一帶）太守朱褒、越（今四川西昌縣東南）部族酋長高定，二人獻了城，只有永昌太守王伉不肯反。現今雍闓、朱褒、高定三人部下人馬，皆與孟獲為嚮導官，攻打永昌郡。今王伉與功曹呂凱，會集百姓，死守此城，其勢甚急。

《三國演義》寫道：「劉備死後，蠻王孟獲聯結南方各郡的大姓起兵造反，他們攻城掠地，蜀漢的邊境地區擾攘不寧，人心大亂。為了鞏固蜀漢大後方，以便全力與曹魏抗衡，諸葛亮親率川軍五十萬南征。他堅持「攻心為上」的策略，對孟獲屢擒屢縱，共達七次之多。經過艱苦卓絕的努力，諸葛亮終於征服了孟獲。這個桀驁難馴的蠻王率領妻子兄弟和死黨，心悅誠服地拜倒在諸葛亮面前，指天發誓：「丞相天威，南人不復反也！」

諸葛亮出征之前曾問過馬謖有關戰爭的問題。諸葛亮問曰：「吾奉天子詔，削平蠻方；久聞幼常高見，望乞賜教。」馬謖曰：「愚有片言，望丞相察之。南蠻恃其地遠山險，不服久矣，雖今日破之，明日復叛。丞相大軍到彼，必然平服，但班師之日，必用北伐曹丕，蠻兵若知內虛，其反必速。夫用兵之道：『攻心為上，攻城為下；心戰為上，兵戰為下。』願丞相但服其心足矣。」諸葛亮歎曰：「幼常足知吾肺腑也！」於是諸葛亮遂令馬謖為參軍，即統大兵前進。

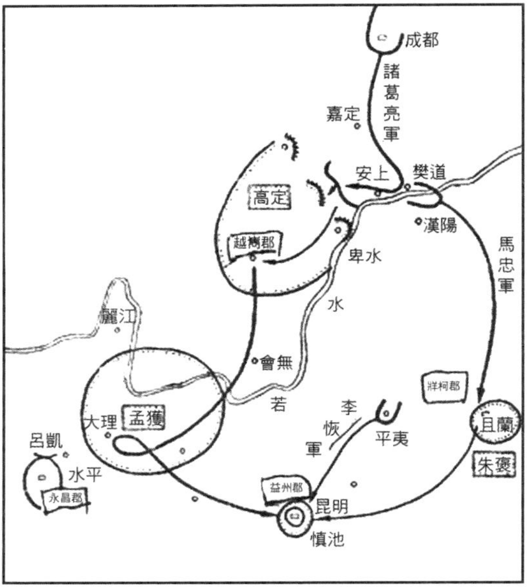

諸葛亮南征路線圖

本來「攻心為上，攻城為下」確是用兵上乘之舉，然而也要分情況而定，諸葛亮七擒七縱似乎是在畫蛇添足。正如清代人所編的《通鑑輯覽》所說，「七擒孟獲」的故事雖然為後世津津樂道，而實際上卻是「無識已甚」。諸葛亮南征固然要使「南蠻」心服，但屢擒屢縱卻如同兒戲。古人說，「一之為甚，其可再乎」，如今要說成「一再為甚，又可七乎」了。

明武宗朱厚照在位期間，寧王朱宸濠起兵造反，於是他決定御駕親征，命令威武大將軍朱壽，也就是他自己，南征討逆。其實叛軍勢弱，根本用不著皇帝親征，當大軍到達涿州時，大將王守仁已經活捉了朱宸濠報捷，告訴皇帝不用親征。這下朱厚照可不高興了，其爪牙要逼迫王守仁放了朱宸濠，等待皇帝擒拿，王守仁深知放虎歸山的危險，於是他為了滿足朱厚照的面子，便重新報捷，表示是「奉威武大將軍方略討平叛亂」，把皇帝的心腹們都列入報捷，朱厚照才滿意。

諸葛亮和朱厚照有一樣的嗜好，孟獲造反本一平常，此刻蜀漢經過猇亭之戰已經更加羸弱，諸葛亮應該專心恢復生產，增強國家實力，可他卻親自帶大軍，去平息孟獲區區十萬犯境人馬，這簡直是對蜀國資源的嚴重浪費。

諫議大夫王連曾勸阻諸葛亮曰：「南方不毛之地，瘴疫之鄉；丞相秉鈞衡之重任，而自遠征，非所宜也。且雍闓等乃疥癬之疾，丞相只須遣一大將討之，必然成功。」諸葛亮則曰：「南蠻之地，離國甚遠，人多不習王化，收伏甚難，吾當親往征之。可剛可柔，別有斟酌，非可容易託人。」

諸葛亮目空一切，大權獨攬，認為別人離開他就不能打勝仗了，必須自己親自征討。權力欲使他不惜勞民傷財，如果說朱厚照是為了顯示自己威嚴的話，那麼諸葛亮南征則是在樹立政績形象。他這一出師帶動整個蜀軍部署，「趙雲、魏延為大將，總督軍馬；王平、張翼為副將；並川將數十員：共起川兵五十萬，前望益州進發。」可以說是傾巢而出。

戰事還是比較順利，只一戰孟獲就被擒，諸葛亮為了「攻心」，把他又給放了，此後接二連三的抓了放、放了再抓，玩開了貓捉老鼠的遊戲。其實早在一擒孟獲時就可以殺他，孟獲手下元帥董荼那也曾被諸葛亮抓後放過，董荼那回去後就不再為孟獲賣命。而且當地的一些蠻主對他說：「我們所居蠻方，並不敢侵犯中國，中國也沒有侵犯我們，現在因為孟獲勢力相逼，迫不得已而造反。諸葛亮神機妙算，曹操、孫權都不能打敗他，更何況我們呢？如今不如殺了孟獲，投靠諸葛亮，即報答了他不殺之恩，又能使洞中百姓不受戰爭之苦。」

後來董荼那抓了孟獲獻給諸葛亮，這說明孟獲在蠻人心中形象已經一落千丈，此時殺他，叛亂也會平息。可惜諸葛亮再次放人，不僅使董荼那慘遭殺害，還使蠻人百姓繼續飽受戰火之苦。假如說董荼那這次行動還不能看出什麼的話，那麼，後來還有一個少數民族首領楊鋒率領兩個兒子再次抓獲孟獲，獻給諸葛亮。到此時應該看出，孟獲是不得人心的，乾淨俐落地殺了他，這場戰爭到此結束，可是諸葛亮還是放了他。有了一放孟獲、二放孟獲，接著是三、四、五、直到第七次釋放，拉長了戰爭時間，耗費大量人力物力。

每放一次孟獲，戰爭就變得更加難打，越到最後戰爭越殘酷，死亡就越慘重。到最後一次火燒藤甲兵時，烏戈國三萬藤甲兵無一生還，連諸葛亮自己都看不下去了：「吾雖有功於社稷，必損壽矣！」

諸葛亮一心想用「心戰」收服孟獲，結果孟獲確實是被收服了，但是，這不是用「心戰」取勝，而是實打實的力戰。諸葛亮最後把孟獲打得無兵可調、無將可派的地步，他的兵死的死，傷的傷，他的將領亡的亡，降的降，孟獲就是最後服輸也沒什麼價值了。

南夷地處偏遠，不服管教已經很久了，諸葛亮這次「心戰」也沒有發揮什麼作用。《三國志》中記載：「初。越郡自丞相亮討高定之後，叟夷數反，殺太守龔祿、焦璜，是後太守不敢之郡，只住安定縣，去郡八百餘里，其郡徒有名而已。」可見諸葛亮七擒孟獲的「心戰」工程落空，只

勞民傷財

民間有句俗語：「打人別打臉，罵人別罵短」，「人有臉樹有皮」。其中的「臉」指的就是面子。為了一個虛無的面子，人們往往可以「打腫臉充胖子」。臺灣軍事史家李震所說：「觀諸葛亮用兵，在戰略上均只見其正，不見其奇，則無可辯護者，至於演義小說謂諸葛用兵神奇莫測者，乃無根之言耳。」諸葛亮曾經為了恢復漢室天下，不顧自己實力虛弱，毅然決然地發動北伐，那麼結果如何呢？他最終在北伐中想得到什麼？北伐最後又給他和蜀漢帶來了什麼？

中國人有一大特點，就是「面子問題」，有「寧傷生命不傷面子」之說，有「千金買一個面子」之論。朋友來了，不去高檔的餐廳，覺得在朋友面前沒面子；餐桌上不花個千八百的，感覺丟了面子；外面工作幾年不買車，感覺沒面子，買車還得買名車大排量的，不然還是丟面子。個人有個人的面子，集體要有集體的面子，總之，好像人人從一出生都跟面子較勁。

所謂「面子」，有這樣的定義：面子是指在他人在場的情況下，一個人的自我形象，它包括有關尊敬、榮譽、地位、聯繫、忠誠和其他類似的有價值感受。也就是說，面子是一種文化感受，擁有了它，這個人就可以在自己所處的社會文化範圍內獲得良好的自我感受。不同的人會獲得不同的面子，即不同的成功感受。對一個人來講，面子可能就是指他是一位好父親；對另外一個人來說，面子意味著對商場商品的購買力。當然因在某一專業的成功，而可能獲得的許多東西，也是面子的一種表現形式。

面子在一個利益集團內部具有很大的作用，古人講「禮不下庶人，刑不上大夫」是維護面子而制訂行動準則的一種體現。對庶人不用講「禮」的權力，使大夫階層在庶人面前「很有面子」，庶人承認大夫階級的權威，在交流過程中會學習去使用禮儀，而盡量去避免刑罰；同理，刑罰也發揮了相同的效用。這種「面子」成為一種身分，是向人炫耀的資本，而往往為了維護這種特權，損失的東西會比得到的要多很多倍。

孫悟空為博個「齊天大聖」的美名，大鬧天宮，結果被如來佛祖壓在了五指山，吃了五百年「死要面子活受罪」的苦。璉二嫂子王熙鳳的虛榮心更是到了極點，協理寧國府，弄權鐵檻寺，把面子上的光彩賺得是前庭飽滿，大腹便便，最終聰明反被聰明誤，枉送了卿卿性命。

面子只是一個表象，之所以歷久不衰，是人的虛榮心根深蒂固。時下，這種群策群力上的虛榮心理也是你方唱罷我登場，今天說上海要蓋一幢世界第一高樓，明天說廣州要蓋一幢世界第一高樓，反正閉著眼睛吹，又沒人來收他的稅！真要蓋起來了，不是端午拖到中秋，就是中秋拖到重陽，工期拉得比大樓還長。等到真正建成了也是三年一小修，五年一大修。至於建成的東西具體有什麼用，誰也不去管，反正是完成了，有功績了，有地位了，也有面子了。

諸葛亮也是一個盡要面子的人，可他為博得一虛名也是熬到油盡燈枯。

諸葛亮晚年主要都在做一件事——不停地北伐，前後一共有六次。諸葛亮發動北伐，固然有他戰略上的需要，但是面對蜀漢政權更替，朝中大臣爭權奪勢，他並沒有在北伐中給自己贏得籌碼，反而在一定程度上還加深了他假公濟私的嫌疑，消耗了蜀漢大量的人力和財力。

提起鄭和下西洋，多少人都為他的壯舉興歎，鄭和七次下西洋，足跡遍布東南亞、阿拉伯半島、紅海一直到最遠到達非洲東海岸，增進了亞非廣大地區之間的友誼，發展了友好經貿合作關係。然而，這壯舉的背後對明朝來說意味著什麼呢？

明成祖朱棣之所以讓鄭和下西洋，是為了獲得「四夷賓服，萬國來朝」的心理滿足感。在鄭和下西洋的整個過程中，朱棣強征暴斂，抓民夫、增賦稅。鄭和七下西洋後，長江三角洲的官營手工業戶逃亡四分之三，使得許多精妙的造船技術就此失傳。永樂年間，用於打仗、下西洋、建宮殿等開銷是明朝每年財政收入的兩到三倍，明王朝的國力從此一蹶不振。

諸葛亮六伐中原，這種瘋狂的軍事行動雖然強烈表明諸葛亮統一天下的決心，也符合他先發制人的戰略，但卻給蜀漢帶來難以估量的損失。

諸葛亮前後六次北伐都沒有達到目的，在這六次北伐中，導致失敗的情況都有一個共同的原因——糧食供給不上。

自古蜀地就是一個物產豐富之地，有「天府之國」美稱，但是，當時它也有一個最大的弊端：蜀道之難，難於上青天。道路不好走，用現在人們的話說就是「要想富修寬路」，有好東西運不出去，像當年大漢開國皇帝劉邦走漢中之時，因為沒有路才修棧道，不過後來也是這個棧道幫助他重出江湖。軍事家稱大軍未動，糧草先行。諸葛亮再用兵如神，他的軍隊也得吃飯不是，從內往外運物資那可是一個勞民的事，單是從漢中到天水就有四百里的羊腸小徑。

諸葛亮是在後方沒有能力提供充足後勤的保障情況下，貿然決定北伐。這樣，即使他戰場上能夠獲勝，由於所處的戰場乃是相對較為荒涼的隴西、隴右地帶，無法從敵人或占領區中及時得到補給，這便從根本上妨礙他繼續前進。結果，正用得上他自己當年形容曹操的一句話：「強弩之末，勢不能穿魯縞者也。」

再則，蜀漢的綜合國力本來就無法與魏國相提並論，諸葛亮竟然「無歲不征」，客觀上有點窮兵黷武的意味，反使蜀漢的國力進一步削弱。

曹操在北方實行「屯田制」，有效地恢復了北方的農業生產，也為其爭霸天下的圖謀奠定了堅實的物資基礎。統一北方前，經過幾十年的戰亂，昔日富庶的中原已經是一片狼藉，「白骨露於野，千里無雞鳴」是當時北方情況的具體寫照。曹操採取了一系列恢復經濟的措施，特別是大規模地屯田，招收大量流亡的農民，使北方經濟迅速恢復發展起來，形成了「雞犬之聲，阡陌相屬」的局面。而且從國土面積上來講，魏國的土地面積約占全國的三分之二，蜀國和魏國的戰爭等於是以區區一隅抵抗全國的戰爭。北伐對蜀國來說是傾盡了全力，但對魏國來說只是局部戰爭而已，雖然一度極其被動，經濟上也受到了沉重打擊，但憑藉強大的綜合實力，還沒有淪落到傷筋動骨的地步。

吳國所處江南地區由於在東漢末年未受到中原戰火的波及，加上東吳長期對魏國採取以守為主的方針，孫權利用北方的勞動力和技術，使江南地區生產有了較大的發展。吳亡時，倉庫尚存米穀二百八十萬石，吳國的經濟明顯地超過了蜀國。

偏居西南一隅的蜀國版圖最小，主要地區僅巴蜀漢中等地，直到蜀亡時，只有戶二十八萬，人口九十四萬，軍隊約十萬，可見國力之弱。

諸葛亮自然也會想發展經濟，他在蜀國也實行了「休士勸農」，「分兵屯田」的政策。但其規模與曹操屯田遠不能相比，史載諸葛亮曾招募五千人到漢中進行屯田，又派呂乂「為漢中太守，兼領督農，供繼軍糧」。

諸葛亮也承認，他是在「益州疲弊」的情況下率師北伐的。而當時魏國，有人口四百四十萬，軍隊約六十萬，力量對比差距明顯。蜀國地方，易守難攻，若能真正聯合吳國，協調一致地對付強魏，則蜀國偏安西南還是有可能的。而四川地區優越的經濟環境也可以為蜀國穩固防守提供條件，如果沃野千里的天府之國，其資源能夠真正被開發，蜀國的經濟實力必將大增，逐鹿中原的機會自然大了不少。

諸葛亮的北伐政策，當時身處社會下層的許多百姓是相當反感的，從根本上百姓們總是厭戰和期望和平的。連年北伐，耗盡了蜀漢的國力。諸葛亮親自點定的繼任者蔣琬和費禕兩人，對北伐就壓根不感興趣，並且還都一致地長期壓制要求北伐的姜維，尤其是他的第一任繼任者蔣琬，十數年內一次也沒真正發動過北伐。

《孫子兵法》：「善用兵者，役不再籍，糧不三載，取用於國，因糧於敵，故軍食可足也。」善於用兵的將軍，動員一次軍隊去戰鬥，向前線部隊運送糧食供應軍隊不超過三次，就結束戰爭了，以免國內勞民傷財，動搖國力。

蜀國和魏國的國力相差多少呢?當時，魏國占據著整個北方，約有十一個州，蜀國只有一個州。魏國的華北平原、黃淮平原和關中平原幅員廣大，物產十分豐富。相比之下，蜀國只有成都平原這一個較大的農耕區，其物產遠遠不能和魏國相比。魏國有四百五十萬人口，約三四十萬軍隊；蜀國剛剛一百萬人口，最多也只有十四萬軍隊。在政治方面，諸葛亮雖然勵精圖治，把國家治理得有聲有色，但魏文帝曹丕也非等閒之輩，他手下還有一批能幹的政治家，如司馬懿等，也有一批久經戰火考驗的著名戰將，如張頜等人。而蜀國在兵敗夷陵之後，猛將盡失。

經過北伐讓蜀國耗盡了財力，影響了蜀國的經濟發展，使其相對弱小的軍事、經濟實力更加弱小。由於蜀漢經濟基礎薄弱，經不起連年戰爭，浩大的軍事開支，同時蜀漢國民對長期戰爭也極為厭惡，千方百計逃避兵役。

有資料表明，由於諸葛亮連年出兵北伐，兵員不足，於是調各郡兵補充北伐部隊，然而各郡大約是以各種藉口為由而拒不發兵，形成了「多不相救」的局面。諸葛亮死後，軍隊中大量的士兵和職業兵戶更是紛紛逃亡，作為地方長官的呂乂，數年中僅在一個蜀郡就查出了萬餘名逃避兵役者。

「言兵不若曹操之多，言地不及曹操之廣」（蘇東坡語），戰役開打，連後勤補給都跟不上，在這種條件下，直接發動戰爭無異於飛蛾撲火。他作為一國之丞相，非但不著力於再次恢復國力，反而年年不斷地北伐，搞得連糧草供應都難。蜀漢畢竟沒什麼資本，所以諸葛亮的六出祁山儘管「常使英雄淚滿襟」，老實說，實在稱不上什麼壯舉，充其量不過是一個操之過急的將領窮兵黷武幹的蠢事罷了。

北伐雖然是諸葛亮主動發起的，但街亭之敗卻猶如啟動了一輛連他自己也無法使其停止的戰車，使得他不論是否願意，都必須跟著，而不是駕馭著北伐這輛戰車向前衝下去，將他此後的政治生涯和北伐緊緊地捆在了一起。連年出兵北伐，蜀漢已經出現了「經其野，民皆菜色」的景象，可見連年北伐對蜀漢經濟造成的傷害之大。正如臺灣軍事史家李震所說：「觀諸葛亮用兵，在戰略上均只見其正，不見其奇，則無可辯護者，至於演義小說謂諸葛用兵神奇莫測者，乃無根之言耳。」

儘管蜀漢在北伐中也取得了一些局部的勝利，但雙方力量的懸殊也注定了北伐最後失敗的命運。在一次次的北伐用兵中，蜀漢逐漸耗盡了財力和物力，從而加速了它的衰亡。

第五章

兵者：詭道也。故能而示之不能，用而示之不用，近而示之遠，遠而示之近。利而誘之，亂而取之，實而備之，強而避之，怒而撓之，卑而驕之，佚而勞之，親而離之。攻其無備，出其不意，此兵家之勝，不可先傳也。

——《孫子兵法》

世稱諸葛公，用眾有法度。區區落褒斜，軍旅無闊步。中原竟不到，置陣猶無所。

——蘇轍

亮志大而不見機，多謀而少決，好兵而無權，雖提卒十萬，已墮吾畫中，破之必矣。

——司馬懿

諸葛亮治蜀是建築在嚴刑峻法的基礎之上的，而不是建築在與民休息、發展生產、繁榮經濟，使人民安居樂業基礎之上的。

——中國歷史學家周一良《論諸葛亮》

諸葛亮之為相國也，撫百姓，示儀軌，約官職，從權制，開誠心，布公道；盡忠益時者雖讎必賞，犯法怠慢者雖親必罰，服罪輸情者雖重必釋，游辭巧飾者雖輕必戮；善無微而不賞，惡無纖而不貶；庶事精練，物理其本，循名責實，虛偽不齒；終於邦域之內，咸畏而愛之，刑政雖峻而無怨者，以其用心平而勸戒明也。可謂識治之良才，管、蕭之亞匹矣。然連年動眾，未能成功，蓋應變將略，非其所長歟！

陳壽《三國志》

賠本買賣

俗話講「雁過留聲，人過留名」一種榮譽吸引眾多追捧者，一種利益牽動無數人的心，人們在名和利，權和錢之前往往會失去理智。有些人為了名譽才去做能夠獲得名譽的事，有些人為了權力去做能夠獲得權力的事。人往往懷有隱祕的個人目的。「釣名之人，無賢士焉。」「以榮譽為釣餌，既可以引導人的向善，也可以驅使人們作惡。」蘇轍在一首詩中這樣寫道：「世稱諸葛公，用眾有法度。區區落褒斜，軍旅無闊步。中原竟不到，置陣猶無所。」諸葛亮「鞠躬盡力，死而後已」死心塌地輔佐劉氏父子，他為的是什麼？

追逐名譽的人，因為得不到名譽而耿耿於懷，直至對善行產生抵觸。不想流芳千古，也要做遺臭萬年。而當他們一旦獲得名譽，又會到處去張揚，並以此為資本，謀取個人的私利，正如荀子所說：「貴名不可以比周爭也，不可以夸誕有也，不可以勢重脅也。」

今天，絕大多數人都會以為「投機倒把」是計劃經濟時代對市場行為的蔑稱，都會以為那只屬於上個世紀，但是，你錯了。古時候人們就會用這種方法賺取利益了，只不過他們大多是仕途方面而不是經濟方面，諸葛亮就是一個深懂此術運用之人。

他第一次投機是投靠劉備，當時諸侯權勢只有劉備力量最弱，為找一個「盡用」自己的主人，他押寶一樣投靠了他。之後時期內，他又兜售了〈隆中對〉、騙取荊州、赤壁之戰、七擒孟獲，還有他最大的投機——北伐中原。

蜀國後期國力羸弱，諸葛亮意識到現在咬住〈隆中對〉等天下大變，根據自己年齡，蜀國目前實力要統一三國是不可能的。既然統一化為烏有，自己辛勤打造的夢想也隨之泡湯。諸葛亮不甘心，他要另找途徑，不能成為管仲治國，也要學學樂毅統兵，於是連年發動北伐。總之，不管如何也要為自己努力輔佐後主留下好名聲，讓人們看到他始終是「忠臣賢相」。

蜀漢建興五年，魏黃初七年（西元二二六年），魏文帝曹丕去世，年輕的明帝曹叡繼位。孔明認為北伐魏國，興復漢室的機會來到了，遂向後主上書千古傳頌的〈出師表〉，決心出師北伐。

當時蜀漢北部邊境面臨的形勢是，北伐以漢中為根據地，可以從漢中翻越秦嶺，北進關中，也可以西出隴右，蠶食雍涼。前路共有四條通道，從東向西為子午道、儻駱道、褒斜道、陳倉道。子午道是從漢中向東到洋縣，沿漢水向東再折向北，過寧陝縣，經子午鎮到長安，古人以北為子，以南為午，故稱子午道，此亦劉邦當年入蜀之通道。儻駱道也是從漢中向東，經成固到洋縣，沿儻水經駱谷關，再沿駱河到陝西周至，因其沿儻水、駱河而行，故得名儻駱道，其開闢時間較晚，路途艱險，歷史上使用極少。褒斜道是沿褒水和斜水（今石頭河）開闢的翻越秦嶺的著名通道，南起漢中城北的褒谷口，北到郿縣的斜谷口，褒斜道南連入蜀的金牛道，是川陝之間的主要通道。陳倉道是漢中向西再向北，迂迴經勉縣、略陽、青泥嶺、鳳縣、古散關，至陳倉（今陝西寶雞），此道北沿塔河，南連嘉陵江，道路平緩，然迂迴費時，諸葛亮選擇的恰恰是最後這條路。

第一次北伐，諸葛亮錯派馬謖致使街亭失守，被迫撤軍，放棄了已經占領的南安、安定、天水三城，臨走時還把三座城池的百姓挾帶歸蜀。從這一步就能看出，諸葛亮明顯有意識地收羅戰爭功績，可惜這種做法卻恰恰給他帶來負面影響。如果強迫一些手無寸鐵的百姓也算一個軍事家勝利的話，恐怕說出去會叫人笑掉大牙。

第二次北伐，主要對手是陳倉守將郝昭。諸葛亮勸降不成後，用了各種手段強攻陳倉，但郝昭守城確實厲害，諸葛亮不分晝夜連攻二十餘日，不能破城。諸葛亮派姜維詐降，結果大破曹軍，就在眾將士以為他會一鼓作氣繼續乘勝追擊時，他卻發現自己所帶的隨軍糧草不夠用了，最後只好撤退。

北伐的糧草供應始終是個大問題，不僅僅是第二次北伐，之後的北伐半途而廢也大都跟糧草有關係。

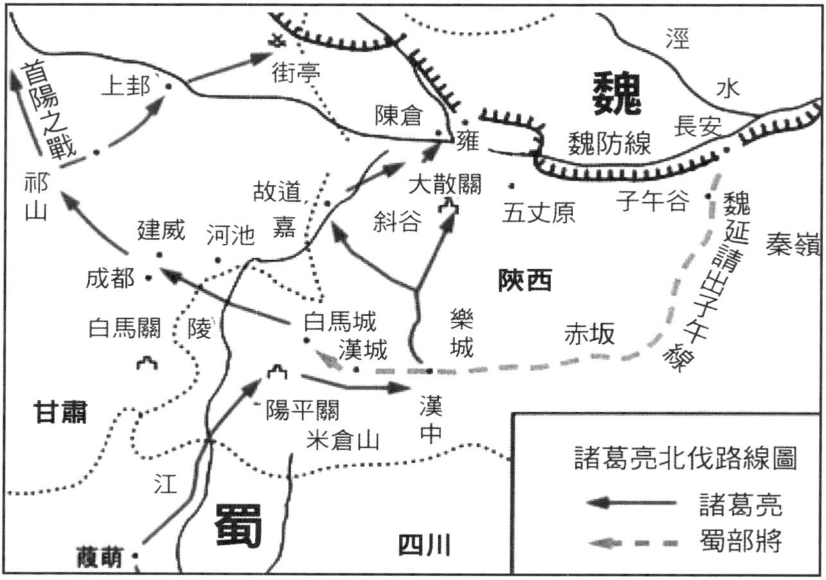

《三國志．呂乂傳》曰：「諸葛亮連年出軍，調發諸郡，多不相救，乂募取兵五千人詣亮，慰喻檢制，無逃竄者。徙為漢中太守，兼領督農，供繼軍糧。」說明諸葛亮在前線征戰時，並未得到後方的有力支援。諸葛亮有言：「今民貧國虛，決敵之資，惟仰錦耳。」可見蜀國已非常窮困，只有靠出售蜀錦以供軍資，以同敵戰。

老對手司馬懿也說諸葛亮出兵中的糧草問題，曰：「亮二出祁山，一攻陳倉，受挫而返。縱其後出，不復攻城，當求野戰，必在隴東，不在西也。亮每以糧少為恨，歸必積穀，以吾料之，非三年不能動矣。」

第三次北伐，諸葛亮用計謀把司馬懿殺得大敗，但忽聽有人報張苞身亡，於是放聲大哭，口吐鮮血，昏厥於地，他從此得病臥床不起，蜀軍不得不退回漢中。

第四次北伐，諸葛亮擺出八卦陣重創司馬懿，未曾料司馬懿買通蜀軍的糧草官苟安，苟安回成都散布流言，說諸葛亮早晚必將篡位。劉禪大驚，急命諸葛亮回師，諸葛亮不得不傳令退軍。

這一次北伐可以說是諸葛亮北伐最有希望成功的一次，但是他卻半途而廢了，原因是他不想被劉禪猜疑。好像受傳統儒學影響下的文臣武將們都會選擇諸葛亮做法，但是現實之中，諸葛亮不能真正成為一個合格的軍事家，連曹操手下將領于禁早年都知道「分辨事小、退敵事大」的道理。岳飛也是大家熟知的一代軍事家，連他都要皇帝連下十二道金牌才從前線返回朝廷，但有誰敢說岳飛不是忠臣？諸葛亮卻為了分辨自己不是叛變、表現對後主的忠誠，而置國家命運於不顧，立即撤軍，怎能說是盡了最大的努力？完全是一種沽名釣譽的行為。

第五次北伐，諸葛亮用計把司馬懿殺得落花流水，忽報永安李嚴有書告急，說東吳與魏謀和，欲聯合進攻蜀國。諸葛亮只好撤軍，但令他意想不到的是，李嚴是怕軍糧置辦不及，編造假消息來哄騙諸葛亮。此次北伐經由李嚴事件看出，蜀中內部並不是上下同心，諸葛亮是在內部不穩，外部不利情況下，率先發動戰爭，也許跟他要從北伐中充分集權不無關係。

第六次北伐，諸葛亮屢敗司馬懿，司馬懿不敢應戰，據守不出。諸葛亮派人送去女人衣服來戲弄司馬懿，誰知司馬懿並沒有被激怒，反而從諸葛亮派去的人那裡得到了諸葛亮病重的重要資訊，並得出諸葛亮不久於人世的推斷。

諸葛亮北伐中原，純粹是一次投機行為，戰爭並沒有給蜀漢帶來好的影響，反而加快了蜀國滅亡的步伐。周一良在《論諸葛亮》總結諸葛亮治理蜀國時說：「諸葛亮治蜀是建築在嚴刑峻法的基礎之上的，而不是建築在與民休息、發展生產、繁榮經濟，使人民安居樂業基礎之上的。」

諸葛亮這六次北伐的時間不一樣，結果都是一樣的，什麼都沒撈到。每次打仗總是轟轟烈烈地開場，萬般無奈地撤退。儘管有時能得到小小收穫，可等到戰爭結束時，得到的東西又是那麼微不足道。有的戰役表面上看起來是勝利了，實際上是賠本賺吆喝，也許這才是諸葛亮的良苦用心所在。什麼良苦用心？明知不可為而為之！

《三國演義》第九回中有這樣一段精彩描述：「董卓被誅後，部將李傕、郭汜、張濟、樊稠逃居陝西，使人至長安上表求赦。王允曰：『卓之跋扈，皆此四人助之。今雖大赦天下，獨不赦此四人。』使者回報李傕。傕曰：『求赦不得，各自逃生可也。』謀士賈詡曰：『諸君若棄軍單行，則一亭長能縛君矣。不若誘集陝人，並本部兵馬，殺入長安，與董卓報讎。事濟，奉天子以正天下；若其不勝，走也未遲。』傕等然其說。」

諸葛亮出兵北伐心中的真實想法應當和賈詡一致，事成則中原可圖，事不成則不是諸葛亮無能，他已盡心盡力作了努力，只是上天不給機會，漢室滅亡天數已定。無論什麼結果，對內他都可以給皇上臣民一個交代，對外也表明他誓死效忠漢室匡扶正統的決心和大志。這就是諸葛亮作為權臣的「聰明和智慧」，在實施這項政績工程中，他要的是過程而不是結果，因為作為政治家和戰略家，他知道以他和蜀國的力量無法跟魏國抗衡，遑論統一中原。

當年劉邦能以蜀國之力出漢中而定關中，最後平天下，是因為項羽治國無方，民怨沸騰，諸侯不滿，給劉邦可乘之機。而現在魏國在曹氏父子的治理下可以說是政清人和，國富民強，沒有機會讓諸葛亮下手，所以每回他率兵攻襲魏國，次次都是高興而來敗興而歸，沒有撈到一點好處。更何況自從曹操兵敗漢中後，魏國人清楚攻打蜀國非常困難，蜀國有天然大山作屏障，據險而守，易守難攻，除了實力已經達到足以消滅蜀國的時候才對蜀國進兵，在諸葛亮時代，他們在西線採取守勢，以逸待勞。

聰明的諸葛亮看出了魏軍的弱點，布下誘餌想找魏軍決戰「畢其功於一役」，但是魏軍統帥似乎對諸葛亮的意圖瞭若指掌，堅守不出，讓諸葛亮無從下手。雖然在個別戰例中讓諸葛亮撈到了一些好處，但魏軍總體來說損失不大，最終失敗的仍是蜀軍，因為蜀軍的進兵意圖沒有實現，這本身就是一種諷刺。

諸葛亮走北伐這條路還有一個最大的目的是為了賺取好名聲，諸葛亮跟隨劉備就是為了恢復漢室，不管是不是真心，話可說出去了。再者，諸葛亮尋求的是政績，至於最終結果他不感興趣，好名聲帶來的才是實惠，大有沽名釣譽之嫌。

諸葛亮這人正如陳壽評價那樣：「連年動眾，未能成功，蓋應變將略，非其所長歟！」諸葛亮六次領兵伐魏，幾乎次次的戰法都如出一轍，沒有創新和突破，這就有點像現在的人作秀，面子我們還是要裝一裝的。諸葛亮用兵謹慎，害怕輸或者說輸不起，又從另一方面證明了他的北伐只是在擺架子。第一次北伐時，魏延提出大膽設想：由他率五千精兵出秦嶺子午谷投北直逼長安，諸葛亮再率大隊人馬自斜谷東進，首尾夾擊，咸陽以西一舉可定。可是諸葛亮認為此計不夠穩妥，遂不採納。諸葛亮一直相信步步為營、穩紮穩打，逐步蠶食才是消滅魏軍的主要方法。後來當他想起出兵陳倉時，魏軍已經加固了那裡的防守工事，使他的計畫不能得逞，他這是害怕輸反而輸得更慘。

諸葛亮標榜自有管仲、樂毅之才，實質上卻相距甚遠。《孫子兵法》指出：「善用兵者，屈人之兵而非戰也，拔人之城而非攻也，毀人之國而非久也，必以全爭於天下，故兵不頓而利可全，此謀攻之法也。」摒棄戰爭、確保周全、雙贏共惠是最高的戰略準則，興兵作戰、攻城掠地、拚得你死我活是戰略上的下策。《尉繚子》還指出：「戰再勝，當一敗。」在戰場上取得了兩次勝利其損失相當於打了一次敗仗。因此強調百戰百勝不算高明，不戰而勝才算高明。

諸葛亮是愛慕虛榮，走了投機之路，連年發動戰爭也一無所獲，從他開始掌管蜀國軍政大權時就一直走賠本賺吆喝之路。

唯我獨尊

諸葛亮跟隨劉備，以軍師身分幫助劉備打理軍務，出謀劃策，他也是一個門客，只是他這個門客待遇好些。同在一個屋簷下混飯吃的人很多，為了能給自己多分一杯羹，相對別人則會少得一杯。利益呈現如此明朗，自己這杯如何安全到達自己手中，直接有效的辦法就是排除異己，打破掣肘。這就是為什麼諸葛亮和李嚴同為劉備託孤重臣，為什麼後來李嚴被貶，而諸葛亮卻留下「鞠躬盡瘁」的美名。

「政客」一詞用於描述那些「翻手為雲、覆手為雨」，為達到個人政治目的而不擇手段的人，政客往往是政治活動中的陰謀分子、兩面派，甚至是政治野心家。現代社會把政治上以利己為目和手段骯髒的政治掮客稱之為政客，他們往往目光短淺、私而忘公、冷酷狡詐，因而此稱呼有鄙薄、蔑視之意。

在一定意義上，政客是社會動亂的根源，他們的活動和作用尤為突出，其表現形式也最為完備，政治成為政客手中的玩物，他們能對政府的決策活動施加相當大的影響。但作為一個群體，他們在春秋戰國已成批出現，不過當時不稱政客，而是稱之為門客。司馬遷在《史記・廉頗藺相如傳》中對他們做過惟妙惟肖的描寫：「廉頗之免長平歸也，失勢之時，故客盡去。及復用為將，客又復至。廉頗曰：『客退矣！』客曰：『吁！君何見之晚也！夫天下以市道交，君有勢，我則從君，君無勢則去。此固其理也，有何怨乎？』」

劉備入主蜀地後，其統治集團主要大致可分為兩個部分，其一，是荊州集團，由劉備自創業以來的原班人馬組成，如：諸葛亮、關羽、張飛等。其二，是益州集團，由劉璋手下投降人士組成，如：李嚴、彭羕等。兩大集團的人員組成有明顯分別。

可以說諸葛亮和李嚴政治生涯的轉捩點都是白帝託孤，他倆能成為託孤大臣，是因為其他可以託孤的人都不在了。劉備東征之前，龐統、法正、關羽、張飛、黃忠就已然先後亡故。東征失敗，荊州出身的將軍張南、馮習戰死，荊州名士馬良遇害，劉璋時期益州主簿黃權被迫投降魏國。在章武二年，聲望和資歷甚高的司徒許靖、尚書令劉巴，以及驃騎將軍涼州牧馬超和劉備的小舅子、安漢將軍糜竺也都死了，蜀國可以說再也沒有比諸葛更有名望和資格承擔託孤重任的人選了。

龐統的戰略思路與劉備苟安蜀中的意圖不謀而合，因此在劉備心中，龐統的地位遠高於諸葛亮；法正為劉璋叛將，為劉備取蜀立下汗馬功勞，其重點也在益州，故劉備對法正的信任也遠非諸葛亮可比。但龐統戰死，法正早逝，與法正同為劉璋叛將，於是曾在劉璋手下任成都令且「復有能名」的李嚴展露出來，他在白帝託孤之前只是輔漢將軍，章武二年劉備戰敗後，先把他叫到永安，拜尚書令（當時劉巴已死）。章武三年，劉備病重託孤，「以嚴為中都護，統內外軍事，留鎮永安。」

《三國志》記載李嚴的事蹟很清晰。李嚴素來深受劉備器重，自歸降劉備，便拜為「裨將軍」，

「成都既定」後，又「為犍為太守、興業將軍」。建安十八年（章武二年），李嚴「率將郡士五千人」擊退夷人，於是「加輔漢將軍，拜尚書令」，劉備臨終時，「（李）嚴與諸葛亮並受遺詔輔少主」，「為中都護」——從『興業』、『輔漢』這兩個將軍號可以看出，李嚴在劉備心目中是占有相當地位的。

劉備如此安排是有他長遠之目的，前時魏延鎮守漢中，諸葛亮留守成都，此時讓李嚴「留鎮永安」，三人權力均衡，易主之時能夠平穩過渡。這同時看出劉備對誰都是不放心的，從這種安排上看，是想由諸葛亮管理內政，而李嚴統率軍隊，且二人分處兩地，互相無法干預，可見其用心十分良苦。

諸葛亮本人也很清楚劉備安排李嚴和他共同輔佐劉禪的目的，是利用李嚴來制衡他。因此為了保證他對蜀漢政權的操控性，他是絕不會允許李嚴這樣一個能在政治上對自己形成威脅的人，進入權力中心和掌握軍事實權的。所以，他除了一直制止李嚴進入成都這個政治權力中心外，在開始北伐前又進一步發動了削弱李嚴的實質性行動。作為僅次於諸葛亮的尚書令，又是兩名託孤重臣之一的李嚴，卻只被他棄於遠離權力中心成都、名不見經傳的偏僻之地——江州。這樣實際產生的後果，就是導致像北伐這樣大的軍事行動，完全沒有李嚴這個被劉備遺命「統內外軍事」的託孤大臣說話和發表意見的分。蜀漢前後三次北伐這樣重大的行動，諸葛亮都沒有一絲讓與李嚴參與的想法，諸葛亮一直以來都在排擠著李嚴。

諸葛亮在〈出師表〉中表現出來耐人尋味的舉動，對劉禪說：「郭攸之、費禕、董允等，此皆良實，志慮忠純，……愚以為宮中之事，事無大小，悉以咨之，然後施行，必能裨補闕漏，有所廣益。……親賢臣，遠小人，此先漢所以興隆也；親小人，遠賢臣，此後漢所以傾頹也」，這些話的目的和指向，也就都有了合理的解釋。

諸葛亮返回成都後，輔佐劉禪即位。劉禪當了皇帝後，打破了劉備預計，他把一切事務全部交給諸葛亮管理。此後諸葛亮的權力逐漸膨脹，達到權傾朝野，諸葛亮為人獨攬大權，為了進一步掌權，他設計了一個奪權計畫——發動戰爭，連年北伐。

諸葛亮利用北伐先奪取了李嚴的兵權，後又命李嚴在漢中負責後勤供應，後勤供應是很棘手的差事。諸葛亮連續發動戰爭，蜀國經濟已處於疲敝狀態，物資貧乏，諸葛亮讓李嚴負責後勤，實際上是給李嚴出難題。李嚴未及時籌集到糧草，便寫信給諸葛亮說皇上命令退兵。諸葛亮退軍後，他又欺騙朝廷說此次退兵是為了誘敵。當諸葛亮回來後，他又故作驚問：「軍糧已經夠用，為何突然退兵？」這也可能是李嚴想要扳倒諸葛亮所故意設計，不料想計謀破綻太多，反而讓諸葛亮抓住把柄。

另一種解釋是諸葛亮故意為之，矛頭直指李嚴。李嚴獲罪一事本身也很有疑問，以李嚴託孤大臣的資歷，雖然不比諸葛亮，怎麼會犯下這種錯誤？就算真的因為大雨誤了日期，也不會想出這種明顯會授人以柄的低級圈套吧？

諸葛亮廢李嚴為民，徙居梓潼郡。其子李豐的江州都督也奪了，改任丞相府中郎參軍，後官至朱提太守。

李嚴被廢，使蜀漢失去了一位忠誠幹練的棟樑之才，諸葛亮為了穩固個人的權力地位而使國家遭受了重大的人才損失，蜀國還有其他人也受到諸葛亮壓制。

向朗，由於「朗素與馬謖善，謖逃亡，朗知情不舉」，因此受到諸葛亮懷恨在心，被免去職務。馬謖因街亭之敗而逃亡，知情不舉的大概不止向朗一人，因為馬謖的朋友畢竟不只向朗，諸葛拿此事對向朗開刀，致使其無事閒居達二十年之久，恐怕還是私心在作祟。

諸葛亮在南征歸來途中，李鴻談起孟達的情況，當說到孟達仍很敬重自己時，諸葛亮非常高興，對蔣琬和費詩說：「還都當有書與子度（孟達）相聞。」費詩諫道：「孟達小子，昔事振威不忠，後又背叛先主，反復之人，何足與書邪！」亮默然不答。費詩這番直言，使諸葛臉上難堪心中不悅。費詩此言無異於說諸葛是與小人在「追平生之好」，對於這種「影射」，諸葛當然不能容忍，因而費詩從此遭受冷落。

經過諸葛亮這一系列摧殘，蜀中的英才不復存在，留下的只有諸葛信任的幾個「完人」：蔣琬、費禕、姜維等輩。蔣、費二人只有看家之能，而無創業之志，主政其間所做無非「咸承諸葛之成規，」（陳壽評語），連蔣琬自己也承認「吾實不如前人」。且二人都有打小報告的毛病，蔣琬曾向諸葛狀告廖立，使廖立被廢為平民；費禕向後主密表楊儀之言，使楊儀下獄喪生。而諸葛從魏國捉來的軍事繼承人姜維不過是一介匹夫，九伐中原，未見寸功，空耗了國力，終使蜀漢滅亡。

李嚴於建興九年八月被廢，而據《漢晉春秋》記載，其年「十月，江陽至江州有鳥從江南飛渡江北，不能達，墜水死者以千數。」似乎在以此災異暗示李平有冤情或者怨情。但也可解釋為李平在江州多年，有惠愛於民，他被廢後，江州一帶百姓是抱同情態度的。

建興十二年，諸葛亮病死，李嚴聞訊後，發病而死。李嚴的死值得人們懷疑，為什麼聽到諸葛亮死後，他才咽氣。有如為什麼光緒皇帝前一天剛死，而第二天慈禧老佛爺才死。是碰巧還是什麼，歷史沒有記載，後人只能去猜測了。

爭權奪勢

諸葛亮六出祁山，無一成功，每當戰場上有突破進展時，蜀軍後方供給就會出問題，為何做事十分謹慎的諸葛亮，在準備不足的情況下，會連續發動了六次北伐？他有什麼目的？

一個人做一件事情總該有個原因，沒有無緣無故的愛，也沒有無緣無故的恨，我們不妨看看諸葛亮北伐前後所做的事，就能明白他發動戰爭的真正「動機」。

劉備生前，諸葛亮從沒有過一次獨當一面統兵打仗的紀錄。主要業績都是鎮守後方，「成都平，以亮為軍師將軍，署左將軍府事。先主外出，亮常鎮守成都，足食足兵。」《三國志·諸葛亮傳》中，劉備收江南後，自屯油江口，而派諸葛亮，「使督零陵、桂陽、長沙三郡，調其賦稅，以充軍實」。劉備生前的重大軍事行動，都未帶諸葛亮隨行。建安二十年，孫權攻荊州，劉備回援公安，未帶諸葛亮。接著攻漢中，欲迎張魯，也未派諸葛亮，而是派黃權，此時諸葛亮應該鎮守成都。建安二十三年再攻取漢中，也未帶諸葛亮，而是帶法正，因為法正能「著見成敗，有奇劃策算」（〈法正傳〉），諸葛亮則是繼續鎮守成都（〈楊洪傳〉）。武元年秋七月攻孫權，夷陵之戰，也未帶諸葛亮。由此可見，劉備一直是把諸葛亮當蕭何來用。

劉備死後，大權旁落，諸葛亮埋藏心裡多年的掌權願望終於有了機會施展。

劉備永安託孤時，派了諸葛亮跟李嚴兩人，一個主管丞相事，一個主管內外軍事，二人權力相當，可諸葛亮不想權力外放，一心想排擠李嚴，想得到劉備沒有給他的全部軍權。劉備死後要運回成都處理後事，諸葛亮略施計謀，把李嚴留在了永安，遠離成都，從此李嚴就再也沒有機會回去過。

他在北伐前也做了比較精心的準備，早在第一次發動北伐前，諸葛亮就曾以北伐之後漢中會出現軍事力量空虛的理由為名，向李嚴提出要他駐紮在江州的部隊前往漢中的要求。假設李嚴真的去了漢中，很明顯他的軍隊就會被收編，而他也將成為諸葛亮帳下的一名將領。江州是蜀漢東部與東吳、曹魏交界處的二線重鎮，和漢中地位相當，當時的諸葛亮根本無法提出令人信服的理由，一定要將李嚴與江州部隊調到漢中，因此最後只能暫時作罷。

後來，經過幾次北伐的集權後，李嚴最後還是在威逼和兒子升官的利誘下，於建興九年，諸葛亮第四次北伐時，被奪去兵權，成為諸葛亮屬下的「中都護署府事」（諸葛亮之府），不久就因謊報軍情之罪被廢為庶人。

試問，李嚴被調諸葛手下，真的對北伐這個原始目的很重要嗎？還是純粹借了北伐的名義，來除掉一起被託孤的政治對手呢？不管李嚴最後是犯了什麼罪，可畢竟是諸葛亮違背了先主遺願，用威逼和利誘調動原「俱受寄託」、「統內外軍事」的李嚴做自己手下，並奪其兵權。然後才是李嚴犯錯被貶，不是因為李嚴先犯了錯被奪兵權，然後再被貶。諸葛亮經過北伐達到了第一個目的，排除自己最大的政敵——李嚴，集軍、政權力於一身。

第一次北伐前，諸葛亮還曾給劉禪上書——〈出師表〉，不過在這個表中，表面上言辭懇切，感情真摯，可暗中卻包藏奸心。

曾有人說：「讓荊楚人貴重完全正確，皇帝劉備還是靠荊楚發的家呢。作為外來政權，防止本地人染指高層是為了江山社稷的穩固。」這話不是很妥當，諸葛亮本身絕對是靠荊楚發的家，而劉備的蜀漢政權，東州和益州人士也有很大的功勞，從國家利益和舉賢讓能來考慮，劉備也曾對這些人士很倚重。而諸葛亮所謂「親賢臣」的郭攸之、費禕、董允、向寵等荊楚集團人士，雖然後來證明的確都是賢臣，然換而言之，何宗、費觀、王謀等人難道就不是賢臣了嗎？而且他們都是位列九卿的官員，單就官階而論也要遠高於這幾位侍中、侍郎，如果沒有私心，全為國家利益的話，不提他們，於情於理都說不過去。

第一次北伐失敗，按照諸葛亮的計策，這次北伐是因為馬謖丟失街亭導致全盤皆輸，但是他此前的「違眾拔謖」，不能不讓人懷疑他在樹植親信。早在劉備託孤時就跟諸葛亮說過：「馬謖言過其實，不可大用，君其察之！」如果諸葛亮真的像〈出師表〉裡說的那樣好聽，要貫徹先主的遺志，先主明明有言，諸葛亮卻因為馬氏兄弟是自己荊楚集團的親信，就讓他擔任了首次北伐的先鋒人選，最後導致失敗。

為堵眾人之口，諸葛亮「自貶三級」，但卻「統管如前」。懲罰只是一個形式而已，只要再發動下一次戰爭，哪怕撈一點小功，就能恢復自己的官職和威信。於是又一次倉促的北伐就這樣開始了，只有在這種北伐的組織狀態下，諸葛亮才能集軍權、政權、人權、物權於一身，所以才會不管北伐的結果勝負，以及是否勞民傷財，一次又一次發動北伐，對統治者集權來講，北伐的結果倒在其次了。

諸葛亮發動北伐還有一個最大的疑點，違背了他〈隆中對〉的策略。早在諸葛亮出山時就已經制定好了，劉備奪取蜀地後，要等到「天下有變」時再採取行動，而諸葛亮北伐時並沒有達到他們之前預定的情況，這次軍事行動完全是他策劃出來的。在首次北伐時，蜀國大將魏延曾經建議，由他帶領五千人的部隊，經「子午谷」翻越秦嶺，突襲防守鬆懈的潼關。潼關是關中與中原之間最險要的關隘，拿下潼關就等於關上了魏軍從中原增援關中的大門，至少也可以將前來增援的魏軍擋在關外很長一段時間。而此時，諸葛亮則可趁機率大軍越過秦嶺，一舉奪取整個關中，可是魏延的建議被諸葛亮以「過於冒險」而否決了，對此古往今來的學者都有著截然不同的評價。

因此，是否還有另一種解釋：假如按照魏延的計策，一舉成功，以後就不會有更多次的北伐，那諸葛亮也就沒有機會集權了。

諸葛亮希望在戰爭中保持集權、樹立威信，並以此獲得和地位相對等的功名。當一種過度的集權，失去制約，就會出現個人利益和意志凌駕於國家和人民的利益基礎之上。很多人認為諸葛亮是為了不負劉備重託，所以「鞠躬盡瘁，死而後已」，然而，實則不然，諸葛亮的北伐只是表面，其實並不把北伐成功當作為真正的目的，只是當作個人權力上的籌碼，為了自己的集權。

歷史跟諸葛亮開了個玩笑，當他滿心希望，一往無前，為自己生前身後贏取功名利祿時，卻命喪五丈原，真如《紅樓夢》甄士隱所唱的〈好了歌〉：

「陋室空堂，當年笏滿床！衰草枯楊，曾為歌舞場。蛛絲兒結滿雕梁，綠紗今又糊在篷窗上。說什麼脂正濃，粉正香，如何兩鬢又成霜？昨日黃土隴頭埋白骨，今宵紅綃帳底臥鴛鴦。金滿箱，銀滿箱，轉眼乞丐人皆謗。正歎他人命不長，哪知自己歸來喪？訓有方，保不定日後作強梁；擇膏粱，誰承望流落在煙花巷！因嫌紗帽小，致使鎖枷扛；昨憐破襖寒，今嫌紫蟒長。亂哄哄你方唱罷我登場，反認他鄉是故鄉。甚荒唐，到頭來都是為他人作嫁衣裳！」

自作聰明

鄭板橋曾經說過一句經典話語——「難得糊塗」，並且解釋道：「聰明難，糊塗尤難，由聰明而轉入糊塗更難。放一著，退一步，當下安心，非圖後來報也。」這是一個混跡官場多年的心得，無論過去還是現在，都能運用到每個人身上，那麼早在千年之前的諸葛亮，又是如何演義這句話的含義呢？

世人知道諸葛亮的聰明是出類拔萃，然而，司馬懿卻這樣評價諸葛亮：「亮志大而不見機，多謀而少決，好兵而無權，雖提卒十萬，已墮吾劃中，破之必矣。」赤壁之戰曹操敗走華容道，諸葛亮應不應該放過曹操，這在歷史上是一個值得商榷的問題。

諸葛亮夜觀天象說：「操賊未合身亡，留這人情叫雲長做了，亦是美事。」一句話，曹操小命可算是保住了。諸葛亮透過天象就能決定曹操的生死，豈非笑話！果真如此，諸葛亮如此能掐會算，他怎就沒算出劉備會創業半路兵敗而死？為什麼沒有算出曹氏會被司馬氏一舉消滅而統一三國呢？

赤壁之戰，本是曹操與孫權對決，曹操「挾天子以令諸侯」，相繼滅袁術，吞呂布，併袁紹，下荊州，上江南前線的兵士便達八十三萬。孫權也兵多將廣，三軍用命，最重要的是占據地利，水戰嫻熟。相對來說，劉備則弱了許多，即使加上劉琦的人馬，也不過是兩三萬，而且手裡僅僅剩下江夏和夏口兩個彈丸之地，還夾雜在曹操和孫權的兩軍之中，勢力很小，根本不算在內。曹操親率大軍攻打東吳，最後被周瑜一把火燒得幾乎全軍覆沒。

曹操敗走華容道，假設諸葛亮此時殺死曹操，則大有好處。首先，曹操的親友和手下必將全力攻打孫權，因為在他們眼裡，曹操的八十三萬大軍是被周瑜所滅，這樣勢必將使孫權和劉備更加緊密地靠近，引起天下諸侯共攻曹操集團的格局。再者，曹操繼承權的問題將更加難以解決，由於曹操兵敗，其手下擁兵一方者，或許會自立門戶，也或許會處於爭權奪勢之中，這樣北方大亂，有「梟雄」之稱的劉備，進軍北方就不怕得不到好處吧！

如果諸葛亮活捉曹操又如何呢？那麼局勢也會對劉備跟諸葛亮有利多了。諸葛亮捉到曹操後，可以和曹操達成協議，比如要些地盤，簽訂幾年的和平條約，儘管這樣的條約有時並沒有什麼用，但卻可以贏得更多人心，有人擁護就不愁天下不得。

如此結局也不會違背諸葛亮的天象之論，由此可見，諸葛亮著實放過了一個天大的機會。考慮到放走曹操後，連周瑜都時時想著算計劉備，形勢危險之極，便知道諸葛亮犯了多大的錯誤，他的聰明也沒發揮得恰到好處。

諸葛亮自恃聰明，可他卻聰明反被聰明誤，他的聰明是小聰明，沒有大智慧。他一生謹慎，畏首畏尾，看似是精心策劃的每一件事，其實只是外強中乾而已。

一生聰明的人，壞事就壞在聰明上，聰明的人認為高人一等，而往往把腦子用歪了，很多絕頂聰明的人，最後都栽在聰明過頭上。倒是看似愚呆而不敢輕易表現的人，倒也落得一個好的結局。面對一個聰明的對手時，人們最常用的往往是用更聰明的方法，但這是最愚蠢的做法，因為針尖對麥芒的正面迎戰，往往兩敗俱傷，最好的辦法就是以逸待勞。

聰明是靠不住的，能幫助別人出謀劃策的人，自有聰明過人之處，但聰明人成不了智者，因為聰明的人往往自我膨脹，自以為別人都是傻子，才智的高明，為人的優越，往往會使聰明人漸漸墮落成一個狂妄自大的人。聰明的人，最大的毛病就是太聰明，聰明到了極點，便是看誰都不如自己聰明。

荷蘭智者伊拉斯謨說：「好運總是垂青那些遲鈍的人，總是打擊那些出頭鳥，總是激勉和安慰那些愚人，給他們所有的事業戴上勝利的花環。」生活並不會青睞聰明的人物，而是成就那些意志堅強、持之以恆而智力平平乃至稍稍遲鈍的人。

人以智犯禁，群以謀抗法。一個人點子多，就會自負聰明，無所顧忌，一群人點子多了就會無視法紀，招惹是非。伊拉斯謨說過：「那些最不幸的人就是那些智慧最高的人。」

諸葛亮一生文韜武略，足智多謀，留下了不少動人的好故事，但諸葛亮是人不是神，一生頗多失誤，用兵打仗也非戰無不勝的神話。

隆中對策時，諸葛亮對劉備說：「天下有變，命一上將軍率荊州軍隊進攻河南，將軍率益州的軍隊出秦川，百姓敢不『簞食壺漿』歡迎將軍？如果真能如此的話，則霸業可成矣。」如此決策，實在有點理想化了，事實上也是與預料相反。關羽率荊州之兵北進，導致東吳偷襲荊州。諸葛亮率益州之兵，六出祁山，姜維九伐中原，設想的局面並未發生。戰爭雖然使蜀國國威大增，這是北方將士不習山地戰的緣故，正如所向披靡的曹操大軍望見長江之水個個頭痛一樣，善於山地戰的蜀軍即便僥倖占領遼闊的中原，也可能是得而復失，食而不化。

諸葛亮自認聰明，認為天下有變時，劉備再出兵，百姓必然向以前那樣懷念漢朝，紛紛擁護劉備，但是到那時，真正的場面卻是他想像不到的。魏強蜀弱，民心歸魏，吳蜀聯合尚且不能圖魏，更何況是在蜀國東征失利後，南方叛亂剛剛平定，兵疲民窮，神鬼皆怨的情況下，連心腹馬謖都認為「只宜存恤，不宜遠征」。譙周說：「北方強大，旺氣正盛，民心所向，丞相何故強為？」面對國內強烈的反戰情緒，被勝利沖昏頭的諸葛亮以「然不伐魏，王業亦亡」為由，並稱「先駐軍漢中，觀其動靜而後行」，強行把蜀國推到戰爭大躍進的泥潭。

諸葛亮剛愎自用，無視己方的國力現狀，不能實事求是地分析大局，不懂得將養生息，積蓄實力，更不懂得為民造福，妄想逞一己之能搞復辟、「恢復漢室」，以至民不聊生，怨聲載道。在諸葛亮的眼裡，偌大的蜀國除了他之外，再也沒有第二個人可以成就偉業了，以至於諸葛亮迫不及待地要在他有生之年完成一切，而這本身就是嚴重違反自然規律。諸葛亮不能與時俱進，窮兵黷武，蜀國焉能不亡？可以說最後蜀國滅亡的主要原因並非由於戰敗，而是在人、財、物均已耗盡的情況下，無奈而終，而這些皆諸葛所為，非他人之過也！

六出祁山每次均沿老路出擊，每次面對的均是敵國準備已久的最堅固工事與布防，卻不能尋求變化，缺乏奇謀，缺乏戰略眼光，戰術僵化。從未想過開闢第二戰場，一再受挫仍不思悔改，在戰略上徹底喪失了取勝的先機。試想，戰略決策既已失敗，即便個別戰術完成得再漂亮，那也只能算是耍一些小聰明而已，又豈能解決根本問題？

達爾文說過「幸運喜歡照顧勇敢的人」；歌德也說過「你若失掉了勇敢，你就一切都失掉了」。諸葛亮在性格上過於謹慎，是他的一個弱點，他六出祁山而無大的建樹，與此不無關係。

諸葛亮只想讓部屬老老實實地按照自己所說的做，從未想過去發揮部屬的主觀能動性。魏延曾自告奮勇帶領數千人從僻徑突襲長安，但被自負而又自以為是的諸葛亮斷然否決。姜維當年銳氣十足，活力四射，本是一個很有前途的人才，但自被諸葛亮收服後，經過一番洗腦，反被訓練得循規循矩，沒了創造性和改革意識，成了一個被諸葛亮安裝程式的機器人。好好的一個姜維就這樣硬生生地被諸葛亮葬送了！除了一堆奴才、應聲蟲之外，諸葛帳下幾乎沒有一個有自己獨立見解的幕僚。

諸葛亮給後人留下一個忙碌的影子，其「鞠躬盡瘁」的勤勉為後世流傳，但他事無巨細，大權獨攬不說，工作中親理細事，罰二十以上皆要親自到場，連木牛流馬這樣複雜的科學發明也要自己畫圖紙、算尺寸，大事小事，事事躬親。史書記載，諸葛亮「好治官府、次舍、橋樑、道路」等，國計民生、柴米油鹽無所不問，不僅自己日理萬機，還要國家軍隊和人民也盲從於其過分的細節之中。

南征中，對孟獲七次捉放，使戰爭搞得人鬼皆怨。在敵強我弱的情況下，六次北伐，連年征戰，在諸葛亮的領導下，蜀國三年不對外擴張，魏人就認為是個奇蹟。諸葛亮動員了全國的人力、物力，發動了曠日持久的北伐戰爭，除了給自己撈到了一頂足智多謀的桂冠外，國家卻寸土未得，得不償失。

智足以拒諫，言足以飾非。思想的光輝足以光芒萬丈，棄聖去智，民利百倍。面對太多自以為是的聰明者，人們應該共同討伐他、孤立他，對待這樣的人就應該跟蒙哥馬利學習。

英國元帥蒙哥馬利說過，世界上有四種人，聰明的和愚蠢的，勤快的和懶惰的。人問：「將如何使用這些人？」蒙哥馬利回答說：「聰明而勤勞的，我就讓他們做參謀；愚蠢而懶惰的，就讓人來支配他們；聰明而懶惰的，他們可以居高官；因為他們肯動腦子而想出好辦法來。至於，愚蠢而勤快的人，則讓他滾蛋，這些人越勤快，闖得禍就越大，惹得麻煩就越多。」諸葛亮屬於哪種人呢？

貪圖權力

每一個人做事都要有一個目標；每個人做事都要信守一份執著的精神。周一良在《論諸葛亮》中闡述出一種觀點：「諸葛亮治蜀是建築在嚴刑峻法的基礎之上，而不是建築在與民休息、發展生產、繁榮經濟，使人民安居樂業基礎之上。」諸葛亮不斷發動戰爭，可以說他自從跟隨劉備以來，幾乎每天都在算計如何用兵，大有恐怕天下不亂之心。諸葛亮為什麼如此熱衷於戰爭？他戰略固執的根源是什麼呢？

愛因斯坦有句名言：「你能不能觀察到眼前的現象，不僅僅取決於你的肉眼，還要取決於你用什麼樣的思維，思維決定你到底能觀察到什麼。」

這句話並不是唯心論，對於低層次的思維活動，視覺發揮著決定性的作用，基本上是所見即所思，在這一點上人與其他動物相比沒有多大的區別。在高層次的思維活動中，視覺的感官作用被大大降低，複雜的思維活動主要是由大腦獨立完成，需要什麼資訊，從哪個角度觀察現象，以何種模式處理都是由大腦決定的，視覺器官只發揮執行的作用。

認清這個世界是由有形和無形兩部分所構成，有助於我們在觀察事物時，有意識地去關注那些抽象、深層、間接、長遠及精神等肉眼看不見的方面，透過這種方式來擴大我們的思維視野。

許多人常常感覺自己思路狹隘，不夠開闊，這主要是因為他們在觀察事物和分析問題的角度都侷限在有形的世界，而不知道在有形世界的背後還有一個無限廣闊的無形世界。

春秋時代，楚國有一個商人，專門賣珠寶的，有一次他得到一顆罕見的珍珠，為了賣個好價錢，他特地用名貴的木材，做了一個裝飾盒子，盒子不僅用香料薰製處理，還雕刻得非常精緻美觀，鑲嵌有各種寶石，然後他把珍珠裝在盒子裡面，帶到市集上叫賣。有一個鄭國人，看見裝寶珠的盒子既精緻又美觀，問明了價錢後，就買下了，打開盒子一看到裡面還有一顆珍珠，就把它拿出來退還給珠寶商，這就是「買櫝還珠」的成語故事。《辭海》解釋為：「捨本逐末，取捨失當。」這也是思維模式發揮了作用，買木匣子的人，思維始終處在一條線上，也就是「固執」。

很久以前，某位學子不遠千里四處訪師求學，為的是能學到真才實學，可是讓他感到苦惱的是，他學到的知識越多，卻越覺得自己無知和淺薄。有一次他遇到一位高僧，便向他傾訴了自己的苦惱，並請求高僧想一個辦法讓自己從苦惱中解脫出來。高僧聽完了他所訴說的苦惱後，靜靜地想了一會，然後慢慢地問道：「你求學的目的是為了求知識還是求智慧？」那位學子聽後大為驚詫，不解地問：「求知識和求智慧有什麼不同嗎？」那位高僧聽了笑道：「這兩者當然有所不同，求知識是求諸於外，當你對外在世界瞭解得越廣，瞭解得越深，你所遇到的問題也就越多越難，這樣你自然會感到學得越多就越無知和淺薄。而求智慧則不然，求智慧是求諸於內，當你對自己的內在世界瞭解得越多越深時，你的心智就越圓融無缺，你就會感到一股來自於內在的智性，也就不會有這麼多的煩惱了。」

諸葛亮為「恢復漢室」而「鞠躬盡瘁，死而後已」，千百年來，人們已經形成固定思維。要推翻這種思維模式，需要認真翻讀諸葛亮，他鞠躬盡瘁是為了什麼？連年戰爭又是為了什麼？諸葛亮為何執意要北伐呢？

針對諸葛亮北伐有多種說法，一種觀點認為，「北伐曹魏、興復漢室」是諸葛亮和劉備畢生為之努力的政治理想，儘管時機並未成熟，但為了這個理想，為了把劉備未完成的事業繼續下去，諸葛亮在自己人生的最後歲月裡毅然北伐，明知不可為而為之，充滿了悲劇的色彩。另一種觀點認為，蜀國國力弱小，與其毫無作為、坐以待斃，還不如主動北伐，把進攻當成一種積極的防守，以換取戰略上的主動，從而延緩蜀國的滅亡。所以，在時機未成熟的情況下北伐，只是諸葛亮「以攻為守」的策略。

這是根據以往諸葛亮在人們心目中的形象而做的判斷，按照第一種觀點來說，完全是被諸葛亮的表面所迷惑，諸葛亮不是為了完成什麼大業，他是想樹立威望，讓更多人認識自己，用現在的話說就是為了出名，每一次北伐就跟當紅明星們的新聞發布會一樣，打宣傳、做廣告、造聲勢。

第二個觀點倒是有些理論性，諸葛亮實行的是「以攻為守」的策略，也就是「以戰養戰」的策略。《孫子兵法》確實有一篇〈以戰養戰〉：「善用兵者，役不再籍，糧不三載，取用於國，因糧於敵，故軍食可足也。國之貧於師者遠輸，遠輸則百姓貧；近於師者貴賣，貴賣則百姓財竭，財竭則急於丘役。力屈財殫，中原內虛於家百姓之費，十去其七；公家之費，破車罷馬，甲冑矢弩，戟楯矛櫓，丘牛大車，十去其六。故智者將務食於敵。食敵一鍾，當吾二十鍾；萁桿一石，當吾二十石。」

這段話的解釋是，善於用兵的人，不會再次徵兵，不會來回運兩次糧食，除了隨身的軍需用品從國內帶去，糧草就在敵人的國內徵集，只有這樣軍隊的糧草才能充足。國家會因為用兵運輸物資而貧窮，而長途運輸，百姓則會因此陷入貧困，軍隊附近的東西，也會因為打仗物資缺乏而物價上漲，物價上漲則國家的財政容易枯竭，國家的財政一緊張，國家就會加稅，抽調勞力。這樣一來，整個國家就空虛枯竭了，富人大戶，十家有七家陷入破產；諸侯王公，車馬弓箭、甲冑矛戟以及用來運輸的牛車，十分就會損失六分。所以有智慧的將領會在敵人的國家徵集糧食，吃敵國一鍾的糧食，相當於節約自己國家二十鍾的糧食；用去敵人國家一石的草料，相當於節約自己國家二十石的草料。

諸葛亮好像運用了這個方略，但是從大環境來看，諸葛亮運用這個戰略，是否有犯了機會主義的錯誤嫌疑。北宋蘇洵談到三國時期諸葛亮在戰略上的重大失誤，他認為：「諸葛孔明棄荊州而就西蜀，吾知其無能為也。且彼未嘗見大險也，彼以為劍門者，可以不亡也。吾嘗觀蜀之險，其守不可出，其出不可繼，兢兢而自安猶且不給，而何足以制中原哉？……今夫富人必居四通五達之都，使其財帛出於天下，然後可以收天下之利。有小丈夫者，得一金櫝而藏諸家，拒戶而守之，嗚呼！是求不失也，非求富也。大盜至，劫而取之，又焉知其果不失也？」

蜀國已經處於朝不保夕的地步，為什麼不退守一方，憑藉蜀地的險要地形，足以抵擋曹魏攻擊，連年北伐幾乎都是因為糧草供應不上才半途而廢。他只看到了以戰養戰的前面，為什麼不讀讀後面的內容，《孫子兵法》〈以戰養戰〉篇後面還敘述道：「……故兵貴勝，不貴久。故知兵之將，生民之司命。國家安危之主也。」

諸葛亮不看實際情況，盲目生搬硬套《孫子兵法》，即使是好心，也得不到好結果。況且他在〈隆中對〉說過要等天下大變時再尋找機會，現在沒有他說的事情發生，當然是不到時機了。說的和做的前後嚴重不一致，可見他並不是真心「恢復漢室」，根源在於他的權力欲在作祟。

據說民間有一種捕猴子的方法，在一塊木板上挖兩個洞，剛好夠猴子的手伸進去。木板後面放一些花生，猴子看見花生，就伸手去抓。結果，抓了花生的手緊握成拳頭，無法從洞裡再縮回來，木板就成了一塊活生生的枷鎖。猴子就這樣緊緊抓著他的花生，被人輕而易舉地捉去，可憐的猴子！牠之所以這樣，是因為牠太缺食物，把食物看得太重了。

林則徐任兩廣總督，查禁鴉片時期，曾在自己的府衙寫了一副對聯：「海納百川有容乃大，壁立千仞無欲則剛。」這副對聯具體生動，寓意深刻。上聯諄諄告誡自己，要廣泛聽取各種不同意見，才能把事情辦好，立於不敗之地；下聯砥礪自己，當官必須堅決杜絕私欲，才能像大山那樣剛正不阿，挺立世間。林則徐提倡的這種精神，令人欽敬，為後人之鑒。

劉備託孤白帝城，任命了諸葛亮和李嚴這兩個輔政大臣，並把軍權給了李嚴，劉備如此分配，目的就是讓兩人權力均衡，互相牽制。這對於有極度權力欲的諸葛亮來說是不能忍受的，他處處打擊排擠李嚴，另外積極培植自己的黨羽，以名正言順的方式進行，不能因為劉備剛死，諸葛亮就有背叛朝廷的舉動，他也怕背上跟曹操一樣的「奸相」罵名。最好的方法是戰爭，戰爭可以蒙蔽人們的視線，轉移人們的注意力，同時作為前線戰爭的總指揮，擁有無上權力。於是他一次次固執地北伐，但是最終卻「出師未捷身先死」，北伐集權的目的落空。

諸葛亮太想得到權力，類似於那隻太想得到花生的猴子，他固執地緊緊攥住手中的權力，以至於被權力欲沖昏了頭腦，導致他發動戰爭的目的偏離了他的主旨。如慈禧太后掌握權力不是為了治理國家而是滿足她強烈的權力欲，諸葛亮北伐也不是為了「恢復漢室」，而是為了自己的集權，滿足自己對權力的欲望。

古人云：「心為形所累」，摻雜太多的功名利祿，不僅不會讓你飛黃騰達、功成名就，反而會牽制你前進的步伐，腐蝕你的心靈，讓你墮落失敗。

罪孽深重

英國科學家牛頓有句格言：「如果說我比別人看得更遠些，那是因為我站在了巨人的肩上。」牛頓發現了萬有引力定律，為人類探索宇宙奧祕揭開了新的一頁。牛頓的成功是基於前人努力不懈的研究成果之上，為人類做出傑出貢獻。諸葛亮也曾贏得過賢臣能將之稱，那麼他是如何成功的呢？他成功的奠基石是什麼呢？

「初唐四傑」之一楊炯曾寫過一首詩〈從軍行〉：「烽火照西京，心中自不平。牙璋辭鳳闕，鐵騎繞龍城。雪暗凋旗畫，風多雜鼓聲。寧為百夫長，勝作一書生。」古人尚武，集體認為只有建立軍功，才能為自己贏得功名富貴。棄筆從戎，「渴飲刀頭血，睡臥馬鞍」，攻城拔寨，殺伐攻略，「了卻君王天下事，贏得生前身後名」。戰爭已成為他們躋身高層的快速途徑，越是天下大亂時，越是以殺伐起家最快時，一場戰爭成就幾個人的富貴前程，彪炳史冊，流芳青史。但是在閃耀的光環下，他們手中卻沾滿了無數人的鮮血，他們腳下卻堆積著無數具白骨。

戰國名將白起，司馬遷在《史記》中說他「料敵合變，出奇無窮，聲震天下」。在他一生中確實攻無不克，戰無不勝，所向披靡。凡是與他對敵的軍隊，無論是同在陣前還是對待降兵，一概不留。據司馬遷記載，在與韓、魏的伊闕之戰時，「斬首二十四萬」；昭王二十四年攻魏又「斬首十三萬」；與趙將賈偃戰，「沉其卒二萬人於河中」；與韓的陘城之戰，「斬首五萬」；這些還是小數目，與趙長平之戰中，在趙卒全都投降的情況下，仍然毫不留情，「前後斬首虜四十五萬」；白起似乎以殺人為樂，而且是多多益善。就上面說的幾場大戰役中，白起屠殺敵軍近九十萬，根據梁啟超的粗略統計，戰國時陣亡兩百萬人，這麼說來，白起這位閻王就勾走了一半冤魂。而白起能留下什麼了呢？在戰國裡，這位出色的秦國將領，在《史記》上只用了「善用兵」的一句評語來概括和被封為武安君一個官職。

正如唐代張蠙《弔萬人塚》就有言簡意賅的概括：「可憐白骨攢孤塚，盡為將軍覓戰功。」戰爭並沒有給大眾帶來什麼，得到最大利益的是發動戰爭的人。那些戰爭狂熱分子們，時刻夢想在戰爭中尋覓功勞，殺的人越多得到的功勞就越大，至於士兵跟他們的家人會如何，他們是想像不到的。

對於戰爭成就英雄的代價，描述的名句還有唐代詩人曹松的〈己亥歲〉：「澤國江山入戰圖，生民何計樂樵蘇。憑君莫話封侯事，一將功成萬骨枯。」戰爭是殘酷的，戰爭英雄的榮耀背後往往是踏著堆積如山的屍骨。每一次的戰爭只能用另外一次戰爭來結束，和平成了兩次戰爭的過渡期，不能不說這是人類的悲劇。

戰爭是平息下去了，可犧牲的人卻無法重新活過來，有多少人因為他們的變態心理而亡，又有多少人的死為他們贏來無上光榮。希特勒是個戰爭狂，他想用刺刀征服世界，最終他又得到什麼了呢？最終得到的是全世界人們的唾罵，得到的是自殺身亡。希特勒自殺死了，他死了畢竟是一個人的消失，那由他發起的戰爭中，死亡的人可不僅僅是一個兩個這麼簡單。據統計，第二次世界大戰是歷史上死傷人數最多的戰爭，共有五千五百萬到六千萬人死亡，一億三千萬人受傷，合計死傷一億九千萬人。

「一將功成萬骨枯」，僅僅七個字將戰爭的本質表現的淋漓盡致，一個個強大政權的建立，一次次強大版圖的擴充，都是以無數的生命作為代價。歷史記住了征服者，記住了殺人的人，卻忘卻了這些慘死的生命，忘卻了他們的冤魂。

中華五千年，自古至今，戰事不斷，戰事大大激勵了士人們的豪情，但也有許多人在感歎，左手提著功名印，右手拿著帶血刀。詞典上對「英雄」的解釋為：「非凡出眾的人物，指見解、才能超群出眾或領袖群眾的人。」而一般大眾見到「英雄」一詞往往會聯想到戰爭年代中的英雄。誠然，一些有攻伐心的「英雄」能夠創造出許許多多刺激神經的「大事」，這種被人們歪曲的見解，也助長了「英雄們」的「雄心壯志」，並形成一種惡性循環，對真正英雄的理解也逐漸被淡忘。

羅曼．羅蘭在《名人傳》的序言中提到：「我稱為英雄的，並非以思想或強力稱雄的人，而只是靠心靈而偉大的人。」可見，羅曼．羅蘭所推崇的英雄並非指戰爭年代中的梟雄，畢竟，成就一個戰爭英雄的代價太大，因為戰爭本身對於人民和社會的傷害無法計算。

歷史學家對農民起義推崇備至，起義的目的都是正義，可每個起義到了最後，又都是無情的殺戮，一種結局是再度引入亂世，讓更多無辜的百姓命喪黃泉，而另一種結局則是一個統治者替代了另一個統治者。

冉閔，字永曾，小字棘奴，魏郡內黃人（今河南內黃西北），是五胡十六國時期冉魏的君主，他為現代人所知道的是屠殺胡人的命令。西元三五〇年冉閔率軍於淩水河畔大敗鮮卑燕軍二十萬，擒斬燕軍七萬餘人，斬首上將以上三十餘名，焚燒糧臺二十萬斛，奪鮮卑北燕郡縣大小二十八城，冉閔威震中原。

後冉閔推翻羯趙稱帝建國，冉魏建立後，冉閔下令殺羯。一日內數萬羯人被殺，男女老幼無人可免，前後約有二十萬人被殺。首戰以漢騎三千夜破匈奴營，殺敵將數名，逐百里，斬匈奴首三萬；再戰以五千漢騎大破胡騎七萬；三戰以漢軍七萬加四萬乞活義軍破眾胡聯軍三十餘萬；四戰先敗後勝以萬人斬胡首四萬；五戰以漢軍六萬幾乎全殲羌氐聯軍十餘萬；六戰於鄴城以兩千漢騎將遠至而來的胡軍七萬打得潰不成軍。史載「無月不戰，互為相攻」，幾番大戰，打出了他鐵騎的威風，可是最終還是兵敗被俘。只不過留下斷壁殘垣和尚在滴血的刀，未功成而枯萬骨，應該不會有人願意把這個殘暴的屠夫稱為英雄吧！

三國時期是戰火烽飛時期，三國鼎立連年戰亂。曹操〈蒿里行〉寫到「白骨露於野，千里無雞鳴」；王粲〈七哀詩〉也描述當時情景「出門無所見，白骨蔽平原」，這是戰爭給人們帶來的悲慘景象。戰爭成就的是那些為自己私利，為得虛名的人，真正受害的人們除了痛苦與悲傷外，卻是什麼好處也沒有得到。

漢賈捐之〈議罷珠崖疏〉云：「父戰死於前，子鬥傷於後，女子乘亭障，孤兒號於道，老母寡婦飲泣巷哭，遙設虛祭，想魂乎萬里之外。」悲劇對於處在戰爭環境中的家庭而言，常常是難免的，戰士趕赴前線作戰，往往更為痛苦的是留在後方擔憂的家人。

唐陳陶〈隴西行〉：「誓掃匈奴不顧身，五千貂錦喪胡塵；可憐無定河邊骨，猶是深閨夢裡人。」以及唐李華的〈弔古戰場文〉：「其存其沒，家莫聞知。人或有言，將信將疑。悁悁心目，寢寐見之。」便是對此心態的極佳刻畫。

為報父仇，曹操屠徐州、孫權屠江陵，多麼名正言順的理由。但客觀地想一想，曹操、孫權為報仇而亂殺人，別人也是有父親的，別人為什麼就不能殺他兩個人的父親？為私仇亂殺無辜，能簡簡單單說一個「孝」就可以了嗎？

諸葛亮身為蜀國統領內外事務的大臣，他也仿效別人。諸葛亮統兵火燒藤甲兵三萬多人，赤壁之戰曹操八十三萬大軍最後剩下幾千人，加上火燒博望坡，火燒新野，打荊州，取西川，哪一場戰爭不是以殺人多為功績。打著「恢復漢室」的旗號，連年發動戰爭，前後六次北伐，致使蜀國國庫空虛，人口減少，自己也不幸累死，到死也沒有實現願望，留下的只是堆堆白骨。無怪乎陳壽在《三國志》中評價諸葛亮：「然連年動眾，未能成功，蓋應變將略，非其所長歟！」

歷史長河中，普通人的生命顯得那麼輕如鴻毛不值一提，他們每個人的喜怒哀樂，每個人的家庭幸福都顯得那麼微不足道，戰爭會無情地把他們摧毀碾碎。巴布．狄倫這首反戰歌曲〈隨風飄逝〉：「一個人要有多少隻耳朵／才能聽見民眾呼號／多少人死後他才知道／無數的人性命已拋？」真希望好戰分子們放棄所謂的功名，放棄急功近利的貪心，唱唱這首歌曲，淨化淨化自己的心靈。

第六章

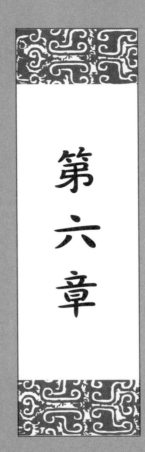

以逸道使民，雖勞不怨；以生道殺人，雖死不忿。

——孟子

劉備並未以〈隆中對〉的方略為念，孜孜以求實現，當然也沒有把諸葛亮放在運籌帷幄的地位，大事向他諮詢。劉備死前，諸葛亮長時間內並不在劉備身邊，戎機大政，並無諸葛亮參贊其間的事實，決計入蜀和叛攻劉璋，是法正、龐統之謀。他在荊不得預入蜀之謀，在蜀不得參出峽之儀，這些關鍵之事不論正確與否，都與他無干係。

——田餘慶〈《隆中對》再認識〉

下國臥龍空寤主，中原逐鹿不由人。

——溫庭筠〈經五丈原〉

葛氏……假手於吳人，以隕關羽之命。

——章太炎《訄書》

觀人觀大節，略小節，略小故。亮初戰，宜親屆街亭，致敗，後戰，亮必在軍中。

——毛澤東讀《三國志》失街亭旁批

笑裡藏刀

《三國演義》中有兩處寫得有些誇張，一是諸葛亮三氣周瑜，把周瑜給氣死了；另一個是諸葛亮陣前罵死王朗。這兩個地方的敘述總讓人感覺有點不大自在，可能有人看到這兩段文字時會感覺挺過癮，一個活生生的人，經過諸葛亮三寸不爛之舌給說死了，但激動之後靜靜心好好想一想，諸葛亮真有如此大的能力嗎？

口舌之辯本無過錯，做為一個外交家，面對別人詰難，針鋒相對給予還擊，既能贏得外交上的主動權，又能不使國家和自己蒙灰。但是說辯之中要保持君子風範，應該是每個外交家所具備的基本素質。

諸葛亮有「超凡脫俗」的口才，但是他對於語言的運用卻不十分高明。諸葛亮平時傾向言語攻擊，他借助敏捷思維和超群口才，以逞口舌之快，舌戰群儒一段算是輝煌時期吧！諸葛亮本來是去東吳勸孫權聯劉抗曹，但他到東吳之後，不直接去找孫權，而跟孫權手下謀士展開辯論，錯誤地認為，只有說服這些謀士，聯合抗曹才能成功，結果是這些謀士雖然一時語塞，最後還是紛紛阻撓孫權決策。

「良言一句三春暖，惡語傷人六月寒。」事實上，放眼現實，罵人者以及被罵者都為數不少。

有平民百姓的人身攻擊，有政治上的惡言相鬥，甚至封建帝王也要用罵人來出心頭的怒氣，只是皇帝不叫「罵人」，而叫「申飭」。罵人給自己帶來的可能是心情舒暢，給別人送去的則是傷害。宋釋普濟《五燈會元．洪州法昌倚遇禪師》：「利刀割肉瘡猶合，惡語傷人恨不消。」

諸葛亮逞口舌之快而「舌戰群儒」，把談判變成爭論，把爭論變成了人身攻擊，無怪乎黃蓋厲聲言曰：「孔明乃當世奇才，君等以唇舌相難，非敬客之禮也。曹操大軍臨境，不思退敵之策，乃徒鬥口耶！」又對諸葛亮說：「愚聞多言獲利，不如默而無言。何不將金石之論為我主言之，乃與眾人辯論也？」

諸葛亮三氣周瑜大概是他最引以為榮的事情吧，可是在他高興之餘應該想想這樣做會給他帶來什麼嚴重後果。

諸葛亮與周瑜真正見面是在赤壁之戰中，諸葛亮為保劉備不被曹操所滅以及達到三分天下的目的而聯吳抗曹。赤壁之戰曹操慘敗，周瑜想乘機奪取南郡，劉備也想得到南郡，可是諸葛亮卻讓劉備對周瑜說：「東吳先取南郡，若取不下，劉備再取。」

周瑜信以為真，派蔣欽、徐晃、丁奉攻打南郡，打敗曹仁、牛金，周瑜親自出馬，得夷陵。曹仁、曹洪假意棄城逃走，周瑜入城，落入陷坑左肋中箭，周瑜將計就計回營詐死，曹仁等劫寨中計，兩軍展開一場廝殺，曹仁大敗而走。可周瑜兵到南郡時，諸葛亮已經命令趙雲乘周瑜跟曹仁大戰時搶先占了南郡，還說諸葛亮令張飛已取荊州，令關羽已取襄陽，周瑜聽後金瘡迸裂，這是諸葛亮一氣周瑜。

諸葛亮二氣周瑜是在魯肅討荊州，孔明許諾得西川後歸還，但周瑜看出劉備與諸葛亮的陰謀，認定他們即使得到西川也不會歸還荊州，於是周瑜想殺死劉備，恰巧劉備的甘夫人新死，周瑜設下美人計，讓劉備與孫權的妹妹成親，不想弄假成真，劉備帶著孫夫人一同逃走了。

第五十六回是諸葛亮三氣周瑜，劉備逃回荊州，惹怒孫權，東吳決定依附曹操滅掉劉備。孫權派魯肅再次要還荊州，劉備就是不肯還，周瑜用計出兵假取西川實奪荊州，諸葛亮不但排兵布陣阻撓而且還襲擊東吳軍隊，周瑜奪西川而不能，要荊州而不還，傷口迸裂，摔於馬下。

前後三次都使周瑜氣迸傷口，周瑜為什麼氣呢？是他度量小嗎？如果認真看這三氣周瑜的過程，就能有些收穫。第一次是因為諸葛亮失信，本來孫劉兩家是聯盟關係，而且事先說好劉備不取南郡，正當周瑜前方拚命換回勝利時，諸葛亮乘人之危奪了南郡，周瑜能不氣憤嗎？後兩次是劉備向東吳借的荊州，東吳屢次要還都賴著不還，不還也就罷了還強詞奪理，聲稱荊州本來就是漢朝的疆土，劉備是皇叔理所當然占有。這種無賴，周瑜能不氣嗎？再說周瑜中了毒箭傷，能保住命就不錯了，哪還架得住屢屢受氣啊！

而王朗也是另一個受害者，諸葛亮收了姜維後，整頓軍隊繼續前進，魏國慌忙派人前來阻擊。曹魏與蜀漢對壘，曹真領大軍來到長安，過渭河之西下寨。曹真與王朗、郭淮共議退兵之策。王朗說：「來日可嚴整隊伍，大展旌旗。老夫自出，只用一席話，管教諸葛亮拱手而降，蜀兵不戰自退。」

第二天，兩軍相迎，列陣勢於祁山之前。諸葛亮舉目見魏陣前三個麾蓋，旗上大書姓名：中央白髯老者，乃軍師司徒王朗。王朗對諸葛亮說：「久聞公之大名，今幸一會。公既知天命，識時務，何故興無名之兵？」諸葛亮曰：「吾奉詔討賊，何謂無名？」王朗首先說出一大套理論，甚至勸諸葛亮「倒戈卸甲，以禮來降，不失封侯之位」。

諸葛亮聽後在車上大笑曰：「吾以為漢朝大老元臣，必有高論，豈期出此鄙言……吾素知汝所行：世居東海之濱，初舉孝廉入世；理合匡君輔國，安漢興劉；何期反助逆賊，同謀篡位！罪惡深重，天地不容！天下之人，願食汝肉！……汝既為諂諛之人，只可潛身縮首，苟圖衣食；安敢在行伍之前，妄稱天數耶！皓首匹夫，蒼髯老賊！汝即日將歸於九泉之下，何面目見二十四帝乎！老賊速退！可教反臣與吾共決勝負！」王朗聽罷，氣滿胸膛，大叫一聲，撞死於馬下。

諸葛亮太狠了，他把王朗生平事蹟給複述了一遍，其間還夾雜著個人感情因素，任意貶低、鄙視、諷刺、挖苦。王朗是漢朝元老不假，可漢朝已經不存在了，現在保的是曹魏，「賢臣擇主而侍，良禽擇木而棲」，不能原來主人死了，做臣子的就必須跟著去死吧！

王朗跟時而動，何錯之有？兩軍陣前，王朗先禮後兵，可稱君子，而諸葛亮口出不遜，哪有大將之風範。其實王朗也並非真的被諸葛亮給罵死，他作為三朝老臣，年事已高且鞍馬勞頓，身體肯定有些受不了，諸葛亮的謾罵只是一個誘因而已。前者氣死周瑜是因為他的毒箭傷復發，後者罵死王朗，是因為他的年事已高，諸葛亮用言語攻擊一病一老，可見心有多狠、手有多黑了。

諸葛亮投機於大眾語言魅力心理，掩蓋了誠信之本和孝賢之道。可歎啊！歷經千百年，人們仍被諸葛亮氣死周瑜、罵死王朗的假象所迷惑。

獨占鰲頭

劉備三顧茅廬請出諸葛亮，諸葛亮出山後伴隨劉備東征西討，此時的劉備缺人缺將，可他並沒有立即向劉備推薦龐統，當劉備親見龐統後，決意要挽留龐統為自己效命，諸葛亮此時才說了兩句不痛不癢的話。在這之前諸葛亮為什麼不推薦龐統？是不能？還是不想？

金庸武俠小說《天龍八部》中，喬峰和慕容復有「北喬峰南慕容」之稱，近代書畫界也稱齊白石和張大千為「南張北齊」。人們喜好把相同或類似的人或物擺在一起看，這樣可以非常明顯地看出兩樣事物的屬性，《三國演義》中論述人才時也用一個並稱——「臥龍鳳雛」。

電影《天下無賊》有一經典臺詞：「二十一世紀什麼最貴？人才！」其實人才並不是在二十一世紀才最貴，整個歷史長河裡的每一次演變都離不開人才。綜觀《三國演義》全書，「得人者昌，失人者亡」是作者運用一切藝術方法反覆渲染的重要思想。

曹操非常重視人才，他認為：「吾任天下之智力，以道御之，無所不可。」這裡的「智」是指謀臣，「力」是指武將。他的〈短歌行〉以真摯動人的詩歌傾訴自己日夜渴望人才的心情，他以「山不厭高，水不厭深」自比，抒發自己禮賢納士的博大胸懷，希望歸附自己的人才越多越好。

他還下了三道〈求賢令〉，被眾多的人奉為古代愛才的範例，常常使後世懷才不遇者自恨生不逢時，不得其主。

《三國演義》以曹操的愛才性格為基礎，揮灑豐潤，構思了許多感人情節，比如，攻克冀州後，他令人遍訪冀州賢士，得崔琰。而他不僅對主動投靠自己的人禮遇重用，而且對敵營中的人才也倍加喜愛：見許褚「威風凜凜，心中暗喜」，見徐晃「威風凜凜，暗中稱奇」，見賈詡「應對如流，甚愛之」，然後想方設法爭取過來為己所用。曹操禮遇關羽的故事，更是膾炙人口，可稱得上是中華民族愛才的千古佳話。由於愛才情深，曹操常常產生對人才深深惜憐，他的數哭郭嘉、典韋，令捧讀者不禁潸然垂淚。正因為曹操愛才惜才，善於羅致人才，才打造成「猛將如雲，謀士如雨」的強大陣容，為他實現「摧滅群逆，克定天下」的政治抱負打下了牢靠基礎。

與曹操相對的則是袁紹，他在起兵之初躊躇滿志地對曹操說：「吾南據河，北阻燕代，兼沙漠之眾，南向爭天下，庶可以濟乎？」顯然，在他的心目中，重點是掠地擴疆，不知人才寶貴，也就談不上出色的識人、用人。官渡之戰就是袁紹迫害人才，導致人才流失以及不善用人的結果。

劉備一開始還感歎，自己之所以半生落魄不遇，是因為「命運多蹇」，作者透過世外高人司馬徽之口匡謬說：「不然，蓋因將軍左右不得其人耳。」然後說了一句最能表達人才價值的話：「伏龍、鳳雛，兩人得一，可安天下。」

「伏龍」說的是諸葛亮，「鳳雛」指的是龐統。司馬徽說兩人有安天下之才，可是歷史中留給後人最多的是諸葛亮的才華，卻很少見到龐統的事蹟。難道真與龐統早死有關？龍鳳本應成雙，鳳早死又能給龍留下什麼呢？

《三國志》記載：「龐統字士元，襄陽人也。少時樸鈍，未有識者。潁川司馬徽清雅有知人鑒，統弱冠往見徽，徽採桑於樹上，統坐在樹下，共語自晝至夜。徽甚異之，稱統當南州士之冠冕，由是漸顯。」

龐統是龐德公從子，諸葛亮的二姊嫁給他大哥龐山民，說起來兩人還有親戚關係。劉備占據荊州，任荊州牧，龐統以從事的身分試署耒陽縣令，在任不理縣務，治績不佳，被免官。吳將魯肅寫信給劉備，推薦龐統，信中說：「龐士元非百里才也，使處治中、別駕之任，始當展其驥足耳。」（《三國志．龐統傳》）於是，劉備召見龐統，兩人縱論上下古今，劉備對他大為器重，任命他為治中從事。此後，劉備倚重龐統的程度僅次於諸葛亮，龐統和諸葛亮同為軍師中郎將。

龐統受到劉備厚愛，與諸葛亮平起平坐，龐統才華出眾，當在諸葛亮之上，司馬徽說他為「南州士之冠冕」，也就是頭號種子選手。劉備得到兩人，表面上是很風光，可他沒想到兩人權力分配的問題。俗話說「一山容不下二虎」，諸葛亮一心想做管仲之能臣，獨扶劉備成大業，而龐統也是經天緯地之才，豈有甘心被別人指揮之理。諸葛亮初出茅廬時沒有及時向劉備推薦龐統，不是他沒有想到，而是他根本就不想。龐統跟他是朋友又是親戚，他怎能不瞭解他的情況，諸葛亮相當瞭解，正因為他非常瞭解龐統，所以他根本不願意兩人一起輔佐劉備。

龐統來到劉備身邊後，果然對諸葛亮的戰略有不同意見。諸葛亮三分天下時說劉備要先奪取荊州作為立足之地，龐統則不以為然，他曾對劉備說：「荊州荒蕪殘敗，人物流失殆盡。且東有孫權，北有曹操，難以有大的發展。益州戶口百萬，土地肥沃，物產豐饒，如果真能奪取此地，以為根基，當可成就大業。」

諸葛亮謀劃是先占荊州再圖發展，龐統則認為荊州這地方不好，應該奪了益州再圖大業，兩人戰略目標不同，哪能談得上同心協力。建安十六年（西元二一一年），益州牧劉璋，迎接劉備入益州共拒張魯，龐統借機向劉備獻上、中、下三條計策，在此之中諸葛亮沒發一言。

田餘慶在〈《隆中對》再認識〉也講到了，他說：「劉備並未以〈隆中對〉的方略為念，孜孜以求實現，當然也沒有把諸葛亮放在運籌帷幄的地位，大事向他諮詢。劉備死前，諸葛亮長時間內並不在劉備身邊，戎機大政，並無諸葛亮參贊其間的事實，決計入蜀和叛攻劉璋，是法正、龐統之謀。他在荊不得預入蜀之謀，在蜀不得參出峽之儀，這些關鍵之事不論正確與否，都與他無干係。」

劉備認為龐統說得有理，決定留諸葛亮、關羽等鎮守荊州，而自己則帶領龐統，率領數萬兵士進入益州。隊伍很快攻下涪城，諸葛亮在後方就有些坐不住了，暗想如果龐統此次成功了，自己屁股底下那把椅子坐著就不太牢靠了。

諸葛亮想要阻繞劉備繼續進軍，於是給劉備寫了封信說：「亮夜算太乙數，今年歲次癸巳，罡星在西方；又觀乾象，太白臨於雒城之分：主將帥身上多凶少吉。切宜謹慎。」裝神弄鬼，故弄玄虛。這是諸葛亮的慣用伎倆，劉備已被諸葛亮唬弄住了，接到信後猶豫不前，可龐統也不是省油的燈，他也看出這是諸葛亮在背後拆臺。「孔明怕我取了西川，成了功，故意將此書相阻耳。」

龐統也對劉備說：「統亦算太乙數，已知罡星在西，應主公合得西川，別不主凶事。統亦占天文，見太白臨於雒城，先斬蜀將泠苞，已應凶兆矣。主公不可疑心，可急進兵。」

也許是天助諸葛亮，龐統進軍途中遭遇埋伏，中箭身亡。劉備「痛惜，言則流涕」，可諸葛亮僅以「親為之拜」四字了之，以此可知亮之於統何其薄也。龐統一死，諸葛亮馬上從荊州來到劉備身邊，由他踏著龐統的血奪取了益州，把功勞攬在自己身上。可歎諸葛亮自比管仲之時，有沒有想想管仲的朋友鮑叔牙，想想鮑叔牙為朋友而犧牲自己利益的博大胸襟。

管仲，青年時經常與鮑叔牙交往，鮑叔牙知道他有賢才，而管仲家境貧困，常常欺騙鮑叔牙，鮑叔牙卻一直待他很好，不將這事聲張出去。後來鮑叔牙服侍齊國的公子小白，管仲服侍公子糾，到了小白立為桓公的時候，公子糾被殺死，管仲也被囚禁。鮑叔牙就向桓公保薦管仲，管仲被錄用以後，在齊國掌理政事，齊桓公因此而稱霸，多次會合諸侯，匡救天下，都是管仲的謀略。

管仲說：「當初我貧困的時候，曾經同鮑叔牙一道做買賣，分財利往往自己多得，而鮑叔牙不將我看成貪心漢，他知道我貧窮。我曾經替鮑叔牙出謀辦事，結果事情弄得更加困窘和無法收拾，而鮑叔牙不認為我愚笨，他知道時機有利和不利。我曾經三次做官又三次被國君斥退，鮑叔牙不拿我當無能之人看待，他知道我沒遇上好時運。我曾經三次打仗三次退卻，鮑叔牙不認為我是膽小鬼，他知道我家中還有老母。公子糾爭王位失敗之後，我的同事召忽為此自殺，而我被關在深牢中忍辱苟活，鮑叔牙不認為我無恥，他知道我不會為失小節而羞，卻為功名不曾顯耀於天下而恥。生我的是父母，瞭解我的是鮑叔牙啊！」

鮑叔牙薦舉管仲之後，甘心位居管仲之下，他的子孫世世代代享受齊國的俸祿，有封地的就有十幾代人，其中常常是著名的大夫。天下人不但稱讚管仲的賢能，而更加稱讚鮑叔牙善於識別人才。

有一個寓言故事說，曾經有個玉器收藏家，買到一個非常珍貴的玉器，愛不釋手，把它作為自己收藏中的至寶，並且從未見過世面上出現和自己玉器一模一樣或類似的玉器。於是更加珍貴，自認天下第一，四處炫耀，奇貨可居。突然有一天，他發現有人拿出和自己一樣的玉器，而且比他的成色還好，他就坐不住了，經過層層關節，花言巧語，軟硬兼施，採取了各種手段，終於把那塊玉器也買到手。這一天，他把所有玉器界的名人們請到家裡，拿出這兩塊玉，讓大家鑒賞，正當大家紛紛讚歎第二塊玉時，收藏家突然拿起來扔在地上，摔成了碎片，在場所有的人都被他的舉動震驚了。而他揚揚得意的說，現在哪個玉更好些？從此以後他收藏的第一塊玉器就成了真正的「獨一無二」。

諸葛亮和龐統被世人稱為臥龍、鳳雛，龍鳳本應成雙，如今鳳已死，只剩下龍自己，他的地位將更加珍貴。

借刀殺人

關羽字雲長，本字長生，河東解人，因為背負人命逃亡涿郡，巧遇劉、張後桃園結義，是劉備起兵之時的左膀右臂。拜為蜀國五虎上將之首，自桃園三結義以來開始輔佐劉備，直至建安二十四年，敗走麥城被東吳所殺。那麼東吳是如何殺關羽的？關羽為什麼會被東吳所殺？章太炎在《訄書》說「葛氏……假手於吳人，以隕關羽之命」，事實真是這樣嗎？

關羽被殺後，蜀國國運在一定程度上可說是開始顯出衰落之勢，因為在關羽被殺之後，劉備親率七十萬大軍進攻東吳，結果讓陸遜火燒連營七百里，慘遭失敗，劉備氣死白帝城。在此期間，三結義中的張飛也因士兵叛亂被殺，開創蜀國天下最早的三個人相繼去世，給蜀國帶來致命打擊。針對關羽的死，可能有人會認為是他的驕橫、狂妄所致。可我們細看，就會有驚人發現，在關羽致死的背後還有一個不可告人的幕後黑手。

建安二十四年，關羽發動了襄樊戰役，雖然水淹七軍，痛打曹魏，但結果卻是使荊州失守，自己也敗走麥城慘遭殺害。叫人不可思議的是在整個襄樊戰役中，從開始一直到結束，前前後後長達半年之久，從前期吳魏兩國使者的頻繁來往，繼而發展到曹操派遣將領增援樊城，如此聲勢浩大的軍事行動，蜀漢方面竟沒有採取任何對策。最後當關羽敗走麥城，全軍覆沒之際，蜀軍援兵也還是遲遲不至，這不能不引起了後人的種種猜疑。蜀漢統治者們在忙什麼呢？荊州作為他們的戰略要地，為何眼睜睜看著失守而不派兵援救？

在此我們重新翻看襄樊之戰的前因後果，認真剖析一下當時的情況，不難發現關羽的死與蜀國軍師諸葛亮有些微妙的關係。

諸葛亮出山之前，關羽已經跟隨劉備南征北討多年了，自關羽出世以來，溫酒斬華雄，三英戰呂布，斬顏良誅文醜，過五關斬六將，可說是風頭出盡、名震四海，在劉備軍中有不可替代之位，況且劉、關、張三兄弟感情深厚，寢食相伴，不離不棄。

關羽脾性霸道，狂妄，目空四海，眼中無人，好像對天下武將不屑一顧。《三國志》中記載，建安十九年，劉備攻打益州時，西涼馬超來投奔劉備，劉備喜出望外，封馬超為平西將軍，跟關羽同級。遠在荊州的關羽聞之極為不滿，當即寫信給諸葛亮，「問超人才誰可比類」，諸葛亮回答說：「孟起（馬超）兼資文武，雄烈過人，一世之傑，黥、彭之徒，當與益德並驅爭先，猶未及髯（關羽）之絕倫逸群也。」——「羽省書大悅，以示賓客。」

建安二十四年，劉備自稱關中王，欲重用黃忠為後將軍，諸葛亮說：「忠之名望，素非關、馬之倫也。而今便令同列。馬、張在近，親見其功，尚可喻指；關遙聞之，恐必不悅，得無不可乎！」劉備擔心關羽不高興，派費詩前往關羽處，同時拜關羽為前將軍。但關羽聽了此事後，大怒，說「大丈夫終不與老兵同列」。透過這兩件事情可看出關羽的跋扈性格非同一般。

本來諸葛亮沒來之前，三兄弟是「寢則同床，恩若兄弟」，可當諸葛亮初出茅廬後，劉備「與亮情好日密」兩人吃在一起，睡在一起，關羽、張飛就很不高興。《三國志》中記載：「羽善待卒伍而驕於士大夫。」諸葛亮是士大夫之首，當然關羽對他有時不太放在眼裡，雖然表現不明顯，可是整個三國之中，關羽始終對諸葛亮不冷不熱，換句話說，聽諸葛亮調遣完全是看大哥劉備的面子。

赤壁之戰，諸葛亮建立奇功，不僅鞏固了他在劉備集團中的地位，而且樹立了一定的威信，使眾人對諸葛亮刮目相看。但關羽卻由過去的輕視變成了嫉妒，王夫子對此看得十分清楚，他說：「昭烈之敗於長阪，羽軍獨全，曹操渡江，不能以一矢相加遺。而諸葛公東使，魯肅西結，遂定二國之交，資孫氏以破曹，羽不能有功，而功出於亮。劉琦也曾說過：朝廷養兵三十年，而大功出一儒生。羽於是以忌諸葛者忌肅，因之忌吳，而葛、魯之成謀，遂為之滅裂而不可復收。」諸葛亮處處顯示自己的行為，與關羽跋扈性格處處碰撞。

諸葛亮當然也找了個機會整治一下關羽，赤壁之戰中，讓關羽去守華容道逮曹操，先不說關羽是不是義釋曹操，單就兩軍對壘廝殺，以關羽一人之力，無論如何也敵不過曹操手下大將，如許褚，張郃。諸葛亮明知關羽此去一定拿不到曹操，還使用激將法，逼迫關羽立下軍令狀，等關羽無功而返時，諸葛亮就拉下臉，按照軍令狀要殺關羽，沒辦法還得由劉備一把鼻涕一把淚求情才赦免了。

這是諸葛亮用了一個巧妙策略，本來〈隆中對〉中就已經設計好了，要三分天下然後再圖大計，赤壁之戰中曹操能敗，不能殺。在華容道截曹操本身就是一件棘手的事，誰去都是一個結果——殺不了，也逮不著。諸葛亮想整治關羽，排兵布陣時，就是不點關羽的將，關羽自己實在憋不住了，親自請求出戰，可也就剩下華容道一處了，此時，諸葛亮又表現出很為難的樣子，說我本來想讓你去守最重要的一個隘口——華容道，可是我又怕你因為意氣用事，把曹操給放了。關羽果然中套，立軍令狀以表其心，諸葛亮的用心並不高明，劉備就曾對諸葛亮說：「吾弟義氣深重，若曹操果然投華容道去時，只恐端的放了。」諸葛亮說：「亮夜觀乾象，操賊未合身亡。留這人情，教雲長做了，亦是美事。」簡單的幾句話就把他的用心遮掩過去，而且還賣了個人情。可是真等關羽無功而回時就變了臉，把關羽給耍了。

諸葛亮透過這件事要挫挫關羽的銳氣，樹立自己的威信，在無形中抬高自己治軍嚴謹又仁愛的良好形象。

諸葛亮隱居隆中就「藏器在身」，等待機會，他的好友反問他可仕至何官時，「亮但笑而不言」。為什麼笑而不答？就是因為不滿意做刺史、郡守這樣的小官職，他的雄心抱負無法向別人表達。

劉備三顧茅廬請出諸葛亮，為他的抱負開始大展鴻圖，可要做到一人之下，萬人之上的地位，也不是一件容易的事。看看劉備身邊就有很多志士能人，關羽、張飛則是在劉備面前比任何人都混得開，首先他們就是最大障礙。

早年，國學大師章太炎曾提出一個大膽猜測，他認為，關羽鎮守荊州，手握重兵，驕狂不可一世，不但易代（劉備死後）之後將難以對付，即使劉備健在之時，諸葛亮也很難越過關羽這道屏障而攝取更大的權力。故「葛氏」寧可丟失荊州，也要假吳人之手除掉關羽。

荊州是諸葛亮隆中三分天下策略的重點，關羽在時機未成時期貿然發動戰爭，儘管當時諸葛亮還沒有執掌軍政大權，可作為劉備請出的軍師，對當時的情景也要提醒劉備，目前天下還沒有到〈隆中對〉中所說的「天下有變」，此時攻打襄樊是個不成熟的軍事行動。試想如果當時諸葛亮提醒劉備，劉、關、張三兄弟感情那麼深厚，能輕易讓關羽涉險嗎？

話又說回來了，即使當時諸葛亮也沒有看明白其中的危險，那麼襄樊戰役開打後，前後經歷半年之久（從建安二十四年七月開始至十二月結束），不用說吳國始終密切關注，作為參戰國蜀地怎能就不知道呢？自荊州借出去那天起，吳國自始至終也沒忘記要收回來。關羽前去攻打襄樊，荊州城防空虛，吳國隨時都有可能去偷襲，天天打仗的諸葛亮豈能思慮不到？至於為什麼不勸止，也不派兵增援，只有一點能說明此事：諸葛亮故意為之。

正如章太炎大師猜測，關羽不論是在權力方面，還是跟劉氏家族的感情方面都要比諸葛亮高出一籌，諸葛亮想在蜀國達到他要的地位，不是一件很容易的事。其中關羽就是一個絆腳石，正好關羽不知道深淺，貿然發動戰爭，天賜機緣，諸葛亮對此次戰爭來個不聞不問。

正是由於諸葛亮的不作為，致使荊州丟失，關羽被殺。

替罪羔羊

古人云：「天下安，注意相；天下危，注意將。」諸葛亮北伐時期，蜀國經過劉備一敗已經大傷元氣，加上南征，綜合國力雪上加霜。不說大環境三國鼎立始終處於危機狀態，單講蜀國自己也已顯現羸弱之態。恰巧此時諸葛亮第一次北伐就失敗了，而人們把失敗的責任全部推給了馬謖，都說是因為馬謖失街亭才導致全盤皆輸，馬謖因此獲罪被殺。

事情過去了一千八百多年，街亭之敗，馬謖之死已成定局。值得人們懷疑的是，街亭那麼重要的戰略重地，諸葛亮為什麼派一個不懂實戰的馬謖駐守？勝敗乃兵家常事，為什麼馬謖戰敗就必須被殺呢？

建興六年春，諸葛亮開始北伐，由於諸葛亮「欽點」的先鋒馬謖嚴重缺乏實戰經驗，駐守街亭時被魏將張郃輕而易舉地擊敗，導致蜀漢政權這場由諸葛亮策劃的首次北伐不但整個無功而返，而且還遭受了一定的損失。本來諸葛亮也不希望馬謖失敗，馬謖出征時諸葛亮還給他派了大將王平做他的副手，可他沒有充分評估到馬謖理論雖強，卻沒有實戰，而所派的副手王平雖然大字不識一筐，打仗卻是老手。針對街亭的重要性，諸葛亮不讓王平主持，看得出諸葛亮有意提拔馬謖，培植黨羽。

馬謖是馬良的弟弟，諸葛亮跟馬良稱兄道弟感情很好。《三國志・馬良傳》：「臣松之以為良蓋與亮結為兄弟，或相與有親；亮年長，良故呼亮為尊兄耳。……良弟謖，字幼常，以荊州從事隨先主入蜀，除綿竹成都令、越巂太守。才器過人，好論軍計，丞相諸葛亮深加器異……。」《襄陽記》曰：「建興三年，亮征南中，謖送之數十里。亮曰：『雖共謀之歷年，今可更惠良規。』謖對曰：『南中恃其險遠，不服久矣，雖今日破之，明日復反耳。……夫用兵之道，攻心為上，攻城為下，心戰為上，兵戰為下，願公服其心而已。』亮納其策，赦孟獲以服南方。」馬謖的計謀跟諸葛亮所想不謀而合，自然很受諸葛亮器重。

諸葛亮親自提拔馬謖，與之過從甚密，而馬謖又長期處於權力中心，是熟知蜀漢軍政事宜和局勢的謀士和親信，諸葛亮讓馬謖當先鋒大將，為的是馬謖因此可以積累戰功，把馬謖提拔到更高的政治階層來增加籌碼。

《戰國策》中有類似事情的記載，趙太后剛剛執政，秦國就急忙進攻趙國。趙太后向齊國求救，齊國說：「一定要用長安君來做人質，援兵才能派出。」趙太后不肯答應。左師觸龍去見太后，說：「從前趙國建立的時候，被封侯的子孫沒有後繼人了，不光是趙國，其他諸侯國君被封侯的子孫，他們也沒有後人在了，他們當中禍患來得早的就降臨到自己頭上，禍患來得晚的就降臨到子孫頭上。難道國君的子孫就一定不好嗎？這是因為他們地位高而沒有功勛，俸祿豐厚而沒有勞績，占有的珍寶卻太多了啊！現在您把長安君的地位提得很高，又封給他肥沃的土地，給他很多珍寶，而不趁現在這個時機讓他為國立功，一旦您百年之後，長安君憑什麼在趙國站得住腳呢？」

馬謖現在的情況有些相似之處，諸葛亮想重用他，無奈他以前沒有功勞，但現在機會來了，在此次選拔北伐先鋒人選的問題上，諸葛亮充分表現出了他性格當中剛愎自用的一面。劉備臨終前，曾特別提醒過諸葛亮，說馬謖是個外強中乾之輩，不能把重任交給他，然而在劉備去世以後，「亮猶謂不然，以謖為參軍，每引見談論，自晝達夜」，可見諸葛亮並沒有把劉備的告誡當回事，其行為甚至可以說是「背主」。最後由於馬謖嚴重缺乏實戰經驗，導致諸葛亮所統帥率的數路大軍，被曹魏五大名將之一的張郃輕易於街亭一帶先後逐個擊破。

如果北伐取得一定戰果，那什麼問題都會煙消雲散，然而此次北伐不但無功而返，還遭受了較大的損失，在這樣的情況下，有些問題便顯得格外嚴重起來。

首當其衝，諸葛亮要面對如何承擔他「違眾拔謖」致使街亭失守的失敗責任。

首先，就要接受來自魏延等實力派幹將的質疑，先帝臨終前已經明確表示「馬謖言過其實，不可大用，君其察之」，你還要違背先帝意旨，不用我們而「違眾拔謖」。

其次，也是他最怕的，來自朝中政治對手李嚴等人的詰難。諸葛亮一直在排擠李嚴，在這次北伐的整個過程中，身為「統內外軍事」的託孤大臣李嚴甚至未能有一點點發表意見和發揮影響力的機會。李嚴身守江州，始終漂泊在外，要想回朝廷內部，如此大好的時機他怎能錯過？

面對如此嚴重的政治危機，諸葛亮一方面上表自貶：「臣明不知人，恤事多闇，春秋責帥，臣職是當。請自貶三等，以督厥咎。」然而他也知道僅僅是「授任無方」、「明不知人」這樣的說法，是不可能擺脫李嚴，甚至於是魏延、吳懿等人的責難，因此另一方面全權指揮北伐戰役的諸葛亮還需要有一個人來承擔這次失敗的責任，以便給自己一個脫身的機會，而這個機會顯然就只能來自於馬謖。於是其後果也只能是「戮謖以謝眾」，諸葛亮則貶為右將軍，但卻依然「行丞相事，所統如前」，馬謖則做了他的替罪羔羊，成為這場政治權力鬥爭中的犧牲品。

作為諸葛亮親自提拔的先鋒大將，馬謖當時並沒有像廣為流傳的那樣去諸葛亮那裡請罪，而是在軍敗之後選擇了畏罪潛逃一途，後來被緝捕歸案，在諸葛亮判其死刑後，還沒來得及執行，就於獄中病故。馬謖之所以潛逃，就是因為馬謖自己也很清楚，他這一敗諸葛亮所要面對的後果，諸葛亮要想保全自己，自己就必須死，他不死諸葛亮就不能擺脫責任。

因此在獄中他才會在給諸葛亮的信中這樣說：「願深惟殛鯀興禹之義，使平生之交不虧於此，謖雖死無恨於黃壤也。」「殛鯀興禹」是說鯀盜「息壤」治水，被天帝知道後，派火神祝融將鯀殺死在羽郊，取回了息壤，洪水再次氾濫。鯀死不瞑目，可是奇蹟發生了，從鯀的肚子裡跳出一個人來，那就是鯀的兒子禹；禹承父業，又歷經九年，終將洪水澈底制伏。

他援引「殛鯀興禹」這個典故並使用「使平生之交不虧於此」這樣的語句，一方面表明了他自承有罪，另一方面無疑也表明了他希望在目前不得倖免的形勢下，能以他來承擔罪責的這一舉動，換取讓諸葛亮躲過對手攻擊，再繼續主導蜀漢政權的局面。

結果是諸葛亮表現出一副嚴肅的態度，下定決心必殺馬謖，丞相參軍李邈求情被諸葛亮擋了回去。「馬謖在前敗績，亮將殺之，邈諫以『秦赦孟明，用伯西戎，楚誅子玉，二世不競』，失亮意，還蜀。」

這充分說明了他此刻非常需要馬謖去死，不然就不會對勸阻殺馬謖的人厭惡到如此地步。由此可見他一再堅持要將馬謖處死，而在判決馬謖死刑時卻又「為之流涕」，馬謖死後又「自臨祭，待其遺孤若平生」的態度，絕非僅僅出自於他與馬氏兄弟的深厚感情，還有著更深層次的政治原因在內，也正是這些原因導致他非殺馬謖不可，而且還唯恐殺不成。

實際上，真正可以導致馬謖被處死的罪狀，乃是馬謖畏罪潛逃一事。但奇怪的是，在諸葛亮請罪自貶的表章中，對此事卻連一個字也沒提起，這也正是諸葛亮的厲害之處。

因為此刻的諸葛亮，需要讓馬謖來承擔起北伐失敗的主要責任，如果馬謖是因為畏罪潛逃而被處死，顯然在北伐失敗的問題上，諸葛亮所要承擔的責任就要更大一些。這一來對他自己所做的處罰就會顯得輕了很多，不足以平息這場政治危機，因此他才對此一字不提。而這樣做的結果乃是他成功依靠馬謖之死，暫時解脫了這次可以危及他本人，乃至整個荊楚集團，在蜀漢政權中主導地位的危機。

諸葛亮的揮淚斬馬謖，看來完全不像一直以來人們稱讚不已的那樣，是表明諸葛亮執法嚴明過於孫武，以及他具有高尚道德情操的例證，相反的如果聯繫他縱容、變相支持法正濫殺無辜的事例來看，正好表現了他剛愎自矜而又嫻於政治的手腕，即作為一名權臣在政壇上善於翻手為雲覆手為雨的一面。

諸葛亮雖然借馬謖的人頭，成功的暫時擺脫了這場軍事和政治上的危機，但是他既沒有取得軍事上的成果，也沒能在政治上進一步穩固自己的地位，更嚴重的是，他非但沒有證明自己在軍事上的能力，還給李嚴以及像魏延、吳懿這樣的軍中宿將和在軍事上有著多次成功記錄的對手們，留下了質疑他軍事能力的把柄。因此他這次北伐的目的全然沒有達到，甚至在政治上還可以說是完全失敗和大大地退了一步。

唐代詞人溫庭筠在他的一首詞中寫道：「下國臥龍空寤主，中原逐鹿不由人。」諸葛亮混淆視聽，避重就輕，推卸責任，捨車保將。馬謖之死完全是諸葛亮逼的，是馬謖做了諸葛亮的替罪羔羊。

第七章

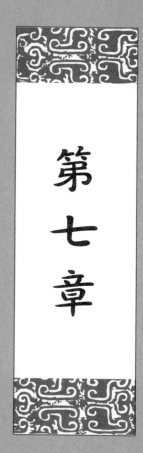

此輩結黨營私，朋求進取，以同異為愛惡，以愛惡為是非……翻雲覆雨，倏忽萬端。本為小人之交，豈能責以君子之道。

——紀昀《閱微草堂筆記》

魏延激精兵五千，從褒中取長安，而孔明不用，以正取勝，數出無功，繼之以死。

——于慎行《談史漫錄》

文長剛粗，臨難受命，折衝外禦，鎮保國境，不協不和，忘節言亂，疾終惜始，實惟厥性。

——楊戲〈季漢輔臣贊〉

孔明有立功之志，而無成功之量；有合眾之仁，而無用眾之智。

——何去非〈何博備論〉

七縱七擒強壓弱，六征六敗將非神。鞠躬盡瘁雕枯朽，徒弄聰明誤蜀人。

——徐文華〈武侯歎〉

任何一個人都要人支持。一個好漢也要三個幫，一個籬笆也要三個樁。荷花雖好，也要綠葉扶持。這是中國的成語。中國還有一句成語，三個臭皮匠，合成一個諸葛亮。單獨的一個諸葛亮總是不完全的，總是有缺陷的。

——毛澤東

任人唯親

中國歷史從古至今，每到一個朝代都會面臨用人制度的問題，所謂「一朝天子，一朝臣」。新主人上臺後首先面對的，是如何把親信自己的人員安排到重要的位子上，這期間會有「任人唯親」或是「任人唯賢」的選擇，選擇標準不同就會產生不一樣的效果。那麼諸葛亮的用人標準是什麼？他的標準又能給蜀漢帶來什麼樣的後果呢？

「任人唯親」，依據他人跟自己的關係來確定是否升降，不僅是對別人的不公平，也容易使內部產生結黨營私的現象，清人紀昀的《閱微草堂筆記》說：「此輩結黨營私，朋求進取，以同異為愛惡，以愛惡為是非……翻雲覆雨，倏忽萬端。本為小人之交，豈能責以君子之道。」顧名思義，「任人唯親」是指在任用下屬時，以對象和自己的親密程度為依據，任用親屬、親友和親信。如果說「德」和「才」是任用對象本身所具有的特性，不因用人者的不同而不同，「親」則指的是用人者和任用對象之間的關係。從用人者的角度來說，「親」的因素離自己最接近、最可琢磨，所以他總是有意或無意地根據這一因素來選擇下屬。它的弊病顯而易見，限制了人才選擇的視野，使有「才」、有「德」者得不到平等的展現機會，也易於在用人者周圍形成阿諛奉承和集結黨派的風氣，培養出一批庸碌無為的「小人」。中國在封建歷史長河中出現過許多結黨營私的現象，其中著名的有唐朝後期，統治集團內部出現不同派別的爭權鬥爭，史稱「朋黨之爭」。

憲宗元和三年（西元八〇八年），制科考試時，牛僧孺、李宗閔在策論中批評時政，抨擊宰相李吉甫，遭李吉甫排斥，久不敘用。到唐穆宗時，牛僧孺曾一度為相，李吉甫之子李德裕等，指斥李宗閔主持科考舞弊，李宗閔等人被貶官，鬥爭更趨複雜。朝廷大臣分化組合，形成以牛僧孺、李宗閔為首的「牛黨」，和以李德裕為首的「李黨」，兩派相互傾軋四十餘年。李黨領袖李德裕和鄭覃皆出身士族高第、宰相之子，皆以門蔭人仕，主張「朝廷顯貴，須是公卿子弟」，其理由是自幼熏染，「不教而自成」。而牛黨領袖牛僧孺、李宗閔等，多由進士登第，反對公卿子弟壟斷仕途，而在對待藩鎮的態度上，兩派也各執一詞。

李黨世代公卿，支持唐廷抑制強藩，因為節度使強大，影響他們的利益；牛黨則大多來自地方州郡，與藩鎮有千絲萬縷的聯繫，利害相關，主張姑息處之，希望朝廷承認割據事實。在對待周邊少數民族政權的問題上，雙方態度也相去甚遠。當時朝堂宦官擅權，兩黨爭相攀附權閹，以為援助，兩黨交替執政，相互攻伐，使腐敗的朝廷更加混亂。

唐武宗時，李德裕高居相位，將李宗閔貶斥流放封州；宣宗時，牛黨得勢，李黨皆被罷斥，李德裕被貶死崖州；宣宗時牛僧孺病死，牛李黨爭才告結束。唐文宗為此感慨：「去河北賊易，去朝廷朋黨難。」黨派之爭使本已弱勢的唐朝加快了它衰亡的步伐。

諸葛亮二十七歲時被劉備「三顧茅廬」請出山拜為軍師，在成長的道路上比起郭嘉、周瑜可謂是「大器晚成」，五十四歲病逝五丈原，在蜀國居高位二十七年。從諸葛亮的成才經歷來看，諸葛亮本應對選拔人才有更深的理解，然而，把劉備跟諸葛亮相比，我們不難看出，從理論上來講，諸葛亮要比劉備高出一籌，但從具體實踐來看，兩人的做法則相去甚遠。

劉備的用人方法是「皆處之顯任，盡其器能。有志之士，無不竞功」，用人不拘一格。他不但有以關、張、趙、馬、黃為代表的中原人才集團，還有以諸葛亮、龐統為代表的荊楚人才集團，更有以法正、李嚴為代表的西川人才集團，甚至包括蔣琬、魏延、楊儀、費禕等一大批文官武將。

諸葛亮的用人之策比劉備更理論化，在選拔人才上他提出：「柱以木為堅，輔以直士為賢；直木出於幽谷，直士出於眾下。」在對人才的認知上他提出：「國之有輔，如屋之有柱。柱不可細，輔不可弱，柱細則害，輔弱則傾。」然而，諸葛亮理論上實有一番工夫，但真正運用到實踐中卻不那麼盡如人意。翻看蜀國人事檔案，不難發現，諸葛亮的用人標準與他說的大相徑庭，從他欣賞提拔重用的人物中，有許多令人懷疑的地方。

親如父子的馬謖，襄陽人；臨終託付後事的楊儀，襄陽人；繼其執政的蔣琬，零陵人；費禕，江夏人；姜維，關西人；〈出師表〉推薦給後主的董允，南郡人；郭攸之，南郡人；向寵，襄陽人。

零陵、江夏、襄陽、南郡這四個地方在漢末都隸屬於荊州刺史部，也就是說他們除了姜維是關西降將外，其餘全部都是荊州人。諸葛亮，雖然是琅琊人，但其父早喪，幼年時即隨叔父諸葛玄遷居襄陽，躬耕隴畝，並與荊襄名士龐統、司馬徽等交往甚密，難道事情真就這麼巧，可這也巧得太不通常理了。諸葛亮很顯然是樹立黨派，組織荊州的「親信團」，他是荊楚派的領袖，這樣一歸納分析，就知道諸葛亮選人有任人唯親的特點。

諸葛亮所任用的人，大都是自己的心腹或從荊州帶來的「荊州班」，而對原本西蜀的「東州班」人士，和益州當地的本土人士則不太重用。諸葛亮任人唯親，製造「親信團」把持朝中大權，他想方設法樹立羽翼，又千方百計排斥其他人員進入決策層。

蜀中的彭羕是個經天緯地的人物，龐統極力向劉備推薦，經過交談，劉備歎服不已，認為他可與諸葛亮「齊足並驅」，立即請他「指授諸將」。突然冒出此人，諸葛亮竟然吃起醋來，他「雖外接待羕，而內不能善」，背後則在劉備面前打小報告，說彭羕「心大志廣，難可保安」。劉備對他自然聽信，於是很快疏遠了彭羕，將其貶官到了外郡。彭羕無故被貶，不免發點牢騷，於是又被抓住小辮子砍了頭。

馬良之弟馬謖儘管熟讀兵書戰冊，略有謀略，可他只是一個理論上的強者，於實踐上卻是一竅不通。只因諸葛亮與他哥哥感情甚好，與他也親如父子，第一次北伐時，棄先帝遺言於不顧，「違眾拔謖」。

諸葛亮任人唯親擴大自己的勢力範圍，親近之人得到提攜之後，可以成為自己繼續不擇手段謀求私利的可靠幫手，所謂「一個好漢三個幫」，最好逐漸形成一個潛在的幫派勢力，同時擴展自己的安全空間。親近之人即使不願或沒有能力成為自己的得力幫手，但他得到了提攜，至少不會壞了自己的「好事」，這同時意味著減少了其他人可能來破壞自己所做「好事」的機會。

毛澤東曾說過：「任何一個人都要人支持。一個好漢也要三個幫，一個籬笆也要三個樁。荷花雖好，也要綠葉扶持。這是中國的成語。中國還有一句成語，三個臭裨將，合成一個諸葛亮。單獨的一個諸葛亮總是不完全的，總是有缺陷的。」

聖人是至德之人；君子是至賢之人；庸人是有德缺才之人；小人是有才無德之人。聖人不常見，用人當用君子，實在是沒人也可用庸人抵擋一陣，小人應敬而遠之。得一賢臣良將富國利民，用一奸佞小人則禍國殃民。

荊州集團在諸葛亮的帶領下，排擠朝中其他大臣，比如李嚴、魏延、趙雲等等，高度擠壓致使蜀國人才凋零，諸葛亮死後，蜀國幾乎內沒有輔政之臣，外沒有禦敵之兵。

虛假捏造

中國有句俗話：情人眼裡出西施。一個人要是看誰順心，這個人怎麼煩他都高興；假如看一個人不順眼，不管這個人做多好也於事無補。三國中有一樁公案——魏延叛變被殺，表面上是因為魏延長有反骨，預示日後必反蜀，諸葛亮見其一面就下了斷言。其實真像諸葛亮所說的嗎？魏延腦後真有反骨？有沒有反骨就能決定他日後反不反蜀？畢竟這只是諸葛亮一家之言，別人無從考證。可事情也就真巧了，魏延在諸葛亮死後恰恰還真就「反」了，難道說魏延腦後真有反骨嗎？魏延日後真就反了嗎？

魏延第一次出場是在《三國演義》第四十一回。劉備敗走襄陽，引數千名百姓共同逃難，身邊不過千餘名疲敝之卒，戰將不過張飛、趙雲。劉琮一聽劉備前來，閉而不見，命蔡瑁、張允據城不開，後面曹操大軍緊緊追趕。劉備是，進，沒有地方去；退，沒有路可走，真可謂「上天無路，入地無門」，諸葛亮能耐再大，此時也不能救劉備於水火。生死存亡之際，襄陽城中殺出一員戰將，引數百人徑上城樓，砍死守門將士，開城門迎接劉備進城，此人就是魏延。此時，名將文聘從城中奔出，欲殺魏延，魏延跟文聘兩人展開激戰，手下兵卒死傷大半，劉備又拒絕入城，魏延只得孤身一人投靠長沙太守韓玄。

第二次出場，救了黃忠，《三國演義》第五十三回寫道，劉備領關羽攻打襄陽，黃忠為報關羽不殺之恩，彎弓射中關羽盔纓，韓玄大怒，命刀斧手將黃忠推下城門問斬。千鈞一髮之際，又是魏延挺身而出，砍死刀斧手，救起黃忠，開城迎接劉備入城。

魏延本不是劉備手下將領，後來投奔劉備，長沙太守韓玄殘暴不仁，輕賢慢士，魏延慕劉備之名，殺主來投靠劉備。因為劉備打出恢復漢室江山旗號招兵買馬，自己本是忠山靖王之後，名正言順，魏延的投奔可以說是選明君、奔明主。「良禽擇木而棲，賢臣擇主而侍」嘛！可從他來到蜀營那天起就沒得到諸葛亮的好臉色。

《三國演義》中，諸葛亮一見魏延，即喝令刀斧手推出去斬首，理由是：「食其祿而殺其主，是不忠也；居其土而獻其地，是不義也。吾觀魏延腦後有反骨，久後必反，故斬之以絕禍根。」這個理由有點雞蛋裡挑骨頭了，馬超也是降將，為什麼不殺他呀？姜維還是魏國將領呢，為什麼也不殺他呢？不知道諸葛亮長了什麼樣眼睛，居然能看到別人腦後有反骨，為了這根骨頭，不管三七二十一，綁了就砍頭。

據《三國志》記載，劉備取得益州之後，魏延就一直跟著劉備「以部曲隨先主入蜀，數有戰功，遷牙門將軍」。而部曲是什麼呢？部曲制度是一種特殊的奴隸制度與宗法制度的混合體。也就是說，魏延最初跟隨劉備是半奴隸身分，而在當時，除了流民、平民，一般的寒士是不會主動成為誰的部曲的，魏延以部曲身分跟隨劉備，可看出關係非同一般。

劉備得了漢中後，想派一名大將鎮守漢中，眾人都認為此人非張飛莫屬，沒想到劉備任命的卻是魏延。《三國志》寫道：「先主為漢中王，遷治成都，當得重將以鎮漢川，眾論以為必在張飛，飛亦以心自許。先主乃拔延為督漢中鎮遠將軍，領漢中太守，一軍盡驚。」一次大會群臣，劉備問魏延：「今委卿以重任，卿居之欲云何？」魏延道：「若曹操舉天下而來，請為大王拒之；偏將十萬之眾至，請為大王吞之。」「先主稱善，眾咸壯其言。」能取代張飛鎮守漢中，足見劉備對魏延的信任。數十年來，魏延鎮守的漢中，一直是魏人不可逾越的障礙，頗具戲劇性的是，魏延死後，鄧艾、鍾會的大軍從這裡輕鬆進入了成都。

劉備在世，魏延歷經幾次升遷，《三國志》中載：「先主踐尊號，進拜鎮北將軍。建興元年，封都亭侯。五年，諸葛亮駐漢中，更以延為督前部，領丞相司馬、涼州刺史，八年，使延西入羌中，魏後將軍費瑤、雍州刺史郭淮與延戰於陽谿，延大破淮等，遷為前軍師征西大將軍，假節，進封南鄭侯。」隨著時間推移，魏延的地位越來越高，他所表現出來的才能也是處顯鋒芒，在劉備心中地位更加牢固。諸葛亮看在眼裡，急在心中，本來自己就趕不上關、張、趙等人跟主子感情深厚，又來個討人喜歡的魏延，自己的身影又往後退了，不除魏延，以後朝中那還有我的位置啊！

魏延這個人性格狂傲、目中無人，諸葛亮每次出征，魏延皆欲自請兵萬人，如漢時韓信一樣，異道而行，在潼關會合，但諸葛亮並不應允。魏延每每向人牢騷：「延常謂亮為怯，歎恨己才用之不盡。」在大權獨攬的諸葛亮心中，他是始終將自己擺在一個凌駕於眾人之上的位置。本就不受諸葛亮喜愛的魏延，做事還是不加收斂，思想老是跟諸葛亮不符，這就加重諸葛亮對他的厭惡。

建興十二年，諸葛亮第一次北伐，在行軍路線上，魏延與諸葛亮產生分歧，諸葛亮從祁山繞道而出。魏延認為，兵貴神速，應改變路線，說：「聞夏侯楙少，主婿也，怯而無謀。今假延精兵五千，負糧五千，直從褒中出，循秦嶺而東，當子午而北，不過十日可到長安。楙聞延奄至，必乘船逃走。長安中唯有御史、京兆太守耳，橫門邸閣與散民之穀足周食也。比東方相合聚，尚二十許日，而公從斜谷來，必足以達。如此，則一舉而咸陽以西可定矣。」

《孫子兵法》有言道：「凡戰者，以正合，以奇勝。」而諸葛亮認為這個路線太危險，還是走穩妥路線好。諸葛亮棄置不用，不能說是他行軍謹慎，而是諸葛亮狡詐心理在作怪，諸葛亮出祁山不是認認真真打仗去，而是為了集權，如果一次成功了，以後該怎麼辦？

聽魏延的策略，不成功還好，要是真成功了，那諸葛亮在蜀國的地位可就一落千丈，魏延成功了，人們會說諸葛亮不如魏延有能力。那你還做什麼丞相啊！讓給魏延做吧！正是因為諸葛亮看明白這是一條好策略，不過因為是魏延提出來的，他不能採用。

諸葛亮活著的時候，魏延這個策略不能實行，那諸葛亮要是死了之後呢？那就不好確定了，為了以防萬一，還是殺了他吧！只有死人才不會洩露祕密。

明代于慎行在《談史漫錄》中認識到：「魏延激精兵五千，從褒中取長安，而孔明不用，以正取勝，數出無功，繼之以死。」諸葛亮臨死之前召開了一次祕密會議，只有長史楊儀、司馬費禕、護軍姜維知道，會議結果是蜀軍退兵，魏延斷後。諸葛亮死後，楊儀密不發喪，先派費禕到魏延這裡投石問路。魏延實話實說：「丞相雖亡，吾自見在。府親官屬便可將喪還葬，吾自當率諸軍擊賊，云何以一人之死廢天下之事邪？且魏延何人，當為楊儀所部勒，作斷後將乎？」魏延說這話也有理，出兵打仗不是兒戲，哪能因為一個人死亡就不了了之呢！

諸葛亮死前密會並不讓魏延參加，又將軍政大權交到了與他水火不容的楊儀那裡，魏延只充當個配角，自然心有不平。魏延籠絡費禕，欲聯名發布軍令，費禕多了個心眼，言：「當為君還解楊長史，長史文吏，稀更軍事，必不違命也。」旋即馳馬而去。不久，楊儀等商議撤軍，魏延大怒，率領部下先行歸蜀，沿途燒毀棧道。顯然，魏延是不想造反的，要不然何不率部投奔魏軍，既已班師回國，如何造反？

魏延上書後主劉禪，控告楊儀等人意圖造反；幾乎與此同時，楊儀上書魏延造反的急報也送到了成都。後主難決，問侍中董允、留府長史蔣琬究竟誰會造反，不幸的是，二人懷疑魏延造反。為什麼呢？因為董允、蔣琬都是諸葛亮的人，況且丞相早就說魏延腦後有反骨，日後必反。

魏延此時還不知道自己已成了蜀漢逆賊，在南谷口與楊儀交戰。交戰前，蜀軍將領何平在陣前責罵他：「公亡，身尚未寒，汝輩何敢乃爾？」魏延陣中將士聽得此言，一哄而散。

魏延與其子亡奔漢中，楊儀派遣馬岱追殺，將魏延斬首，誅三族。楊儀踏著魏延首級，洋洋得意：「庸奴，復能作惡不？」

魏延回師是為了抵擋楊儀回師，並不是真想造反，只是在做法上有些過度。頗具諷刺意味的是，被諸葛亮委以重任的楊儀，在權力欲得不到滿足時也開始發牢騷：「往者丞相亡沒之際，吾若舉軍以就魏氏，處世寧當落度如此邪！令人追悔不可復及。」這才是一句真話，魏延要是真反，哪能落此下場啊！

排除異己

毛澤東曾說過：「槍桿子裡出政權。」無論是哪個國家哪個朝代，每一次歷史更迭都脫離不開軍隊的參與，軍隊是為統治者服務的國家機器，兵權意味著政權，誰掌握了兵權誰就掌握了政治的主動權。諸葛亮是託孤大臣，所以必須得有軍權嗎？他真正掌握軍權了嗎？

春秋戰國時期，戰爭頻仍，國家的強弱都用車輛的數目來計算，經常看到有用千乘之國、萬乘之國來形容國家的強大。（「乘」意為輛。這裡指古代軍隊的基本單位。每乘擁有四匹馬拉的兵車一輛，車上甲士三人，車下步卒七十二人，後勤人員二十五人，共計一百人。千乘之國，指擁有一千輛戰車的國家，即諸侯國。）

每個統治者功成之後，都要仔細考慮自己對兵權的絕對掌控問題，能夠順利交接兵權者，歷史上有趙匡胤「杯酒釋兵權」。

宋太祖趙匡胤陳橋兵變成功後，即位後不出半年，面對跟自己打天下的功臣一個個軍權在握，有些擔心，怕有朝一日他們也像自己一樣，下面的人鬧起事來，黃袍加身，只怕他們也「身不由己」，於是他想削奪他們的兵權。

這一天，宋太祖在宮裡舉行宴會，請石守信、王審琦等幾位老將喝酒。酒過幾巡，宋太祖命令在旁侍候的太監退出。他拿起一杯酒，先請大家乾了杯，說：「我要不是有你們幫助，也不會有現在這個地位。但是你們哪兒知道，做皇帝也有很大難處，還不如做個節度使自在。不瞞各位說，這一年來，我就沒有一夜睡過安穩覺。」

石守信等人聽了十分驚奇，連忙問這是什麼緣故，宋太祖說：「這還不明白？皇帝這個位子，誰不眼紅呀？」石守信等聽出話音來了。大家慌了，跪在地上說：「陛下為什麼說這樣的話？現在天下已經安定了，誰還敢對陛下三心二意？」宋太祖搖搖頭說：「對你們幾位我還信不過？只怕你們的部下將士當中，有人貪圖富貴，把黃袍披在你們身上，你們想不幹，能行嗎？」

酒席一散，大家各自回家，第二天上朝，每人都遞上一份奏章，說自己年老多病，請求辭職。宋太祖馬上照准，收回他們的兵權，賞給他們一大筆財物，打發他們到各地去做節度使。

三國鼎立時期也是一個戰亂頻繁時代，蜀國自從劉備死後，日漸走向衰亡。使人懷疑的是，劉備永安託孤時有諸葛亮、李嚴二人，可是在劉備死後，真正在履行託孤責任的好像只有諸葛亮自己一個人，李嚴涉及很少，這是什麼原因呢？

白帝城，劉備病危，急召諸葛亮跟李嚴倆人安排後事，至於兩人覲見聆聽聖諭的具體情景，史書並沒有記載。《三國演義》中羅貫中給演義了，羅貫中在書中有意要褒揚諸葛亮，所以他就寫道：「且說孔明到永安宮，見先主病危，慌忙拜伏於龍榻之下。」劉備讓諸葛亮坐其床榻之側，並扶其背開始交代後事。這顯然有毛病，因為羅貫中自始至終也沒有談到李嚴，可前文明明還交代了，劉備請「丞相諸葛亮，尚書令李嚴等，星夜來永安宮，聽受遺命」。

羅貫中顯然有意忽略李嚴，提高諸葛亮的出場次數。劉備要是個平常人，死了也就沒什麼，死了就死了，大不了是親戚朋友哭一場，事情就過去了，「親戚或餘悲，他人亦已歌」。但劉備可不是一般人，他是一國之君，他死後直接面對的問題是，誰來繼承他的王位。劉備是中道崩卒，他還沒安排好繼位之事就突然死亡了，新君繼位後有很多事情要做，另外他的三個兒子尚幼，突然接管會不適應，需要有人來幫忙輔佐，面對眾多問題，劉備需要找託孤大臣輔佐幼主。可劉備也明白，所託之人權力太大，需找兩個或多個人一起執政，互相箝制，於是在兩個集團中各選了一個。諸葛亮可不是笨人，他一看就明白劉備的意圖，如果讓李嚴搶先，那他在蜀國的丞相職位可就不保。因此他處處爭先，處處顯聖，用過去自己打下的基礎，處處排擠李嚴。

李嚴懂得文韜武略，《三國志》中寫到：「二十三年，盜賊馬秦、高勝等起事於郪，合聚部伍數萬人，到資中縣。時先主在漢中，嚴不更發兵，但率將郡士五千人討之，斬秦、勝等首。枝黨星散，悉復民籍。又越夷率高定遣軍圍新道縣，嚴馳往赴救，賊皆破走。加輔漢將軍，領郡如故。」李嚴每次的任務都完成得很漂亮，充分顯示出他有獨當一面的能力。

劉備讓他二人共同輔佐幼主，意圖也很明顯，「嚴與諸葛亮並受遺詔輔少主；以嚴為中都護，統內外軍事。」諸葛亮想一人獨攬大權，也絕非易事。如果殺了李嚴定會引起朝廷眾臣猜忌，弄不好還有意圖不軌之嫌，最好的辦法是——提調李嚴，奪其兵權，把他架空。

諸葛亮要想達到這個目的，首先他要讓李嚴遠離政治中心——成都。於是他就說：「李嚴在白帝，東吳可無憂矣。」這個理由很充分，當時蜀吳已經決裂，陸遜親領大軍正虎視眈眈。君主剛死，國家處於危機之中，群臣也要扶劉備棺槨運回成都，後方一定要留一能人，這個能人是誰呢，諸葛亮就說，如果李嚴要駐守白帝，就不用擔心東吳繼續進兵了。

一個冠冕堂皇的理由，李嚴能不留下嗎？可他一旦留下，就再也不能回去了。

「建興元年，封亮武鄉侯，開府治事。頃之，又領益州牧。政事無巨細，咸決於亮。」（《三國志．諸葛亮傳》）

「建興元年，封（李嚴）都鄉侯，假節，加光祿勳。」（《三國志．李嚴傳》）

光祿勳：秦時稱郎中令，漢武帝更名為光祿勳；王莽稱司中，東漢又稱光祿勳；到了曹操為魏公後設郎中令，黃初元年（西元二二〇年）又稱光祿勳，掌管宿衛宮殿門戶。其屬官有掌管賓贊受事的謁者、掌管御乘輿車的奉車都尉、掌管副車馬匹的駙馬都尉、掌管羽林騎的騎都尉，而大夫、中郎將等官是否是光祿勳的屬官尚有爭議，光祿勳為九卿之一。

同是託孤重臣，李嚴的地位離諸葛亮的地位越來越遠了。開府、領益州牧，意味著他可以向朝廷推舉府屬官吏，並成為了益州的最高軍政長官，都是把握實權的舉動，而李嚴雖然也晉封鄉侯、假節，但卻只加了個光祿勳的虛銜，相比之下顯然分量就輕得多了，結果李嚴被諸葛亮擋在外面。

退一步講，李嚴守白帝，當時確實非常必要，可等到諸葛亮執政時，已經派鄧芝跟東吳再次和好，李嚴應該調回成都了吧！沒那麼容易，諸葛亮又有新的安排，他要北伐，讓李嚴供糧草，並且調離白帝去守江州，原來再怎麼樣還是在一線作戰呢，現在已經被調到遠離東吳，排擠到二線來了。諸葛亮堅持一點，就是不能讓李嚴進成都，誰都知道挨著君主近才好升官啊！李嚴一生也是在政治漩渦裡混過的，他也清楚遠離成都對他很不利，可他沒有辦法回去，朝中已被諸葛亮牢牢掌握。

建興四年（西元二二六年），諸葛亮在即將伐魏前，調李嚴帶他所轄的二萬軍隊來鎮守漢中，原來鎮守漢中的魏延已經被諸葛亮以北伐為名，調離漢中，在諸葛亮帳下做一位不受喜愛的將軍。李嚴看出諸葛亮陰謀，他要是也去漢中，那麼他的軍權也會被奪去，而他也將成為諸葛亮帳下的一名將領，那麼他這個被劉備定為「統內外軍事」、與諸葛亮並列的託孤大臣，將就此澈底地葬送與諸葛亮相提並論的地位和實力。

而諸葛亮在對此事的處理上，就相對顯得比較無力。因為江州是蜀漢東部與東吳、曹魏交界處的二線重鎮，和面對北方曹魏勢力的漢中地位相當，在這件事情上，諸葛亮無法提出令人信服的理由，一定要將李嚴與江州部隊調到漢中。

而富有政治經驗的李嚴這個時候不但拒絕了諸葛亮的這一要求，還借機發起了反擊，他乘勢提出將蜀漢東線的巴、巴東、巴西、涪陵等五郡組成巴州，並由他擔任刺史，要諸葛亮從益州東部劃出五郡設立江州，讓他當江州刺史。如果答應了李嚴，李嚴就成了割據一方的諸侯王了，如此一來得不償失，諸葛亮當然不願意，致使調動未成，此事不了了之。

從上面內容至少可以得出兩點結論：一、諸葛亮曾試圖兼併李嚴的部隊，但沒有成功；二、李嚴對於諸葛亮的所作所為也頗有微辭。難怪北宋兵法家何去非總結諸葛亮時說：「孔明有立功之志，而無成功之量；有合眾之仁，而無用眾之智。」

建興八年（西元二三〇年），曹軍欲三路攻蜀，諸葛亮再次要李嚴帶二萬軍隊到漢中坐鎮，李嚴又討價還價。諸葛亮做出讓步，任命其子為江州都督督軍，接替李嚴調走後的工作，李嚴這才執行調動命令。李嚴率軍到漢中之後，立即被諸葛亮任命為主要助手，就是「以中都護署府事」，這個府，指的是諸葛亮的丞相府，李嚴變成了諸葛亮的官屬。同時，李嚴改名李平，這個任命，李平心裡必不滿意，因為他原想自己開府呢。李嚴也曾在給孟達的信中也曾說：「吾與孔明俱受寄託，憂深責重。」因此身為重臣的李嚴旁敲側擊要求「開府辟召」，縱然「情在於榮利」，也欲與諸葛亮平起平坐。諸葛亮亦與孟達書曰：「部分如流，趨舍罔滯，正方性也。」偽善面孔下，掩蓋不住彼此的蛇蠍之心。

儘管李嚴現在不能靠近成都，可他還活著，不知哪天就會出現在諸葛亮面前，要想避免此事發生，只有把李嚴置於死地。諸葛亮時時留意，終於找到一個機會，建興九年，諸葛亮再次北伐，李嚴負責徵集糧草，因為連陰雨，耽誤送糧時間，延誤了軍機，諸葛亮以此聯合朝中大臣彈劾李嚴：「免官祿、節傳、印綬、符策，削其爵土。」李嚴被貶為民。至此諸葛亮去除了政治上的一個勁敵。

李嚴已除，諸葛亮仍耍心眼，跟他的兒子又感慨了一番，說我跟李嚴共同努力輔佐漢室，他現在的遭遇，大概是天數使然，還好家裡有積蓄，想開些，在家享福吧！真是打個巴掌給個棗，站著說話不腰疼，作賊喊捉賊啊！

當然，歷史和現實中作賊喊捉賊的現象並不少見，那些「救死扶傷」的醫生以為患者負責的名義向患者勒索錢財、那些「為人民發聲」的記者和奸商達成了骯髒的交易，想必從諸葛身上得到了不少啟示。把人家逼到今天這個地步，還有臉在旁邊說一些風涼話，真是十足的偽君子。

過河拆橋

諸葛亮六出祁山，全無功績，最終還累死五丈原。諸葛亮死後蜀國要撤軍，事前諸葛亮把軍權交給了楊儀，告訴他撤軍時讓魏延斷後，姜維次之。結果魏延中途有變，先不說魏延真反還是假反，單看楊儀果敢力決，最終還是不負眾望把蜀軍給帶回來了，然而當他回到蜀地後，迎接他的卻是削權、殺身之禍。楊儀每一步都是按照諸葛亮的計謀行事，為什麼最後落得如此下場呢？

翻看中國歷史，每朝每代都有屠殺功臣之事，特別是一個新的朝代剛剛建立之初。韓信之死，是西漢第一大案，也是一個名案和疑案，被看作是開國皇帝誅殺功臣的典型，使人想起那句耳熟能詳的成語——「鳥盡弓藏，兔死狗烹」。

楚漢之爭結束後，功高震主的韓信成了劉邦的一塊心病，項羽一死，劉邦馬上便奪了韓信的兵權，西元前二〇一年，劉邦又以謀反為名將韓信誘捕。韓信被抓時，仰天長歎，鳥盡弓藏，兔死狗烹，劉邦還算有良心，當時並沒有殺掉韓信，把他貶為淮陰侯。

根據司馬遷《史記》的記載，西漢王朝剛剛建立時，發生了一件事情，一個叫陳豨的起兵造反，聽消息劉邦勃然大怒，帶領軍隊御駕親征去討伐陳。這期間，韓信與陳有書信來往，韓信寫信給陳說，你只管造反，我在京城給你做內應。而且他做了準備，準備把監獄裡的人放出來，讓他們去攻打皇宮。

呂后把相國蕭何找來，說這個事情怎麼辦啊？蕭何就出了一個主意。他自己去找韓信，說前方傳來了捷報，咱們皇上打了勝仗，現在群臣都要到皇宮裡去祝賀，韓信相信了。

韓信來到長樂宮，長樂宮兩邊早就埋伏好了，韓信一進來，很多壯士一擁而上，把韓信捆了起來。呂后沒有請示也沒有彙報，先斬後奏，把韓信殺了——斬之於長樂鐘室，即長樂宮裡一個放編鐘的房子，且立即下令逮捕韓信的家人——「夷信三族」，就是將韓信父族、母族、妻族三族的人全部殺光。

如果說韓信的死還有他自己不忠之因，那麼文種的死可就是冤深似海了。

西元前四九七年，吳國大敗越國。越王勾踐屈辱求全，向吳王求降，去吳國給吳王夫差做奴僕，終於騙得夫差的信任，於三年後被釋放回國。勾踐回國以後，為了不忘國恥「臥薪嘗膽」，經過「十年生聚，十年教訓」，終於打敗了吳國。

那時輔助越王勾踐臥薪嘗膽、報仇雪恨的主要有兩個人：一個是大夫范蠡，一個是大夫文種。越國滅掉吳國以後，范蠡深知「大名之下難久居」、「久受尊名不祥」，故功成立即隱退，「自與其私徒屬乘舟浮海以行，終不反」。范蠡曾遣人致書文種，謂：「飛鳥盡，良弓藏；狡兔死，走狗烹。越王為人長頸鳥啄，可與共患難，不可與共樂，子何不去？」結果文種不聽，他說，你看我立了這麼大的功勞，現在是享受的時候了，我幹嘛要走啊！

越王素知文種的才能，他認為吳國已滅，文種已經沒有用處了，如果他一旦哪天造反，將沒有人能夠制服他，越王於是起了殺心。恰巧文種生病，越王就帶著把寶劍強行去看他，並且還委婉地對他說：「寡人聞之：『志士不憂其身之死，而憂其道之不行。』子有七術，寡人行其三，而吳已破滅，尚有四術，安所用之？」種對曰：「臣不知所用也。」越王曰：「願以四術，為我謀吳之前人於地下可乎？」

勾踐的意思是說，先生教給寡人七種殺人的辦法，寡人只用了三種辦法就把吳國給滅了，還剩下四種沒有地方用啊，是不是你去先王那裡試一試呢？言畢，即升輿而去，遺下佩劍於座。種取視之，劍匣有「屬鏤」二字，即夫差賜伍子胥自刎之劍也。種仰天歎曰：「古人云：『大德不報。』吾不聽范少伯之言，乃為越王所戮，豈非愚哉！」復自笑曰：「百世而下，論者必以吾配子胥，亦復何恨！」遂伏劍而死。

楊儀的死也是諸葛亮卸磨殺驢。楊儀，字威公，襄陽人，建安中，楊儀為荊州刺史傅群之主簿，不久背傅群而投襄陽太守關羽，關羽命楊儀為功曹，遣往蜀中見劉備。劉備與楊儀共論軍國計策，政治得失，甚為欣悅，因此辟楊儀為左將軍兵曹掾，後丞相諸葛亮以楊儀為參軍署府事。

建興三年，諸葛亮開府治事，憐借楊儀行政長才，乃調回參謀本部，任之參軍，並隨諸葛亮南征。南征是政治作戰，因此行政工作比作戰更重要，楊儀在這次任務中發揮了驚人天才，糧食的供應和政治作戰的宣傳完美無缺，使諸葛亮對他分外信任。

建興五年後，在一連串的北伐行動中，楊儀更成了諸葛亮軍中行政最主要的依賴者。三年後，以軍功升遷為長史封綏軍將軍，每次北伐，最嚴重的是糧食問題，但在楊儀仔細又快速的規劃下，常能迅速地解決困難，所以前線的糧草分配及行政規模幾乎完全由楊儀負責。

楊儀確實有才能，諸葛亮數次出兵，勞民傷財，身邊已經沒有多少能人了。諸葛亮病死於前線，而頭號接班人蔣琬人在後方，前線的軍隊該歸誰來接管？魏延當然是最合適的人選，可他始終臆斷魏延有反骨，軍權交給他不保險，而姜維文武雙全可資歷太淺。選來選去，最後只能把兵權交給楊儀。

諸葛亮選擇楊儀也是迫不得已，但是他也有深意。他清楚楊儀確實有才能，可他人緣不太好，性格狷狹、恃才傲物，魏延與楊儀不合，諸葛亮也心知肚明。《三國志》記載：「諸葛亮深惜楊儀之才幹，也相當依賴魏延之猛勇，常恨二人之不平，不忍有所偏廢也。」以楊儀的能力，保證蜀軍全軍撤退一點問題也沒有，但讓他日後掌權恐怕力不從心，況且諸葛亮已經選擇好接班人——蔣琬。只是目前，蔣琬不在身邊，蜀兵要想從前線安全撤退，還需楊儀主持。楊儀因為性格問題，他在軍中毫無人氣可言，就算兵權在手，如果他不按諸葛亮的遺命行事的話，估計軍中沒幾個會聽他的話，到時蔣琬把諸葛亮的大旗一舉，楊儀立馬就會變成光桿司令。

回都後，後主劉禪根據諸葛亮的遺言，任命蔣琬為丞相、大將軍，錄尚書事；任費禕為尚書令，一同處理丞相的事務；任命吳懿為車騎將軍，督軍漢中；任姜維為輔漢將軍、平襄侯，總領各處軍馬，同吳懿一起出兵駐紮在漢中，以防魏軍進攻，而楊儀只封了個中軍師。

撤兵後的楊儀「無所統領」，又「自惟年宦先琬，才能逾之，於是怨憤形於聲色，歎吒之音發於五內。時人畏其言語不節，莫敢從也」。早在劉備時代，楊儀為尚書時，蔣琬也出任尚書郎，後來同出任諸葛亮的丞相參軍長史，只是楊儀的任務常比蔣琬辛苦而重要，在內心中，自認為官職高於蔣琬，當他知道諸葛亮早就安排好的繼承人是蔣琬時，大為不悅。

在楊儀看來，自認為做官的資歷比蔣琬早，而現在官職在蔣琬之下，並且自以為勞苦功高，但是卻沒有得到重重的獎賞，兢兢業業、忙裡忙外，到最後為他人作嫁，楊儀心裡能不有氣嗎？因而經常口出怨言：「往者丞相亡沒之際，吾若舉軍以就魏氏，處世寧當落度如此邪！令人追悔不可復及。」當時諸葛亮死的時候，我要是帶領全軍投靠魏國，我還會到現在這個地步嗎？真是後悔死了啊！這話不小心被費禕聽到了，將他密奏後主，免掉了楊儀的官職，派遣到漢嘉做一名普通百姓。

楊儀後來被貶被殺，儘管是諸葛亮死後的事，也許並不是諸葛亮的想法，可是這一切卻是他精心安排的，就因為他的安排才導致楊儀的不滿，埋下了被殺的禍根。楊儀滿懷激情，不想成功之後，諸葛亮來了個過河拆橋。

謊話連篇

中國有句俗語：「良藥苦口利於病，忠言逆耳利於行。」謊話好聽不好用，真話刺耳有深義。人都樂意聽好話，不管真與假，順著自己心意的話語，總是讓人心情舒暢。一旦有人在你面前說真話，頓時感覺如芒刺背。諸葛亮手握大權號令群臣，高度優越感充斥全身，「順我者昌，逆我者亡」。面對說真話的廖立，他能有什麼動作呢？

話語是很奇怪的東西，有時候一兩句話就能使人眉開眼笑，有時一兩句話又使人毛骨悚然。歡天喜地時人們能用話語去表達；憤怒憂傷時人們能用它去發洩；真心實意時人們用話語來祈禱；虛情假意時人們用話語來蒙騙。

真與假是社會中最普通的對立概念，最可貴的是，說真話與聽真話一樣，都需要有膽略，甚至有勇氣。因為面對此情此景，並不要求說真話與聽真話的人之間具有多麼高深的學識，而僅僅簡化成為一種個人的品格、理性思維，或者是一種道德素養，以及這些因素的綜合反映。根據《史記·項羽本紀》記載，秦始皇遊會稽，渡浙江時，項梁與項籍在人群中看熱鬧。「籍曰：『彼可取而代也！』梁掩其口，曰：『毋妄言！族（滅族）矣！』梁以此奇籍。」從史書中這叔侄兩人的對話裡，可以知道那時候說真話與聽真話一樣具有風險。

二十世紀八十年代初期，一些被空話、大話、假話所戕害的有良知之人，曾大聲疾呼要讓大家說真話。巴金先生就是呼喊得最有氣勢的人之一，他說：「真話不是指真理，也不是指正確的話。自己想什麼就講什麼，自己怎麼想就怎麼說——這就是真話。」

說真話並不是一件艱難的事情，其艱難之處在於說了真話不見得就一定會得到聽話者的稱讚或賞識，使之對人對己有所益處。相比起來，還是說假話更容易得到好處和實惠，這就是為什麼會出現假話充斥於社會、生活的各個空間。說真話的環境形成了，假話就無法產生；而說假話形成了氣候，真話就會被看成是異類。

南朝陳後主長期沉湎於淫樂，不問國事，致使奸佞橫行，忠良遭貶，直至隋朝大軍壓境，依然如故。大臣章華上書諫曰：「陛下即位，於今五年……溺於嬖寵，惑於酒色……老臣宿將，棄之草莽，諂佞讒邪，升之朝廷，今疆埸日蹙，隋軍壓境，陛下如不能易張，臣見麋鹿復遊於姑蘇臺矣。」陳後主覽罷，火冒三丈，下令將敢於說真話的章華斬首。

明太祖朱元璋在位期間，權臣胡惟庸貪汙受賄，獨斷專行，廣結黨羽，迫害異己，御史中丞劉基只是向朱元璋如實指出他的所為，胡惟庸便對他懷恨在心，趁他患病時，派醫生將他毒殺。明武宗在位期間，御史蔣欽上書彈劾巨奸劉瑾，說他是「悖逆之徒，蠹國之賊，」並說他「竊柄弄權，萬民失望，愁歎之聲動徹天地」。不料竟被劉瑾收監，重杖三十。蔣欽被打，仍不死心，三日後又在獄中上書曰：「陛下不殺此賊，當先殺臣，使臣得與龍逄、比干同遊地下。」哪知書上之日，又被重杖三十，因傷重死於獄中，一縷冤魂真的到地下與龍逢、比干為伴去了……。

錢理群教授曾在《說話的底線》中談到做人說話的三條底線：一、做人應說真話；二、想說真話而不能時應該保持沉默；三、如果外在環境之暴虐使沉默也難以做到時，我們不得不被迫說假話，至少應該不加害於人。這是底線，但有時又很難做到。因為有的人習慣於憑主觀臆斷說話，只站在自己的角度看問題，看似敢說真話，說的是大老實話，其實說的並不符合實際，因而並不能算說真話；而有的人或捕風捉影，或人云亦云，或信口開河，就更談不上是說真話。我們提倡的說真話，既指說真實的心裡話，更指說符合實際的話。

為了自保而說假話也好，見利忘義而說假話也好，都是特定環境的產物。本來，說真話是一個社會正常的起碼風尚，但中國歷史上從來不曾存在過鼓勵人說真話的社會環境，說真話的人往往倒楣，有許多人還因此丟了不可再生的腦袋。民諺曰：「病從口入，禍從口出。」又曰：「見人只說三分話，不可全抛一片心。」這些都是中國人世世代代對無數血淚教訓的總結，反映了環境的凶險，人與人之間關係的緊張。更可悲的是，說真話的往往倒楣，說假話的卻青雲直上。

三國時期也有一個人因為說了幾句統治者不愛聽的話而遭到貶謫，這個人就是蜀國大臣——廖立。

廖立，字公淵，武陵臨沅人，在蜀漢政權中屬於顯赫的荊襄派，諸葛亮起初也很器重他，曾說：「龐統、廖立，楚之良才。」在諸葛亮的眼中，廖立和龐統是並列的，可見其能。廖立也自認為有才，作為荊襄派集團人物，自然很傾向於諸葛亮，他自認自己的才能只比諸葛亮差點，諸葛亮要是第一的話，他就是第二了。如此高的才能，諸葛亮卻沒有給他高位，甚至還不如他們的政敵李嚴官大。於是，廖立向李邵、蔣琬發了一通牢騷，說道：「昔，先帝……後，至漢中，使關侯身死無孑遺，上庸覆敗，徒失一方。」不過，他忽然覺得太露骨了，馬上又說：「是羽怙恃勇名，作軍無法，直以意突耳。」接著，大罵向朗、文恭、郭演長、王連得到重用。李邵、蔣琬聽罷，立即向諸葛亮稟報，孔明立即上表，給廖立安了個「誹謗先帝、疵毀眾臣」的罪名，貶為庶人。

廖立對於荊州之失的說法看來是對的，就是因為他說了真話，才導致獲罪，關羽之死本來是諸葛亮故意預謀好的。而且，根據史料，呂蒙襲三郡時，身為長沙太守的廖立望風而逃，可見是親身經歷這場大戰的，不過，劉備對他卻絲毫沒有責怪之意，長沙你不是丟了嗎？好，給你做巴郡太守……。雖然劉備經常會用這種計量，比如，黃權降魏，劉備也沒有計較，劉備對於黃權降魏，說：「孤負黃權，權不負孤也。」所以，有理由相信，劉備之所以對廖立毫不責怪，也是因為「孤負廖立，立不負孤也」。負在何處？很顯然，在關羽與呂蒙在交戰期間，劉備未發一兵一卒，致使關羽孤立無援，身首異處。

諸葛亮感覺對關羽之事做的天衣無縫，可別人都不是傻子，估計朝中有很多人明白這是怎麼一回事，只是隱忍不說而已，而廖立嘴快說出來了，諸葛亮一聽能不慌嗎？廖立是自己集團中的人物，他說的話有一定的權威性，這要是從他口中傳播出去，原來不知道內情的人，現在知道了；原來對此事產生懷疑的人，現在證實了。這對諸葛亮可太不利了，他的政敵很可能就會拿此事扳倒他，身邊有廖立這樣一個人，諸葛亮能自在嗎？乾脆順便找個藉口打發他。「欲加之罪何患無辭」啊！諸葛亮上書劉禪，以誹謗先帝罪名把廖立貶為庶民。

客觀來說，當一個人說了真話之後，會產生一種結果，也就是說，真話只有在需要聽、願意聽的人聽明白了以後，才會產生明確的效果。因此，說真話固然需要勇氣，而肯聽真話才可謂是珠聯璧合、有所作為，才能形成明智的選擇，才能有最終的好結果。用一句過去常用的話來說，就是「說不說真話算是態度問題，而聽不聽真話才是水準問題」，這就是說真話與聽真話之間的關係。

陳壽在《三國志》評論中說：「覽其舉措，跡其規矩，招禍取咎，無不自己也。」廖立確實很冤，說真話沒錯，關鍵是他沒有選對聽真話的人。

後繼無人

中國有句老話：「不孝有三，無後為大。」蜀國發展到後來，人才凋敝，後繼無人。為什麼劉備打江山時人才濟濟，鼎盛時期武有五虎上將關、張、趙、馬、黃；文有諸葛亮、龐統、法正、馬良、李嚴、劉巴，可是發展到後來，蜀國為什麼沒有人才出現了呢？為什麼只留下一句譏諷的話——「蜀國無大將，廖化作先鋒」？

多少年來，人們在形容一種形勢的無奈時，往往用一句話來概括：蜀中無大將，廖化當先鋒。這句話，含義多多，但有一點是可以肯定的，就是這句話的語意中，含有強烈且明確的無奈因素。說白了，是否可以理解為這個蜀國真的找不出人了嗎？怎麼連廖化這樣的人也當上了先鋒官？

《三國志》中這樣記載；「廖化字元儉，本名淳，襄陽人也，為前將軍關羽主簿，羽敗，屬吳。思歸先主，乃詐死，時人謂為信然。因攜持老母晝夜西行，會先主東征，遇於秭歸，先主大悅，以化為宜都太守。先主薨，為丞相參軍，後為督廣武，稍遷至右車騎將軍。假節，領並州刺史，封中鄉侯，以果烈稱，官位與張冀齊，而在宗預之右。咸熙元年春，化、預俱內徙洛陽道病卒。」

廖化在《三國演義》中出場次序是第二十七回……且說關公來趕車仗，約行三十里，卻只不見。雲長心慌，縱馬四下尋之，忽見山頭一人，高叫：「關將軍且住！」雲長舉目視之，只見一少年，黃巾錦衣，持槍跨馬，馬項下懸著首級一顆，引百餘步卒，飛奔前來。公問曰：「汝何人也？」少年棄槍下馬，拜伏於地。雲長恐是詐，勒馬持刀問曰：「壯士，願通姓名。」答曰：「吾本襄陽人，姓廖，名化，字元儉。因世亂流落江湖，聚眾五百餘人，劫掠為生。恰才同伴杜遠下山巡哨，誤將兩夫人劫掠上山。吾問從者，知是大漢劉皇叔夫人，且聞將軍護送在此，吾即欲送下山來。杜遠出言不遜，被某殺之。今獻頭與將軍請罪。」關羽聽言，乃拜謝廖化。廖化欲以部下人送關羽，關羽尋思此人終是黃巾餘黨，未可做伴，乃謝卻之。廖化又拜送金帛，關羽亦不受。廖化拜別，自引人伴投山谷中去了……。

而廖化真正跟隨劉備是在第六十回中介紹的，劉備曰：「吾與龐士元、黃忠、魏延前往西川；軍師可與關雲長、張翼德、趙子龍守荊州。」諸葛亮應允。於是諸葛亮總守荊州；關羽拒襄陽要路，當青泥隘口；張飛領四郡巡江，趙雲屯江陵，鎮公安。劉備令黃忠為前部，魏延為後軍，劉備自與劉封、關平在中軍。龐統為軍師，馬步兵五萬，啟程西行。臨行時，忽廖化引一軍來降，劉備便教廖化輔佐雲長以拒曹操……。從此以後，廖化就跟隨關羽，直到關羽走麥城。

廖化也曾有過建功立業，揚名立萬的時候，不過他不太走運，沒有成功。在第一百零三回，他與張翼截殺司馬懿，「廖化當先追趕。看趕上，懿著慌，繞樹而轉。化一刀砍去，正砍在樹上；及拔出刀時，懿已走出林外。廖化隨後趕出，卻不知去向……」

可以說在第一百一十四回以後，廖化開始作為蜀國後期的重臣身分出現，這種情況一直持續到他病死。

廖化從出世跟隨關羽到終老病死，他經歷了蜀漢從興到衰的整個過程，根據他的經歷也能看出蜀國人才凋零的原因。廖化從以前名不經傳的小卒，隨著蜀漢人才的缺乏而逐漸備受關注起來，用一句不太儒雅的話形容則是「山中無老虎，猴子稱大王」。

蜀國人才凋敝，新老接濟不上，出現斷代現象，除了它地理位置的客觀原因外，其中很大程度是人為因素。為什麼劉備活著的時候還是人才濟濟，等到劉禪接任就沒人了呢？究其原因，這跟統內外一切事物的諸葛亮不無關係。

劉備去世後，蜀國內部有能之人已經幾乎所剩無幾，五虎上將只有一個趙雲，文臣只有諸葛亮。這種情況下，諸葛亮備受矚目，他上臺執政輔佐劉禪，開始選拔第二批官員。劉備去世後諸葛亮選拔的官員，歸納起來他們大致可分為三類：

第一類是子承父業類。比如張苞、關興，他們是將門之後，「舉賢不避親」，另外他們自己確實有些能力。他們參政無可厚非。

第二類是諸葛亮的嫡系。馬謖、蔣琬、費禕、楊儀、董允、郭攸之、向寵等，其中諸葛亮最喜愛的將領當屬馬謖，馬謖是馬良之弟並和諸葛亮情同父子。他經常和馬謖「每見引論，自達晝夜」，真是言傳身教，關心備至，為了給馬謖鋪好似錦的前程，甚至欲使其立功而「違眾拔謖」。

第三類是劉備以前的舊部，也可說是諸葛亮討厭的那些人。如李嚴、廖立、魏延等，這一類人是先帝舊臣，有的與諸葛亮貌合神離（如李嚴、廖立、魏延），有的相互之間勾心鬥角，這批人諸葛亮自己不放心不說，他們之間也無法形成合力。

還有一個人，算是後來加入諸葛亮集團內的應屬於第二類，不過這個人有些特殊，那就是魏國降將姜維，因為姜維終究是降將，諸葛亮信任，蜀中父老未必能信任，所以在諸葛亮死前他還不算是個舉足輕重的人物。

據學者統計，諸葛亮執政時期共計提拔不到七十個高階領導人，其中二十八人是荊楚集團，這本不算什麼，如果我們將這二十八個人稍加分析就會發現，諸葛亮所親近並一手扶植起來的年輕一代，真正掌握實權的其實就是繼其執政的蔣琬、費禕、姜維，在用人上任人唯親，近親繁殖，是蜀國走向衰亡的開始。

劉備死後，諸葛亮專權，排除異己，妒忌人才，以至後來「蜀中無大將」的後果。

首先，諸葛亮排擠和他並列的「託孤重臣」李嚴。長期不讓李嚴接近政治中心——成都，使其政治影響力越來越小，最後逐漸被人遺忘。

第二，獨斷專行，聽不進別人的建議。在出祁山過程中，對魏延提出的，用五千兵出子午谷，偷襲長安的建議不屑一顧。本來魏延久經沙場，提出這個是絕好的建議，想到自己不被重視，當然會有怨言，殊不知卻被諸葛亮當作謀反的把柄，借別人之手殺了他。

第三，諸葛亮用人唯嫡系並非唯賢。諸葛亮所親手扶植起來的年輕一代，不外乎繼其執政的蔣琬、費禕、姜維，都是他的嫡系。

蜀國最後走上人才斷層，除了諸葛亮刻意為之之外，還有不可避免的社會因素影響。在隋朝確立以考試選拔官員之前，中國一直沒有一種有效的官員選拔錄用制度。漢朝時所採用的是「舉孝廉」制度，說白了就是縣裡、省裡誰名氣大，誰就可以被推薦出來做官，這種制度本身就帶有很大的隨意性，到了後來大家都想著法子來出名了。東漢時的民謠，對這種體制作了深刻的揭露：

舉秀才，不知書。舉孝廉，父別居。寒素清白濁如泥，高第良將怯如雞。

諸葛亮不喜歡或者說不重用魏延，除了說他「腦後有反骨」之外，還有其中一個原因是諸葛亮看不起魏延的「部曲」出身。而諸葛亮喜愛的姜維是什麼出身呢？《三國志》記載：「姜維，字伯約，天水冀人也。少孤，與母居，好鄭氏學。仕郡上計掾，州辟為從事。以父冏昔為郡功曹，值羌、戎叛亂，身衛郡將，沒於戰場，賜維官中郎，參本郡軍事。」且根據張大可的《三國人物新傳》考證，姜維祖先是天水姜氏大族。

蔣琬，字公琰，零陵湘鄉人也。弱冠與外弟泉陵劉敏俱知名，琬以州書佐隨先主入蜀，除廣都長；費禕，字文偉，江夏人也。少孤，依族父伯仁，伯仁姑，益州牧劉璋之母也；董允字休昭，掌軍中郎將和之子也；鄧芝，字伯苗，義陽新野人，漢司徒禹之後也。當然不是所有出身好的官員，諸葛亮都喜歡、愛用，那就是牽扯到政治鬥爭上了。

到了三國後期，也就是曹丕、諸葛亮、孫權的後三國時代，三個勢力的用人標準全面向門閥世家靠近，出身不好的人已經很難有出頭之日了。蜀漢未必沒有人才，可是為什麼到了諸葛亮執政後期，特別是姜維時期，感覺老是那幾桿槍在那裡耍來耍去？就是因為諸葛亮的用人標準全面向門閥世族靠近，蜀漢占據不過一州之地，能有多少門閥世族？而曹魏人才之勝，一方面因為九品中正制，前期還能發揮積極作用有關，但是重要的是曹魏占據整個北方，門閥世族數量比蜀漢、東吳多很多，基數大了人才自然也就多了。

「蜀中無大將，廖化為先鋒」，這是後人對蜀漢政權人才缺乏的形象描述。蜀漢人才缺乏，固然與其地域狹小、人口稀疏有關，更重要的原因在於諸葛亮對一批文武精英人才的摧殘。那麼，諸葛亮為什麼要摧殘蜀漢的一批人才呢？

原因很簡單，就是這批人才是諸葛亮成就個人志向的阻力或強而有力的競爭對手，不清除這些對手，諸葛亮就無法實現自己一匡天下的「管、樂之志」。益州之地猶如一個小花盆，只夠種下諸葛亮這株碩大的刺玫瑰，卻再也容不下其他的花朵了。諸葛亮自己聰明絕頂，又事必躬身，辦事多不聽從他人意見，故他並不需要什麼能人相助，而只需要幾個便於指使的「完人」當配角就足夠了。正如現代人徐文華寫的〈武侯歎〉中所說：「七縱七擒強壓弱，六征六敗將非神。鞠躬盡瘁雕枯朽，徒弄聰明誤蜀人。」

附錄

前出師表

臣亮言：先帝創業未半，而中道崩殂；今天下三分，益州疲敝，此誠危急存亡之秋也。然侍衛之臣，不懈於內；忠志之士，忘身於外者：蓋追先帝之殊遇，欲報之於陛下也。誠宜開張聖聽，以光先帝遺德，恢弘志士之氣，不宜妄自菲薄，引喻失義，以塞忠諫之路也。宮中府中俱為一體；陟罰臧否，不宜異同。若有作姦犯科及為忠善者，宜付有司論其刑賞，以昭陛下平明之理，不宜偏私，使內外異法也。侍中、侍郎郭攸之、費禕、董允等，此皆良實，志慮忠純，是以先帝簡拔以遺陛下。愚以為宮中之事，事無大小，悉以咨之，然後施行，必能裨補闕漏，有所廣益。將軍向寵，性行淑均，曉暢軍事，試用於昔日，先帝稱之曰能，是以眾議舉寵為督：愚以為營中之事，悉以咨之，必能使行陣和睦，優劣得所。親賢臣，遠小人，此先漢所以興隆也；親小人，遠賢臣，此後漢所以傾頹也。先帝在時，每與臣論此事，未嘗不歎息痛恨於桓、靈也！侍中、尚書、長史、參軍，此悉貞良死節之臣，願陛下親之、信之，則漢室之隆，可計日而待也。

臣本布衣，躬耕於南陽，苟全性命於亂世，不求聞達於諸侯。先帝不以臣卑鄙，猥自枉屈，三顧臣於草廬之中，諮臣以當世之事，由是感激，遂許先帝以驅馳。後值傾覆，受任於敗軍之際，奉命於危難之間，爾來二十有一年矣。先帝知臣謹慎，故臨崩寄臣以大事也。受命以來，夙夜憂歎，恐託付不效，以傷先帝之明；故五月渡瀘，深入不毛。今南方已定，兵甲已足，當獎帥三軍，北定中原，庶竭駑鈍，攘除姦凶，興復漢室，還於舊都：此臣所以報先帝而忠陛下之職分也。至於斟酌損益，進盡忠言，則攸之、褘、允等之任也。願陛下託臣以討賊興復之效，不效則治臣之罪，以告先帝之靈；若無興德之言，則責攸之、褘、允等之慢，以彰其咎。陛下亦宜自謀，以諮諏善道，察納雅言，深追先帝遺詔。臣不勝受恩感激！今當遠離，臨表涕泣，不知所云。

後出師表

先帝慮漢、賊不兩立，王業不偏安，故託臣以討賊也。以先帝之明，量臣之才，故知臣伐賊，才弱敵強也。然不伐賊，王業亦亡。惟坐待亡，孰與伐之？是故託臣而弗疑也。臣受命之日，寢不安席，食不甘味；思惟北征，宜先入南：故五月渡瀘，深入不毛，並日而食。臣非不自惜也：顧王業不可偏安於蜀都，故冒危難以奉先帝之遺意也。而議者謂為非計。今賊適疲於西，又務於東，兵法乘勞：此進趨之時也。謹陳其事如左：

高帝明並日月，謀臣淵深，然涉險被創，危然後安；今陛下未及高帝，謀臣不如良、平，而欲以長計取勝，坐定天下，此臣之未解一也。劉繇、王朗，各據州郡，論安言計，動引聖人，群疑滿腹，眾難塞胸；今歲不戰，明年不征，使孫策坐大，遂並江東，此臣之未解二也。曹操智計，殊絕於人，其用兵也，彷彿孫、吳，然困於南陽，險於烏巢，危於祁連，逼於黎陽，幾敗北山，殆死潼關，然後偽定一時耳；況臣才弱，而欲以不危而定之，此臣之未解三也。曹操五攻昌霸不下，四越巢湖不成，任用李服而李服圖之，委夏侯而夏侯敗亡，先帝每稱操為能，猶有此失；況臣駑下，何能必勝？此臣之未解四也。自臣到漢中，中間期年耳，然喪趙雲、陽群、馬玉、閻芝、丁立、白壽、劉郃、鄧銅等，及曲長屯將七十餘人，突將無前。賨、叟、青羌散騎、武騎一千餘人，此皆數十年之內，所糾合四方之精銳，非一州之所有；若復數年，則損三分之二也。當何以圖敵？此臣之未解五也。今民窮兵疲，而事不可息；事不可息，則住與行勞費正等；而不及今圖之，欲以一州之地與賊持久，此臣之未解六也。

夫難平者，事也。昔先帝敗軍於楚，當此時，曹操拊手，謂天下已定。然後先帝東連吳、越，西取巴、蜀，舉兵北征，夏侯授首：此操之失計，而漢事將成也。然後吳更違盟，關羽毀敗，秭歸蹉跌，曹丕稱帝。凡事如是，難可逆見。臣鞠躬盡力，死而後已，至於成敗利鈍，非臣之明所能逆睹也。

諸葛亮生平事蹟

西元一八一年　光和四年，諸葛亮誕生於琅琊陽都（今山東沂南縣）。
西元一八四年　中平元年，黃巾起義，此時諸葛亮跟隨父親生活在泰山腳下。
西元一八九年　中平六年，諸葛亮母親章氏去世。
西元一九二年　初平三年，諸葛亮父親諸葛珪去世。
西元一九四年　興平元年，諸葛亮和兩個姊姊跟隨叔叔諸葛玄生活。諸葛瑾同繼母赴江東。
西元一九五年　初平二年，諸葛玄做豫章太守，諸葛亮姊弟跟隨叔父赴豫章。
西元一九七年　建安二年，諸葛玄病逝，諸葛亮姊弟移居隆中，開始了十年的躬耕生活，並在此期間娶妻黃氏。
西元一九九年　建安四年，諸葛亮同徐庶等人拜水鏡先生司馬徽為師。
西元二〇七年　建安十二年，劉備三顧茅廬，諸葛亮提出著名的〈隆中對〉，三分天下，並出山輔佐劉備。
西元二〇八年　建安十三年，曹操大舉南下，敗劉備於長阪。諸葛亮「受任於敗軍之際，奉命於危難之間」，出使江東，聯結孫權。參加赤壁之戰，敗曹操大軍，順勢奪取了荊州，南郡等地方，為劉備進一步發展打下基礎。
西元二〇九年　建安十四年，諸葛亮與龐統共同任軍事中郎將。

西元二一一年	建安十六年，諸葛亮與關羽、張飛、趙雲共同鎮守荊州。劉備帶領龐統攻打漢中，龐統遭埋伏，中箭死亡。劉備讓諸葛亮赴漢中。
西元二一四年	建安十九年，諸葛亮留關羽守荊州，與張飛、趙雲率兵與劉備會師。劉備進成都，掌管巴蜀。諸葛亮任蜀軍軍師將軍，署左將軍，兼任大司馬府事。
西元二一五年	建安二十年，諸葛亮整頓巴蜀內政。
西元二一八年	建安二十三年，諸葛亮留守巴蜀，籌集軍糧，供應在漢中作戰的劉備。
西元二二一年	蜀章武元年，劉備登基，建立蜀國。諸葛亮任丞相。
西元二二二年	蜀章武一年，關羽被東吳所殺，劉備出兵東吳，被東吳陸遜打敗。諸葛亮並沒有隨劉備出征，而是鎮守成都。
西元二二三年	蜀建興元年，劉備白帝城託孤諸葛亮。諸葛亮派李嚴留守白帝，自己護送劉備棺槨回成都。劉禪繼位。封諸葛亮為武鄉侯，領益州牧，並「開府治事」，「一切事務，咸決於亮」。
西元二二四年	蜀建興一年，諸葛亮調整巴蜀內政，穩定因劉備戰敗而混亂的人心，並再次派鄧芝聯合東吳。
西元二二五年	蜀建興三年，諸葛亮率大軍兵分三路南征。在此次戰爭中，諸葛亮對叛軍首領孟獲採用攻心戰術，七擒七縱，最終孟獲臣服蜀漢。
西元二二六年	蜀建興四年，諸葛亮準備興師討魏。

西元二二七年　蜀建興五年，曹丕病逝，曹睿繼位。諸葛亮決定北伐，遂向後主劉禪上書〈出師表〉進行北伐。

西元二二八年　蜀建興六年，北伐街亭失守，諸葛亮揮淚斬馬謖，自貶為右將軍，但仍然行丞相事，「自貶三級，仍統管如前」。

西元二二八年冬　建興六年，魏軍三路攻吳，關中空虛。諸葛亮再次率軍北伐。蜀軍此次出大散關，圍攻陳倉二十餘日不下，糧盡而退。

西元二二九年　蜀建興七年，諸葛亮第三次率軍北伐。蜀軍西向，取魏武都、陰平二郡而回。劉禪下旨，諸葛亮恢復丞相職務。

西元二三〇年　蜀建興八年，諸葛亮再次北伐。這次是魏國先出兵漢中，諸葛亮屬於防守。

西元二三一年　蜀建興九年，諸葛亮第五次伐魏，命李嚴在漢中負責後勤供應，李嚴未及時籌集到糧草，假言騙回諸葛亮，李嚴被貶。

西元二三三年　蜀建興十一年，諸葛亮在斜谷修造邸閣，屯集糧食。

西元二三四年　蜀建興十二年，諸葛亮第六次也是最後一次北伐，以大軍出斜谷，據五丈原（今陝西岐山縣南四十里）。司馬懿拒戰不出，最後諸葛亮病逝。

參考文獻

1．朱子彥著：《走下聖壇的諸葛亮：三國史新論》，北京：中國人民大學出版社，二〇〇六
2．高恩源著：《恭請諸葛亮下神壇：評說《諸葛亮集》》，北京：中國文聯出版社，二〇〇六
3．余明俠著：《諸葛亮評傳》，【中國思想家評傳叢書】，南京：南京大學出版社，一九九六
4．易中天著：《品三國》，上海：上海文藝出版社，二〇〇六
5．沈伯俊著：《沈伯俊說三國》，北京：中華書局，二〇〇六
6．羅周著：《諸葛亮》，北京：國際文化出版公司，二〇〇七
7．汗青著：《史說新語》，北京：中國友誼出版社，二〇〇四
8．劍歌著：《諸葛亮必敗：中國偽智慧的宿命》，北京：中國經濟出版社，二〇〇六
9．于反著：《諸葛亮的職業生涯》，北京：中國紡織出版社，二〇〇六
10．王宇、周建武著：《草根品三國：揭密隱藏在「三國」中的歷史真相》，北京：中國三峽出版社，二〇〇六
11．明羅貫中著、裴效維校注：《三國演義》（上、下），北京：作家出版社，二〇〇六
12．呂思勉著：《呂著三國史話》，北京：中華書局，二〇〇六
13．柏楊著：《柏楊品三國》，北京：中信出版社，二〇〇六
14．晉陳壽撰、宋裴松之注：《三國志》（一～五），北京：中華書局，二〇〇五

15．宋袁樞著、柏楊編譯：《諸葛亮北伐挫敗——柏楊版／通鑑紀事本末》，長春：吉林文史出版社，二〇〇〇
16．黎東方著：《細說三國》，【細說中國歷史叢書】，上海：上海人民出版社，二〇〇三
17．樊樹志著：《國史概要》（第三版），上海：復旦大學出版社，二〇〇四
18．馬植傑著：《三國史》，北京：人民出版社，一九九三
19．劉燦榮：《向歷史借 IQ》，北京：京華出版社，二〇〇五
20．羅周著：《諸葛亮》，北京：國際文化出版公司，二〇〇七
21．曾仕強著：《曾仕強剖析《三國演義》》，廈門：鷺江出版社，二〇〇七
22．金性堯著：《三國談心錄》，北京，中國人民大學出版社，二〇〇六
23．司馬光撰、柏楊譯：《資治通鑑》（第三輯魏晉紛爭）（柏楊白話版）（全四冊），太原：北嶽文藝出版社，二〇〇六
24．司馬遷等著：《二十四史》（全三卷），蘭州：甘肅文化出版社，二〇〇三
25．蕭楓主編：《三國智謀故事總集》（全套共十二冊），北京：中國檔案出版社，二〇〇五
26．張作耀著：《曹操評傳》，【中國思想家評傳叢書】，南京：南京大學出版社，二〇〇一
27．田餘慶著：《秦漢魏晉史探微》（重訂本），北京：商務書局，二〇〇四
28．曹海東著：《諸葛亮：智聖人生》，武漢：長江文藝出版社，二〇〇〇
29．諸葛亮著、乙力編：《諸葛亮兵法——中國傳統文化經典文庫》，蘭州：蘭州大學出版社，二

〇〇四
30．周銳著：《諸葛亮的N種死法——周銳幽默精華版》，北京：人民文學出版社，二〇〇七
31．冉雲飛、李奎評著：《大話古名人——諸葛亮》，成都：巴蜀書社，二〇〇四
32．龔書鐸、劉德麟主編：《圖說天下：三國兩晉南北朝》，【中國歷史系列】，長春：吉林出版集團有限責任公司，二〇〇六
33．舒乾著：《三國職場人生》，北京：北京師範大學出版社，二〇〇六
34．周大荒著：《反三國志演義》，北京：光明日報出版社，二〇〇六
35．李政著：《宰相與帝王：高層權力遊戲中的江湖規則》，北京：中國檔案出版社，二〇〇五
36．龔弘著：《三國人物／歷史人物縱橫談》，濟南：齊魯書社，二〇〇五
37．天行健著：《正品三國》，石家莊：花山文藝出版社，二〇〇六
38．趙勇著：《博弈三國》，北京：中國社會出版社，二〇〇七
39．張作耀著：《劉備傳》，北京：人民出版社，二〇〇四
40．許盤清、周文業整理：《《三國演義》、《三國志》對照本》，南京：江蘇古籍出版社，二〇〇二
41．曲徑、王偉主編：《三國人物古今談》（上、下），瀋陽：遼海出版社，二〇〇三
42．張國風著：《漫說三國》，【漫說叢書】，北京：人民文學出版社，二〇〇五
43．歐陽正德編著：《三國中的人生智慧》，北京：地震出版社，二〇〇六
44．盧盛江著：《正說三國》，天津：天津人民出版社，二〇〇六

45．淳風著：《品讀三國》，北京：中國商業出版社，二〇〇六
46．何滿子著：《圖品三國》，上海：上海三聯書店，二〇〇六
47．王宇編著：《品三國：做人要有心機》，西安：陝西人民出版社，二〇〇七
48．盛巽昌著：《品三國中的女人》，上海：上海科學技術文獻出版社，二〇〇七

梅朝榮品諸葛亮：中國最虛偽的男人

作者　梅朝榮

發行人　林敬彬
主編　楊安瑜
副主編　黃谷光
編輯　賴珊杉
內頁編排　賴珊杉
封面設計　何郁芬（小痕跡設計）
編輯協力　陳于雯．曾國堯

出版　大旗出版社
發行　大都會文化事業有限公司
11051台北市信義區基隆路一段432號4樓之9
讀者服務專線：(02) 27235216
讀者服務傳真：(02) 27235220
電子郵件信箱：metro@ms21.hinet.net
網址：www.metrobook.com.tw

郵政劃撥　14050529 大都會文化事業有限公司
出版日期　2016年06月二版一刷
定價　300元
ISBN　978-986-93236-0-4
書號　Choice-020

First published in Taiwan in 2016 by Banner Publishing,
a division of Metropolitan Culture Enterprise Co., Ltd.

4F-9, Double Hero Bldg., 432, Keelung Rd., Sec. 1, Taipei 11051, Taiwan

Tel: +886-2-2723-5216　Fax: +886-2-2723-5220
Web-site: www.metrobook.com.tw
E-mail: metro@ms21.hinet.net

◎本書由武漢大學出版社授權繁體字版之出版發行
◎本書如有缺頁、破損、裝訂錯誤，請寄回本公司更換。

大旗出版 BANNER PUBLISHING　大都會文化

Cover Photography: Shutterstock / 349359374.

國家圖書館出版品預行編目（CIP）資料

梅朝榮品諸葛亮：中國最虛偽的男人 / 梅朝榮著. --
二版. -- 臺北市：大旗出版：大都會文化發行, 2016.06
288面；21×14.8公分

ISBN 978-986-93236-0-4(平裝)
1.（三國）諸葛亮 2. 傳記

782.823　　105008862

大都會文化 讀者服務卡

書名：梅朝榮品諸葛亮：中國最虛偽的男人

謝謝您選擇了這本書！期待您的支持與建議，讓我們能有更多聯繫與互動的機會。

A. 您在何時購得本書：______年______月______日

B. 您在何處購得本書：____________書店，位於____________(市、縣)

C. 您從哪裡得知本書的消息：

1. □書店 2. □報章雜誌 3. □電台活動 4. □網路資訊

5. □書籤宣傳品等 6. □親友介紹 7. □書評 8. □其他

D. 您購買本書的動機：（可複選）

1. □對主題或內容感興趣 2. □工作需要 3. □生活需要

4. □自我進修 5. □內容為流行熱門話題 6. □其他

E. 您最喜歡本書的：（可複選）

1. □內容題材 2. □字體大小 3. □翻譯文筆 4. □封面 5. □編排方式 6. □其他

F. 您認為本書的封面：1. □非常出色 2. □普通 3. □毫不起眼 4. □其他

G. 您認為本書的編排：1. □非常出色 2. □普通 3. □毫不起眼 4. □其他

H. 您通常以哪些方式購書：(可複選)

1. □逛書店 2. □書展 3. □劃撥郵購 4. □團體訂購 5. □網路購書 6. □其他

I. 您希望我們出版哪類書籍：（可複選）

1. □旅遊 2. □流行文化 3. □生活休閒 4. □美容保養 5. □散文小品

6. □科學新知 7. □藝術音樂 8. □致富理財 9. □工商企管 10. □科幻推理

11. □史地類 12. □勵志傳記 13. □電影小說 14. □語言學習（_____語）

15. □幽默諧趣 16. □其他

J. 您對本書(系)的建議：

____

K. 您對本出版社的建議：

____

讀者小檔案

姓名：______________ 性別：□男 □女 生日：____年____月____日

年齡：□20歲以下 □21～30歲 □31～40歲 □41～50歲 □51歲以上

職業：1.□學生 2.□軍公教 3.□大眾傳播 4.□服務業 5.□金融業 6.□製造業

7.□資訊業 8.□自由業 9.□家管 10.□退休 11.□其他

學歷：□國小或以下 □國中 □高中／高職 □大學／大專 □研究所以上

通訊地址：______________________________________

電話：（H）______________（O）______________ 傳真：______________

行動電話：__________________E-Mail：______________________________

◎謝謝您購買本書，歡迎您上大都會文化網站（www.metrobook.com.tw）登錄會員，或至Facebook（www.facebook.com/metrobook2）為我們按個讚，您將不定期收到最新的圖書訊息與電子報。

梅朝榮品諸葛亮

中國最虛偽的男人

北區郵政管理局
登記證北台字第9125號
免貼郵票

大都會文化事業有限公司
讀者服務部　　收

11051台北市基隆路一段432號4樓之9

寄回這張服務卡〔免貼郵票〕
您可以：
◎不定期收到最新出版訊息
◎參加各項回饋優惠活動